Revolution der Liebe
Das ICH BIN ist alles, was du brauchst

ISBN: 978-3-033-05598-8

www.tschoppberatungen.com

Herstellung: BoD – Books on Demand, Norderstedt
Erste Auflage: 2017
Neuauflage: 2019
Umschlag: Illustration von Jakub Hasajk.

Für Etienne und Helen

«Viele Menschen sind zu gut erzogen, um mit vollem Mund zu sprechen, aber sie haben keine Bedenken, dies mit leerem Kopf zu tun.»

Orson Welles

Inhalt

Einleitung

All you need is love! Ein Ohrwurm, der in den 60er Jahren des letzten Jahrhunderts um die Welt ging. Gesungen von vier rebellischen Beatles. Damals löste eine Revolution der Liebe eine befreiende Welle in vielen menschlichen Bereichen aus; unter anderem in sozialen, wirtschaftlichen und politischen Belangen. Sogar zwischen Mann und Frau, wo die Menschen ein ziemliches Ungleichgewicht verursachten, bewirkte die revolutionäre Liebeswelle viel Gutes.

In sämtlichen Dingen forderte die Revolution die Menschheit zu einem Umdenken auf. Mit positiven Auswirkungen! Die positiven Ereignisse in den 60er Jahren waren die Auswirkungen vorangegangener, positiv geprägten Ereignissen und diesen lagen wiederum andere erfreuliche Ereignisse zugrunde. Also eine Kettenreaktion von Ursache und Wirkung. Es waren aber auch weniger beglückende Kettenreaktionen dabei, die heute noch wirken und viele Menschen schwer belasten.

Ursache und Wirkung ist eins der 7 kosmischen Prinzipien. Es besagt, dass sämtliche Auswirkungen, Ereignisse, Folgen und Endresultate stets 7 natürlichen Gesetzmässigkeiten folgen. Alles im Universum und auf der Erde folgt den 7 kosmischen, beziehungsweise physikalischen Prinzipien. Sie bestimmen die Rhythmen der Jahreszeiten, das Aufblühen und Verblühen sowie die Gezeiten. Man stelle sich vor, die Jahreszeiten kommen und gehen so wie es ihnen gerade passt. Ohne den 7 kosmischen Gesetzmässigkeiten könnten wir auch keinen atemberaubenden Sonnenuntergang und Sonnenaufgang erleben. Es würde ein Chaos herrschen, wenn die Abläufe der Natur nicht sinnvoll geregelt wären. Die 7 kosmischen Spielregeln des Lebens sind für uns Menschen wesentlich zu verstehen, denn sie wirken unuterbrochen und sind nicht zu stoppen. Sie machen vor niemandem halt, selbst wenn das einige Menschen behaupten. Dem wohl berühmtesten Physiker des letzten Jahrhunderts, Albert Einstein, gelang es mit der Formel E = mc² die 7 kosmischen Gesetzmässigkeiten zu erklären. Von den 7 Prinzipien ist das „ICH BIN, Geist ist Bewusstsein" das wesentlichste. Es ist der Ausgangspunkt allen Lebens. Ohne das Prinzip ICH BIN kann nichts existieren und nichts erschaffen werden. Mit diesem Prinzip haben wir es geschafft, unser eigenes Bewusstsein zu erhöhen.

Das kollektive Bewusstsein der Menschheit hat sich in den 60er Jahren sehr erweitert. Wir haben eine Erweiterung schon einmal geschafft, so können wir auch dieses Mal unser Denk- und Liebesvermögen erweitern. Eine unaufhaltsame Liebeswelle wirkt bereits. Es ist Zeit, wie ein Surfer auf der Liebeswelle zu reiten, um eine erneute Erweiterung erfahren zu dürfen, die beglückende Auswirkungen mit sich bringen wird. Uns stehen wahrhaft menschliche Zeiten bevor, wenn wir ein Umdenken zulassen und bereit sind Unvorstellbares zu bewirken. Wir brauchen nur ein tieferes Verständnis für den wahren Sinn über das Prinzip des Lebens und für die Worte ICH BIN aufzubringen. Dadurch lösen wir eine evolutionäre Liebes-Kettenreaktion aus.
Es reizte mich schon immer eine Revolution anzuzetteln. Vielleicht, weil ich selbst ein Kind der wilden 60er Jahre bin und mit einem wahrheitsliebenden, rebellischen Wesen geboren wurde. Es gibt Möglichkeiten, und vor allem im Alltag durchführbare, die das bewusste Erfassen des Prinzips des Lebens für den Menschen vereinfachen und umsetzbar machen. Einige Möglichkeiten, Beispiele und Anregungen erfährst du in diesem Buch, um aus eigener Kraft positive Auswirkungen in deinem Leben zu bewirken.

Vieles, was ich hier schreibe wird sich wiederholen, was es um einiges leichter macht, zu erkennen und das Erkannte zu tun. Darum geht es ja letztendlich! Meinen Beobachtungen nach schaffen es die Menschen, in ihrem Leben weiterzukommen, die ganz einfach dranbleiben – komme was wolle. Dazu braucht man keine speziellen Fähigkeiten. Das ist ja gerade das Fantastische am ICH BIN-Stoff: Jeder ist imstande, sich aus seinem Schlamassel zu erheben, seinen Horizont zu erweitern und auf der Liebeswelle zu surfen.

Ich erzähle in diesem Buch von meinen Erfahrungen, Erkenntnissen und Beobachtungen und wie es dir mit einem einfachen Denkspiel in wenigen Minuten möglich ist, dich selbst von negativen Denk- und Gefühlsmustern zu lösen. Ich erkläre dir auf eine kindlich-logische Art und Weise das Zusammenwirken der 7 kosmischen Prinzipien, damit du von Anfang an das Prinzip der Geistigkeit, das ICH BIN, nachvollziehen kannst.

Die Bereitschaft, den eigenen Horizont zu erweitern, ist vorteilhaft, um einiges aus einer anderen Sichtweise betrachten zu können. In diesem Buch werden so nebenbei einige Irrtümer entlarvt und Illusionen durchschaut. Eine Evolution erfordert unausweichlich ein Hinschauen auf das, was belächelt, verdrängt und verleugnet wird.

Bereite dich auf eine bewegende Zeit vor, öffne dein Herz, damit du mit der Evolution mithalten kannst. In diesem Buch fordere ich dich zu einem revolutionären Spiel auf. Dieses Spiel werden wir gewinnen, denn am Ende siegt immer die Liebe!

Die 7 kosmischen Spielregeln des Lebens

Warum kommen viele Menschen in manchen Bereichen ihres Lebens nicht weiter? Wieso geraten sie immer wieder in denselben Schlamassel? Was sind die Gründe dafür, dass einige Menschen nicht bekommen, was sie gerne hätten oder bestimmte Laster nicht loswerden? Wie ist es möglich, dass sich Dinge nicht verwirklichen können? Und – warum geschieht so viel Leid auf der Erde?

Meinen Beobachtungen nach liegt es oft daran, dass einige Menschen die Antworten auf die sinnvollen Fragen anzweifeln oder nicht wahrhaben können. Vieles wird auch unnötig kompliziert erklärt oder erscheint zu religiös und zu esoterisch. Falls du dich angesprochen fühlst, sage ich dir zu deiner Beruhigung: Ich bin ein rebellischer Freigeist. Mir ist schon als Kind aufgefallen, dass mit den Erklärungen, die uns angeboten werden, irgendwas nicht stimmen kann und wehrte ich mich erfolgreich gegen manche Dinge. Mich faszinierten vielmehr die Weisheiten, die in vielen Sprichwörtern zu finden sind. Die 7 kosmischen Prinzipien des Lebens sind in vielen Sprichwörtern zu erkennen, wie in „Wer anderen eine Grube gräbt, fällt selbst hinein" (Ursache und Wirkung sowie Rhythmus), «Hilf dir selbst, so hilft dir Gott Selbstverleugnung» (Entsprechung), «Wenn man den Hund trifft, bellt er» (Schwingung) und in «Ich bin, was ich denke» (Entsprechung).

Ich erkannte, dass die Sprichwörter sehr hilfreich für mein zukünftiges Leben sein würden. Durch meine Beobachtungen und Erfahrungen wurden sie bald zu meiner Realität. Meine Realität gefiel mir ganz gut, vor allem dann, wenn andere zu mir sagten: „Dein Vertrauen möchte ich haben. Wie kannst du noch so humorvoll sein." Oder wenn jemand meinte: „Die spinnt!".

Wenn sie mich fragten: „Wie machst du das?", sagte ich: „Ich denke anders".
Einige zogen ihre Augenbrauen hoch, andere wiederum meinten: „Also wenn das eine Frage des Denkens ist, dann kann ich das auch."

Die meisten Sprichwörter entsprangen den Köpfen von grossen Denkern und Denkerinnen, zu denen beispielsweise Hermes Trismegistos gehört. Dieser Mann, der einst im alten Ägypten lebte, gilt als einer der wichtigsten Gelehrten und Eingeweihten in geistige Lehren und die Wissenschaft. Er war nicht nur der Gründer der hermetischen Philosophie, auch die Astrologie und die Kunst der Alchemie sind auf ihn zurückzuführen. Der Begriff «hermetisch» bedeutet so viel wie geheim, verschlüsselt, versiegelt. Diese Weisheitslehre, welche den Sinn des Lebens und das gesetzmässige Zusammenwirken der 7 kosmischen Prinzipien erklärt, wurde streng geheim gehalten und nur Auserwählten vermittelt.

Im Folgenden erhältst du eine Übersicht über die 7 kosmischen Prinzipien des Lebens, die ich dir im Laufe dieses Buches näher erklären werde. Jedes einzelne Prinzip wird durch ein Axiom (eine kurze bewahrheitete Erläuterung der hermetischen Philosophie) beschrieben.

Die Spielregel – die Geistigkeit

«Das All ist Geist, das Universum ist geistig. Das All ist Bewusstsein, das Universum ist mental. Alles ist Geist und der Geist ist in allem. Unter und hinter dem Universum von Zeit und Raum kann man die substanzielle Wirklichkeit, die fundamentale Wahrheit finden.»

Dies ist die absolut wichtigste kosmische Spielregel, denn jeder Schöpfung geht zuerst ein Gedanke voraus. Dieses Prinzip erklärt, wie wir es schaffen können, sämtliche unangenehmen Auswirkungen unserer schöpferischen Gedanken zu vermeiden und positive zu bewirken.

Die Spielregel – das Geschlecht

«Geschlecht ist in allem, alles hat männliche und weibliche Prinzipien, Geschlecht offenbart sich auf allen Ebenen.»

Diese natürliche Gesetzmässigkeit verdeutlicht: Beide Aspekte sind nötig, damit überhaupt irgendwas erschaffen werden kann.

Die Spielregel – die Entsprechung

«Wie unten, so oben, wie oben, so unten. Im Grossen, wie im Kleinen. Innen, wie aussen.»

Dieses kosmische Prinzip verdeutlicht: Es herrscht immer eine Übereinstimmung zwischen allen 7 kosmischen Prinzipien und Schöpfungen auf allen Ebenen der Dreiheit (Körper, Seele, Geist). Erkennen wir dieses Prinzip, verstehen wir all das Paradoxe und die Geheimnisse zwischen Himmel und Erde, die für uns sonst ein Rätsel bleiben.

Die Spielregel – die Polarität

«Alles ist zweifach, alles hat zwei Pole, alles hat sein Paar von Gegensätzlichkeiten; gleich und ungleich ist dasselbe; Gegensätze sind identisch in der Natur, nur verschieden im Grad; Extreme berühren sich; alle Wahrheiten sind nur halbe

Wahrheiten; alle Widersprüche können miteinander in Einklang gebracht werden.»

Die Polarität lässt uns erkennen, dass alles seine zwei Pole hat. Ein Plus und ein Minus, ein Oben und ein Unten, ein Links und ein Rechts, ein Männlich und ein Weiblich.

Die Spielregel – die Schwingung

«Nichts ist in Ruhe, alles bewegt sich, alles ist in Schwingung.»

Damit ist gemeint: Die Energie schwingt in den verschiedensten Schwingungsgraden zwischen den Polen, von der dichtesten Form (sichtbare Schwingung) bis zu den feinsten (unsichtbare Schwingung). Je feiner die Schwingung, desto lichtvoller, leichter und wärmer.

Die Spielregel – der Rhythmus

«Alles fliesst aus und ein, alles hat seine Gezeiten, alle Dinge steigen und fallen, das Schwingen des Pendels zeigt sich in allem; der Rhythmus ist messbar; das Mass des Schwunges nach rechts ist das Mass des Schwunges nach links; Rhythmus kompensiert.»

Eine äusserst spannende Spielregel, denn sie besagt: Der Rhythmus zeigt sich zwischen den beiden Polen. Jeder Rhythmus ist messbar. Der himmlische Hammer (Pendel) schwingt in einem messbaren Rhythmus genauso stark nach links, wie er zuvor nach rechts geschwungen ist. Wie heftig der göttliche Hammer schwingt und einschlägt, bestimmst du.

Die Spielregel – Ursache und Wirkung

«Jede Ursache hat ihre Wirkung; jede Wirkung hat ihre Ursache; alles geschieht gesetzmässig, Zufall ist nur der Name für ein unbekanntes Gesetz. Es gibt viele Ebenen der Ursächlichkeit, aber nichts entgeht dem Gesetz.»

Diese Spielregel besagt: Absolut nichts geschieht ohne Grund. Alles hat seinen Sinn.

Die 7 kosmischen Prinzipien wirken immer zusammen und sind nicht zu separieren. In jedem Prinzip wirken alle anderen Prinzipien mit, denn ein Prinzip kann unmöglich ohne die anderen funktionieren. Und doch folgt jedes Prinzip seinen eigenen Gesetzmässigkeiten. Trotz allem herrscht in diesem scheinbaren Durcheinander eine absolute Ordnung. Für diese Ordnung sorgt der ICH BIN-Geist, die substanzielle Wirklichkeit, die hinter dem Universum von Zeit und Raum zu finden ist.

Die meisten Menschen benutzen die 7 kosmischen Spielregeln nicht, weil sie die Prinzipien entweder nicht kennen, an ihrer Existenz zweifeln oder an den kosmischen Regeln verzweifeln. Wer die 7 Spielregeln des Lebens nicht kennt, wird von den Prinzipien gespielt und vom himmlischen Hammer getroffen. Nur ist das nicht der Sinn des Lebens. Vielmehr besteht der Sinn darin, dass wir Menschen verstehen, wie mit den Regeln zu spielen ist. Vieles würde im Leben leichter gehen und der Aufprall des himmlischen Hammers nicht mehr so wehtun.

Aus diesem Grund, betrachte ich das Mensch-Sein auf der Erde als ein herausforderndes Spiel, und das kosmische Prinzip der Geistigkeit, das ICH BIN, als eine sinnvolle Spielregel, damit wir uns selbst verwirklichen und unser Leben meistern können. Diese Sichtweise einzunehmen hilft mir, das Leben und mein Dasein aus einem positiveren Blickwinkel heraus zu betrachten und vorwärts zu kommen. Diese Haltung half mir positivere Ergebnisse zu erfahren, die wiederum mein Vertrauen in die Wirkung des ICH BIN-Stoffes vertieften. Das Vertrauen stärkte meinen Glauben in das ICH BIN, was wiederum zur Folge hatte, dass sich mein Glaube durch Selbsterfahrung in Überzeugung und gelebtes Wissen umwandelte. Darin ist ebenfalls eine Kettenreaktion von Ursache und Wirkung zu erkennen. Bleiben wir doch gleich bei dieser kosmischen Spielregel, damit du eine Vorstellung von diesem Prinzip erhältst und das Zusammenwirken mit den übrigen Prinzipien besser nachvollziehen kannst.

Die Kettenreaktion von Ursache und Wirkung

Eine Kettenreaktion ist eine Reihe, die aus Ursache und Wirkung besteht. Jede Wirkung hat ihre Ursache und jede Ursache zieht ihre Wirkung nach sich. Gemäss diesem kosmischen Prinzip ist es unmöglich, dass sich etwas «zufällig» ereignet. Tag und Nacht geschehen auch nicht zufällig. Die Abfolge wird durch das Prinzip Rhythmus bestimmt, das zusammen mit dem Prinzip Ursache und Wirkung die rhythmischen Zeitwellen bestimmt.

Ohne eine Reihe von Ursache und Wirkung gebe es beispielsweise keinen Honig. Bevor du den Honig geniessen konntest, war da der Samen, daraus wuchs der Keimling, der zum Blümchen mit dem süssen Nektar wurde, dann kam die Biene, die den Nektar zu Honig machte, dann der Imker usw. Die Biene ist nicht zufällig eine Biene und sammelt den Nektar nicht ohne Grund. Alles entstand und geschieht nach einer bestimmten biologischen und physikalischen Anordnung. Über diese Anordnung berichte ich im Kapitel «Die illusorische Zeit».

Selbst die Zahl des Würfels, die du wirfst, ist kein Zufall und folgt einer Kettenreaktion von Ursache und Wirkung. Zum Beispiel steht hinter dem Fall eines Würfels dein Gemütszustand. Hinter deinem Zustand steht wiederum dein Bewusstsein (Geistigkeit). Dann spielen noch deine aufgebrachte Muskelkraft (Schwingung), und wie die Oberfläche des Tisches beschaffen (Entsprechung) ist, eine Rolle. Abgesehen davon, willst du ja das Ziel erreichen und die höchstmögliche Punktzahl würfeln. Hierzu eine kleine Geschichte:

Als mein Sohn ein kleiner Junge war, wurden einige Mitspieler mit der Zeit ganz schön ärgerlich, wenn sie mit ihm das Spiel «Mensch ärgere dich nicht» spielten. Bevor der Knirps würfelte, schüttelte er den Würfel in seinen Händen und sagte beschwörend: „Ich würfle eine Sechs!"

Auf seinen Satz konzentriert, schüttelte er den Würfel, bis wir riefen: „Na, mach schon. Wirf endlich!"

Lässig warf er den Würfel über den Tisch – und tatsächlich würfelte er einen Sechser. Zweimal hintereinander, und das immer wieder. Er blockierte vergnügt seine Mitspieler, schickte ein Figürchen nach dem anderen an den Start zurück und freute sich göttlich über sein Glück im Spiel, das dem Spiel des Lebens sehr ähnlich ist. Die anderen mussten wieder von vorne anfangen und regten sich darüber auf, bis sie nicht mehr mitspielen wollten und forderten: „Er soll mit dem Quatsch sofort aufhören!"

Dass wir auf der wunderschönen Erde leben, ist genauso wenig ein Zufall. Die Ursache unserer Existenz liegt meiner Meinung nach in einer unglaublich liebevollen Kettenreaktion. Auf unsere ursprüngliche Zeugung komme ich im Kapitel «Die Polarität» nochmals zurück. Manchmal muss ich etwas erwähnen, was ich erst später genauer erklären kann, um die Zusammenhänge verständlicher zu machen. Gott sei Dank wiederholen und zeigen sich die 7 kosmischen Prinzipien in allem und überall immer wieder. Die Fragezeichen im Kopf werden also mehrmals auftauchen und beantwortet, bis es schliesslich klickt.

Warum sich ein Mensch in einem Schlamassel befindet ist ebenfalls kein Zufall. Sein Brei ist vielmehr die Folge einer Entscheidung bzw. Wahl, die in seinem Leben als «Schicksal» zufällig in Erscheinung tritt. Viele Menschen sind sich nicht mehr bewusst, dass sie durch ihr Bewusstsein (Denken und Fühlen) eine Menge gesät haben, was sie nun in ihrem Leben sehen, erleben und ernten dürfen. Hier sind die Gründe zu finden, warum sich ein Mensch beispielsweise in einer Opfer- oder Täterrolle befindet. Durch seine Entscheidung ist er selbst an den Geschichten beteiligt, die ihn zum Opfer oder Täter werden liessen. Die Entscheidung traf er irgendwann und irgendwo bewusst oder unbewusst durch sein Denken, und gab somit sein Einverständnis.

Alles, was wir sehen und erleben, ist eine Kettenreaktion von Ursache und Wirkung. Hinzukommend trifft uns die «Gerechtigkeit», die für den Ausgleich sorgt, damit wir erkennen und uns aus unseren unbefriedigenden Kettenreaktionen befreien können. Der Ausgleich wird durch das Prinzip Rhythmus bewirkt, das zusammen mit den Prinzipien von ICH BIN (Geistigkeit) und von Ursache und Wirkung das Gesetz der Gerechtigkeit in Gang setzt. Im Kapitel «Das ICH BIN in Beziehungsgeschichten» werde ich auf diese Form von Ursache und Wirkung genauer eingehen.

Irrtümlicherweise wird das, was ein Mensch sieht und erlebt, ihm aber nicht gefällt, als Strafe, Ungerechtigkeit oder als Schicksal empfunden. Jedoch treffen ihn die natürlichen Auswirkungen (Konsequenzen), wie er denkt, fühlt und handelt. Ich kann mir gut vorstellen, dass diese Erkenntnis vielen Menschen Mühe bereitet. Glaubst du ernsthaft, mir erging es anders? Ich war total schockiert und hatte so meine Mühe. Eine Liebes-Evolution deckt die nackte Wahrheit auf und die ist manchmal sehr ernüchternd. Sie fordert die Menschen auf, der Wirklichkeit in die Augen zu schauen und hilft ihnen mit aller Liebe, dass sie sich dabei nicht selbst ablehnen oder gegenseitig beschuldigen.

«Die nackte Wahrheit ist besser als die vergoldete Lüge»
Enrica von Handel-Mazzetti

Beim Prinzip Ursache und Wirkung beginnen die meisten Probleme der Menschen. Aber meinen Erfahrungen nach ist in diesem Prinzip auch die Lösung für die Schwierigkeiten in sämtlichen Lebensbereichen zu finden. Egal, wie fürchterlich es jemanden erwischt hat, ob die Person jemanden verloren hat oder sonst etwas geschehen ist, so dass sie keinen Sinn mehr sieht und am liebsten tot umfallen würde. Das Prinzip von Ursache und Wirkung zeigt uns auf, dass alles seinen Sinn, seine Ursache und Wirkung hat. Der Sinn besteht beispielsweise darin, dass dieses Prinzip den Menschen die Möglichkeit bietet zu erkennen, was die Liebe ist und, was die Liebe nicht ist.

Das Schicksal von uns Menschen ist ebenfalls kein Zufall. Die Ursachen der globalen Weltgeschehnisse sind die Auswirkungen der gemeinsamen Gedanken, auf die jeder einzelne Mensch seine Aufmerksamkeit am stärksten richtet. Meistens richten wir diese auf die negativen Dinge. Die Wirkung dieser Ursache ist, dass wir dadurch (unwissentlich) gewisse Ereignisse und Folgen wieder in unsere Welt ziehen. Die Anziehung bewirkt das Prinzip Schwingung. Die Schwingung wird durch das eigene bzw. kollektive Bewusstsein ausgelöst. Die negativen Gedanken- und Gefühlsschwingungen sorgen für ein ziemliches Ungleichgewicht zwischen den beiden Polen der Polarität. Was zur Folge hat, dass der Rhythmus dieses Ungleichgewichts, das durch die gedanklichen Fehlschwingungen ausgelöst wurde, wieder ausgleichen muss. Die 7 kosmischen Prinzipien müssen immer ein Gleichgewicht herstellen, sonst würde alles aus den Fugen geraten. Aus diesem Grund erleben wir einen schmerzhaften Ausgleich.

Dass so ein Ausgleich stattfindet, liegt meinen Beobachtungen nach an der Neigung vieler Menschen, die Schuld für unangenehme Auswirkungen sich selbst, jemand anderem, den anderen oder einer höheren Macht in die Schuhe zu schieben. Es ist nicht immer angenehm zu erkennen, dass die Situation, in der man sich befindet, eine Entscheidung ist, die man irgendwann einmal in der Vergangenheit selbst gewählt und getroffen hat. Darum macht es keinen Sinn, sich in der Gegenwart für seine vergangenen Entscheidungen und Schöpfungen zu verurteilen, sich schuldig zu fühlen oder jemand anderem die Schuld zu geben. Denn die Menschen erschaffen sich in der Gegenwart durch ihr Bewusstsein und durch ihre Entscheidungen ihre Zukunft selbst. Irgendwann in der Zukunft bekommen sie ihre Kettenreaktion von Ursache und Wirkung wieder zu spüren und haben wieder einen Grund zu jammern.

Diese Erkenntnis erleichtert das Annehmen und Akzeptieren der Wirklichkeit im alltäglichen Leben, wenn jemand drauf und dran ist, seine Situation als Strafe, Ungerechtigkeit oder als Schicksal zu bejammern. Aber vor der Annahme der Wirklichkeit fürchten sich die meisten Menschen, vor allem vor den Konsequenzen einer solchen Annahme. Die anstehenden, notwendigen Veränderungen in vielen Bereichen wären irgendwann nicht mehr zu ignorieren. Sie müssten sich eingestehen, dass alles, was sie in ihrer Welt sehen, das Ergebnis ihrer eigenen Gedanken und Entscheidungen ist. Der rational (realistisch) denkende Mensch wehrt sich beispielsweise, die Wirklichkeit anzunehmen, warum er krank geworden ist oder in bestimmten Bereichen seines Lebens nicht weiterkommt. Es gibt Menschen, die schlüpfen daher gerne in die Rolle des Unschuldigen oder des machtlosen und leidenden Opfers. Die Rollen liefern stichfeste Argumente, um nicht Selbstverantwortung übernehmen zu müssen. Dafür können sie gewisse Dinge bekommen, erzwingen und halten oder etwas Wesentliches umschleichen, um nicht erkennen zu müssen. Die 7 kosmischen Spielregen des Lebens machen aber vor niemanden halt. Irgendwann kommt jeder Mensch an dem Punkt an, wo er beginnt, die guten Fragen zu stellen und die Antworten auch hören will, um positive Veränderungen hinzubekommen.

Ein weiterer Grund für den Ausgleich ist, dass es Leute gibt, welche die 7 kosmischen Prinzipien für ihre eigenen, meist Ich-bezogenen Gründe verwenden, die nicht im geringsten mit dem Wohle aller zu tun haben. Die Ursache für dieses Verhalten ist im menschlichen Bewusstsein zu finden. So ein Verhalten zieht üble und gravierende Folgen nach sich, die ebenfalls ausgeglichen werden müssen.

Der ausgleichende Hammer kann sehr schmerzhaft einschlagen, was einen Menschen mit Wut, Unverständnis und Vergeltung erfüllt. Aus mangelndem Wissen über das ICH BIN schlägt ein Mensch oft zurück, wenn er sich mit solchen negativen Gefühlen konfrontiert sieht. Das hat zur Folge, dass er sich in einer Ausgleichs-Wiederholungswelle befindet. Er verursacht ständig die unangenehmen Folgen neu.

Was zu beachten ist: Eine Folge, ein Ereignis beziehungsweise ein Resultat kann unmöglich weitere erschaffen. Eine Folge oder ein Resultat entsteht durch eine Kettenreaktion von Ursache und Wirkung. Ein Ereignis ist die Wirkung eines vorangegangen Ereignisses, das einem vorangegangenen Ereignis zu Grunde liegt usw. Was sich ereignet, bestimmen und erschaffen allein wir Menschen durch unser Denken und Fühlen. Denn die 7 kosmischen Prinzipien folgen dem Bewusstsein der Menschheit und müssen entsprechend mit dem kollektiven Denken und Fühlen und den daraus entstandenen Schöpfungen übereinstimmen. Die Übereinstimmung wird durch das Prinzip Entsprechung geregelt, so wie der Rhythmus den Ausgleich fordert. Diese Prinzipien beantworten die Frage, warum wir Menschen immer wieder Leid, Gewalt, Krankheit und Mangel auf der Erde erleben. Entsprechend unserem momentanen globalen Bewusstseinszustand spielen wir auch dementsprechend deftige Spiele, wie beispielsweise «Köpfe einschlagen» und «Herzen brechen». Auch wenn es nicht so den Anschein macht, in Wirklichkeit entwickeln wir uns tatsächlich wieder in Richtung Licht. Aber nur, weil wir von den 7 kosmischen Spielregeln des Lebens gewaltig in den Hintern getreten werden. Jedoch können du und ich einen wesentlichen Teil dazu beitragen, dass es nicht mehr so weh tut.

Manchmal scheinen die Auswirkungen festgefahren und stabil gehalten zu sein. Trotzdem ist niemand den Irrtümern und Täuschungen ausgeliefert, die uns Menschen begrenzen und belasten. Jeder einzelne besitzt ein Herz und einen Verstand. Diese beiden gilt es miteinander zu verbinden. Es ist nicht hoffnungslos, aus dem Kreislauf von Ursache und Wirkung herauszukommen, wie so viele irrtümlich glauben. Sobald du darauf achtest, welche unangenehmen Situationen sich immer wieder in deinem Leben wiederholen, ist bereits der erste Schritt getan. Oder, wenn du erkennst, dass sich zwar die meisten Menschen auf eine gleiche Weise verhalten, dass das aber nicht gleich bedeutet, dass diese Verhaltensweise okay ist.

«Die Wahrheit hat nichts zu tun mit der Zahl der Leute,
die von ihr überzeugt sind»

Paul Claudel

Nun hast du eine Vorstellung, wie das Prinzip von Ursache und Wirkung mit den übrigen wirkt. Vielleicht fragst du dich gerade: „Ja, alles soweit verständlich. Aber wie komme ich aus meinem Schlamassel heraus?"
Diese Frage wurde so oft gestellt, dass sie von unseren geistigen Brother and Sisters beantwortet wurden, die es geschafft haben durch das ICH BIN, das in der Seele eines jeden Menschen lebt, sämtlichen menschlichen Irrungen und Begrenzungen zu überwinden. Ihre Antworten auf die gute Frage lassen uns wirklich erkennen und weiterkommen. Klapp jetzt bitte nicht das Buch zu, falls du das Gefühl hast: „Oh Gott, schon wieder so ein Quatsch." Erinnere dich, es ist kein Zufall, dass du dieses Buch in deinen Händen hältst und bis hierhin gelesen hast. Alles hat eine Ursache. Wer sucht, der findet, oder die Nahrung wird dir gegeben nach der du verlangt hast, sagen zwei alte Sprichwörter. Jeder erhält immer das, was er für seine Entwicklung braucht. Du bist reif für das Wissen über das ICH BIN und wurdest auf irgendeine Art und Weise zu diesem Buch geführt. Es gehört zu einer Evolution dazu, dass die Existenz dieser «Ex-Menschen» für uns zur Normalität wird. Selbst die Gesundheit wird bald zur Normalität; weltweit erkennen viele Ärzte die Zusammenhänge von Ursache und Wirkung, die Krankheiten hervorrufen, immer besser.

Meiner persönlichen Erfahrungen nach sind unsere Brothers and Sisters die einzigen, die es verstehen, untrüglich zu übermitteln, was das ICH BIN bedeutet und was es auslöst, wenn wir diese beiden Worte denken. Für mich sind sie der lebendige Beweis für die Beherrschung der 7 kosmischen

Prinzipien. Sie helfen uns seit Jahrtausenden, unser Leben besser zu verstehen und zu meistern. Dabei haben sie so einen köstlichen Humor, der voll ins Schwarze trifft. Meiner Ansicht nach benötigen wir heutzutage mehr als nur menschliche Hilfe, wenn wir die Liebeswellen, die einen Wandel in allen Bereichen fordern, überstehen wollen. Der Unterschied zwischen uns und den Weisen, die in manchen Schriften als «Meister» oder «Siddhas» beschrieben werden ist, dass sie etwas höher schwingen und sie sich entsprechend ihrem Bewusstsein auf den entsprechenden geistigen, spirituellen Ebenen der Polarität befinden. Diese Menschen sind mehr göttlich als menschlich. Es sind sozusagen «Ex-Menschen» und doch Menschen. Es sind Menschen wie du und ich, auch wenn ihr Leben und ihr Denken nicht mehr mit unserem Leben und Denken zu vergleichen ist. Sie unterscheiden sich nur in ihrem Bewusstsein von uns.

Die geistigen Brothers and Sisters, zu denen Persönlichkeiten wie beispielsweise unser prominentester Brother Jesus Christ Superstar zählt, und weitere wie, Lao-tse, Hermes Trismegistos (Thot) oder Buddha zählen, durften genauso wie wir, ihre Menschpein auf den physischen Ebenen überwinden. Sie erlangten durch ihre eigene ICH BIN-Gedankenkraft eine höhere Bewusstseinsstufe und beamten sich, ähnlich wie Mr. Spook, Capiten Kirk und Pille von Raumschiff Enterprice, von den physischen, mentalen Ebenen auf die geistigen, spirituellen. Nur waren sie durch ihr ICH BIN-Denken selbst in der Lage ihre Schwingungen zu erhöhen. Denn die Schwingung entspringt aus dem Prinzip der Geistigkeit und das Bewusstsein bestimmt die Schwingung. Die Meister-Seelen konnten ihre eigene Schwingung dermassen erhöhen, dass sie sich mitsamt ihrem physischen Körper in ihre

Lichtteilchen auflösen konnten. Sie können sich aber nach Belieben wieder sichtbar machen.

Wie sie es geschafft haben, aus der materiellen Welt auszubrechen, vermitteln sie uns bereits seit langer Zeit. Aus ihrer Sicht ist jeder Mensch fähig, aus seinem Schlamassel herauszukommen, wenn er beginnt, das ICH BIN, das in seiner Seele wohnt, bewusst zu benutzen. Das ist das eigentliche Ziel einer Menschenseele, das ICH BIN-Bewusstsein zu erreichen. Unsere Brothers and Sisters erreichten irgendwann und irgendwo dieses Ziel.

Hermes haben wir es zu verdanken, dass die 7 kosmischen Prinzipien nicht völlig untergegangen sind. Meistern wie Jesus und Saint Germain verdanken wir das Wissen über den wahren Sinn der Worte ICH BIN. Paradoxerweise ist das einfachste Prinzip, das Prinzip der Geistigkeit, am schwierigsten zu verstehen.

«Raumschiff Enterprice» ist übrigens eine Fernsehserie aus den 60er Jahren. Das «Hochbeamen» faszinierte mich als Kind jedes Mal aufs Neue. Das Beamen ist nichts anderes als eine Schwingungsveränderung. Schauen wir uns im Folgenden die kosmische Spielregel Schwingung an.

Die Schwingung

Zuerst einmal etwas Physik. Keine Panik, ich quäle dich nicht mit wissenschaftlichem Kauderwelsch. Ich bin da ähnlich wie Mr. Spook, der Ausserirdische mit den spitzen Ohren. Spook ist in der Serie für seine ausserordentliche Fähigkeit zum logischen Denken bekannt. Er pflegte zu sagen: „Es ist immer eine Frage der Logik." Ein kurzer Exkurs in das Reich der Physik hilft dir, eine klarere Vorstellung vom Prinzip der Schwingung zu bekommen. Die leicht verdauliche Theorie erklärt, dass das ICH BIN eine physikalische Angelegenheit ist und durch das Denken und Fühlen in Schwung gebracht wird.

Schauen wir uns zu diesem Zweck die vermutlich berühmteste Formel der Welt an: $E = mc^2$. Dem Rebell unter den Physikern, Albert Einstein, gelang es mit dieser Formel, das Prinzip – Geist ist Bewusstsein – und ihre natürlichen Gesetzmässigkeiten zu erklären. Einstein verstand, dass alles um uns herum dieser kosmischen Gesetzmässigkeit unterworfen ist, genauer gesagt diesem «Bewusstsein».

Viele Physiker beschäftigten sich mit dieser «Theorie», mit der Äquivalenz von Masse und Energie, doch stiessen sie an ihre Grenzen. Einsteins Erklärung zwang die Wissenschaftler, das Verständnis von Raum und Zeit zu überdenken. Nur liess das neue Verständnis den Verstand vieler Gelehrten an den Rand des Verstandes-Fassungsvermögen stossen, denn es führt in Bereiche hinein, die für den Verstand schwer zu begreifen sind. Dieses Verständnis wird oftmals abgelehnt und kann, soll oder darf nicht existieren. Diejenigen, die an solche Bereiche glauben, werden wie Einstein meistens als «Bekloppte» und «schwarze Schafe» abgestempelt. Nach langem Kopfzerbrechen mussten jedoch die Gelehrten Einsteins Formel zustimmen und einsehen, dass alles um uns Energie (Elektrizität, Äther, Magnetismus, Licht und Wärme) ist. Deine Gedanken, dein Körper, dein Auto, ein Gänseblümchen oder ein Tier sind nichts anderes als **Energie** in einer verdichteten Form, **mc²**. Selbst in einem winzigen Sandkörnchen ist das Prinzip Geist ist Bewusstsein zu finden.

Physik war in der Schule nicht gerade meine Stärke, aber die Formel $E = mc^2$ ist einfach zu erklären und macht das Beispiel mit dem Sandkorn verständlicher.

Das **E** steht für Energie. E ist die geistige Energie (das Bewusstsein, das denkt und fühlt).

Das Gleichheitszeichen bedeutet, dass mc² Energie ist. Folglich ist jede Masse zugleich Energie (Geist).

Das **m** bedeutet Masse. Eine Masse ist beispielsweise dein Sofa oder dein Körper. Die Masse ist demzufolge eine verdichtete Form von Energie. Die Masse, die dein Sofa bildet, ist zugleich Energie. Das Bewusstsein deines Sofas schwingt auf einer sehr, sehr niedrigen (dichten) Ebene der Polarität.

Das **c** steht für Lichtgeschwindigkeit. Die Lichtgeschwindigkeit beträgt 299.792 Kilometer pro Sekunde, aufgerundet 300.000 Kilometer pro Sekunde (km/s).

Das **c²** bedeutet, die Lichtgeschwindigkeit wird mit sich selbst multipliziert: $c^2 = 90.000.000.000$, oder 90 Milliarden km^2/s^2. Das ist eine sehr hohe Geschwindigkeit.

Einsteins Formel verdeutlicht, dass selbst im winzigsten Atom eine sehr grosse Menge an Energie enthalten ist. Durch die Formel $E = mc^2$ lässt sich auch ausrechnen, wie viel Energie (E) in einer Masse (m) steckt und wie viel Energie eine Masse verliert, wenn sie Licht (c^2) ausstrahlt. Kannst du dir vorstellen, wie viele Atome die Masse eines Sandkorns bilden? Vielleicht kannst du dir nun vorstellen, wie viel Energie freigesetzt wird, wenn so ein Atömchen gespalten wird. Die zerstörerischen Ausmasse der Kernspaltung prägten bereits öfters die Welt und die Menschheit. Diese Ereignisse hätten nicht mehrmals geschehen müssen. Viele Menschen wussten aber auch nicht, dass diese Ereignisse die Folgen des menschlichen Bewusstseins und den 7 immerwährenden universellen Spielregeln waren, die, dem menschlichen Bewusstsein entsprechend, die dementsprechenden Schöpfungen (Folgen, Ereignisse, Auswirkungen) liefern mussten.

Bevor sich deine Gedanken verdichteten und irgendwann auf irgendeine Art und Weise, jedoch deinen Gedanken entsprechend, in Erscheinung traten, waren sie nichts anderes als Energie. Die Auswirkungen (Ereignisse, Folgen) deiner Gedanken sind beglückend oder schmerzhaft. Deine positiven ICH BIN-Gedanken haben genauso wie deine negativen (gespaltenen) Gedanken eine sehr grosse Kraft. Das Prinzip der Geistigkeit erklärt, wie und warum Frau und Mann es schaffen kann, sämtliche unangenehmen Auswirkungen ihrer schöpferischen Gedanken zu vermeiden.

$E = mc^2$ verdeutlicht, dass jedes Leben, Ding, Atom und jede Zelle deines Körpers aus lauter Energie-Lichtteilchen besteht. Jedes noch so winzige Lichtteilchen trägt ein Bewusst-

sein in sich, das sich in den verschiedensten Schwingungsgraden ausdrückt. Aus dieser Perspektive betrachtet, ist **E**
der Ausgangspunkt allen Lebens. Dasselbe aus einer andern
Perspektive betrachtet, ist das Licht in allem oder alles Leben ist in einem Lichtprozess entstanden. Die Ursache dieses Ausgangspunktes ist die höchste elektrische Schwingung, Gott, der das alles umfassende ICH BIN-Bewusstsein
ist, das denkt, fühlt und erschafft. Denn jeder Schöpfung
geht ein Gedanke voraus.
Schauen wir uns an, was **E** noch so alles ist. Dein Verstand
ist noch längst nicht an den Rand des Fassbaren gestossen.
Damit das weiterhin so bleibt, wird dein Verstand Welle für
Welle liebevoll weichgespült und erweitert.
Die Energie umfasst sämtliche Schwingungswellen, von den
langwelligsten bis zu den kurzwelligsten. Die Schwingung
lässt sich beschreiben als die Lichtgeschwindigkeit (c^2) divi-
diert durch die Wellenlänge (Schwingungsgradunter-
schiede). Die dichteren Gradunterschiede des Lichts sehen
wir Menschen als Farben. Die dichtesten Schwingungen erkennen wir als physische, materielle Formen. Jede verdichtete Form ist spürbar und sichtbar, weil du in der Polarität
selbst einen physischen Körper hast. Im Grunde genommen
bist du nichts anderes als manifestiertes Licht, das in der
Schwingungsintensität variiert, sich immerzu bewegt
(schwingt), ausdehnt, verändert und entwickelt.

Es liegt in der Natur der Schwingung, dass sie niemals still-
steht. Sie schwingt immer und überall, selbst in der dichtesten Form schwingt jedes Ding, jeder Mensch und alles Leben
in den verschiedensten Schwingungsgraden.
Die Lichtgeschwindigkeits-Zahl (Schwingungsgrad) ist für einen Menschen unterschiedlich wahrnehmbar. An diesem
Punkt stossen viele Menschen mit ihrem Verstand an den

Rand des Fassbaren. Denn um uns herum existieren eine Menge Energieformen, die wir nicht sehen können, die dennoch existieren. Diese Lebensformen befinden sich auf den unterschiedlichsten ätherischen, astralen und geistigen Ebenen der Polarität, entsprechend ihrem Bewusstseins-Schwingungsgrad. In der Polarität befinden sich auf allen Ebenen unterschiedliche Bewusstseinsformen. Auf den physischen und mentalen (geistigen) Ebenen sind so liebenswerte Lebewesen wie Menschen, Tiere und Pflanzen anzutreffen.

Das Prinzip Schwingung schwingt stets auf allen Ebenen der Dreiheit; auf den physischen, materiellen (Körper), den geistigen, mentalen (Seele) und den geistigen, spirituellen Ebenen (Geist). Die Ebenen in der Polarität sind daher sehr vielschichtig, was mit dem Prinzip Entsprechung zu tun hat. Hier ist wieder zu erkennen, wie die 7 kosmischen Prinzipien zusammenwirken und nicht zu separieren sind. Auf die Spielregel Entsprechung und auf die Ebenen komme im Kapitel «Die Dreiheit» nochmals zu sprechen. Damit wir kein Durcheinander bekommen, bleiben wir bei der Schwingung und schauen, welches universelle Prinzip da noch mitschwingt.

Die Physikstunde schwingt kurz in den Sexualunterricht hinüber! Dein Verstand muss noch begreifen, dass dein Denken und Fühlen nichts anderes als die männlichen und weiblichen Aspekte sind, die wiederum das Schöpfungsprinzip und dein Schöpfungspotential ausmachen. Die Energie ist daher weiblich und männlich. Das wird durch das kosmische Prinzip Geschlecht bestimmt. Diese Spielregel besagt, dass alles um uns herum männlich und weiblich ist.

Das Geschlecht ist auf allen drei Ebenen zu finden. Gott, welcher das ICH BIN ist, erschafft durch die Vereinigung seiner männlichen (denken) und weiblichen (fühlen) Aspekte. Der

ganze Schöpfungsvorgang, $E = mc^2$, folgt stets diesem Geschlechtsprinzip. Die grösste Zweiheit in der Polarität ist die Trennung des Geschlechts in zwei Teile, also in Frau und Mann. Mehr über diese spannende komische Spielregel erfährst du im Kapitel «Sexualunterricht anderer Art».
Wir schwingen zurück zum Physikunterricht! Die Schwingung ist eine elektro-magnetische Schöpferenergie, sie vereint männlich und weiblich in sich und hat immer eine Bestimmung. Die weibliche Energie zeigt sich in Willensstärke, Wärme und Ausdehnung. Die männliche Energie zeigt sich durch Kälte und Zusammenziehung. Selbst die Pole in der Polarität zeigen sich in einem männlichen und in einem weiblichen Aspekt. Die Energie schwingt vom Pluspol (männlich), dem Impulsgeber, hin zum Minuspol (weiblich), dem empfangenden und gebärenden Pol.

Gemäss dem Prinzip der Entsprechung und der Schwingung nimmt ein Mensch jeweils die geistigen, mentalen Ebenen ein, die seinem Bewusstsein entsprechen. Jede Erweiterung seines Denk-und Liebesvermögen hebt ihn auf eine höhere Seinsebene der Dualität. Das Bewusstsein eines Menschen schwingt auf allen Ebenen der Dreiheit: Geist, Seele, Körper. Dieses Wissen erklärt den Ärzten so manches. Es lässt sie, die Zusammenhänge von Ursache und Wirkung der verschiedensten Krankheiten und Gemütszustände verstehen. Zum Beispiel, dass die Ursachen vieler Krankheiten im Denken (Mentalkörper) und im Fühlen (Emotionalkörper) entstehen, bevor sie sich verdichten und letztendlich als Krankheit im sichtbaren Körper einschlagen. In diesen feinstofflichen, daher unsichtbaren Körpern, sind in jedem einzelnen Lichtteilchen sämtliche Erfahrungen gespeichert. Die Ursache: Eine Reihe von Ursache und Wirkung, welche die prägenden oder die sich immer wiederholenden subtilen Erfahrungen sind, die ein Mensch gemacht hat. Sie verursachten die verschiedensten Ängste, beispielsweise die vor bellenden Hunden, sowie negative Gedankengebilde, Überzeugungen und Schlussfolgerungen, wie: „Ich bin ein Versager.", „Die Welt ist schlecht.", „Überall lauert Unheil.", „Die anderen lehnen mich ab." und „Ich bin so einsam."

Jede Erfahrung, ob sie positiv oder negativ war, ist wie in einem Zellgedächtnis gespeichert. Die negativen können jedoch durch den Stoff der Liebe des ICH BIN-Geistes wieder umpolarisiert werden. Das ist doch super! Es ist also niemand hoffnungslos seinen negativen Gedanken und seinem Schlamassel ausgeliefert. Hinter all dem muss wirklich eine mächtige Intelligenz stehen. Nur scheint die Intelligenz des lieben Gottes für manche Menschen etwas paradox zu sein. Jedoch zeigt sie dir auf, wie du deine Schwingungen änderst und ins Gleichgewicht bringen kannst. Und genau das erreichst du mit deinem ICH BIN-Denken und -Fühlen. Zu diesem Zweck schauen wir uns die Polarität genauer an. Sie ist für uns eine der grössten Herausforderungen.

Die Polarität

Auf den höchsten Ebenen herrschen das Licht, die Wärme und die vollkommene Liebe. Die Polarität spiegelt das Gegenteil der dieser Ebenen. Gemäss Einstein ist die Polarität die Abwesenheit von Licht, Wärme und Liebe. In der Polarität erleben wir das Gegenteil, wie Dunkelheit, Kälte und Hass. Trotz dieser Abwesenheit können wir die Liebe, das Licht und die Wärme erfahren, erkennen und verstehen. Die Polarität scheint etwas verwirrend zu sein, sie ist voller trügerischer Erscheinungen und Täuschungen, denn die Materie ist nicht das Wahre und Reale. Die Polarität fordert den Menschen heraus, die illusorischen Erscheinungen von der Wirklichkeit zu unterscheiden. Schafft er es nicht, entwickelt er sich zu einem triebhaften und gespielten Menschen und bleibt in den Illusionen verfangen.

Die Materie ist also eine Täuschung, etwas Unwahres, eine Art Einbildung. Vielleicht fragst du dich gerade: „Aber für die Materie gibt es doch eine Ursache? Wo ist denn darin die Wahrheit vergraben?" Das sind gute Fragen. Wie bereits erwähnt, ist die Antwort nicht leicht zu verstehen und für manche schwer zu glauben. Das «Schwer zu Glauben» ist, vielleicht ahnst du es schon, kein Zufall. Es ist ein Teil des

Spiels des Lebens. Darauf komme ich bald zu sprechen. Wir gehen aber zuerst der Ursache auf den Grund.

Die Materie, sowie jede Manifestation, wurde aus dem höchsten geistigen ICH BIN-Bewusstsein erschaffen, welches der Ausgangspunkt allen Lebens ist. Die Materie oder das Relative, hängt daher mit der Wahrheit, das Absolute, zusammen. Der Grund, warum Gott auf den Gedanken kam, die Polarität zu erschaffen, war der freie Wille. Der freie Wille, den wir Menschen auch haben. Er hat sich zu dieser Idee entschieden, so wie wir Menschen entscheiden und wählen können, ob wir etwas tun oder nicht tun. Der ICH BIN-Geist kam irgendwann auf die Idee, den Menschen zu erschaffen, damit er erkennen kann, was seine Vollkommenheit so alles ausmacht. Aspekte, die seine Vollkommenheit ausmachen sind beispielsweise bedingungslose Liebe, Jugendlichkeit, Freude, Mut, Willenskraft, Schönheit, Fülle, Gesundheit, Friedlichkeit, Intelligenz, Kreativität, Barmherzigkeit, Leichtigkeit, Humor, Güte, Dankbarkeit, Freundlichkeit, Ehrlichkeit, Lebendigkeit, Verbindlichkeit, Mitgefühl, Begeisterung, Genialität und vieles mehr. Aber um all das zu erleben und zu erkennen, braucht es ein Gegenteil. Nur so wird das Erkennen erst möglich. Auf den rein geistigen Ebenen existiert kein Gegenteil. Der ICH BIN-Geist kann sich selbst in seiner Vollkommenheit nicht erkennen, er weiss nur, dass er die Vollkommenheit ist. Das genügte ihm aber nicht, weil bei diesem Gedanken auch sein weiblicher Aspekt mitspielte, der diese verführerische Idee verwirklichen wollte. Der weibliche Aspekt will den Gedanken sichtbar machen. Der Gedanke würde ewig da oben herumgeistern, wenn der weibliche Pol Gottes nicht die Willensstärke hätte, den Gedanken erfüllen zu wollen. Der weibliche Aspekt kann nichts dafür, so willensstark zu sein. Das Weibliche leistet bei der Schöpfung tatsächlich die Hauptarbeit, da es fantasievoller ist. Man darf sagen, dass der weibliche Aspekt stärker ist als der männliche. Das Männliche hat eigentlich nur die Rolle des «Wollens» und seine Bestimmung auf das Weibliche zu übertragen und so den Schöpfungsablauf in Gang zu setzen. Das ist keine Diskriminierung. Wenn du so denkst, hast du irgendwas nicht verstanden und darfst wieder von vorne anfangen zu lesen. Bei dieser Erkenntnis beginnen die meisten Irrungen und Missverständnisse zwischen Mann und Frau – und die ganze Sache mit der Sexualität. Trotzdem ist das weibliche Geschlecht das stärkere, allein schon wegen der Schwäche des männlichen Geschlechts für das Weibliche. Auf der körperlichen Ebene ist natürlich der Mann das stärkere Geschlecht.

Kommen wir zur Ursache zurück. Jetzt wird's spannend, wir kommen zu deiner allerersten Zeugung!
Wie ein Baby gemacht wird, brauche ich nicht zu erklären. Wir wissen, dass dazu eine Frau und ein Mann notwendig sind. Ohne weiblich und männlich kann nichts, rein gar nichts, erschaffen und gezeugt werden. So ist es auch auf den rein geistigen Ebenen. Die Spielregel das Geschlecht zeigt sich auf allen Ebenen des Lebens, rein geistig, geistig (mental) und physisch. Jeder Schöpfungsvorgang folgt stets dem Prinzip des Geschlechts und der Schwingung, weil die Schwingung eine männliche und weibliche Energie ist. Ohne das Geschlechtsprinzip kann nichts erzeugt bzw. erschaffen werden, nicht einmal das Universum und die Materie. Im Sinne der hermetischen Philosophie bedeutet Geschlecht, die ausgewogene Beziehung zwischen Denken (dem männlichen Prinzip Gottes) und Fühlen (dem weiblichen Prinzip Gottes) zur Zeugung und Erschaffung. Gott erschafft durch

die Vereinigung seines männlichen und seines weiblichen Prinzips.

Um dir das genauer zu verdeutlichen, möchte ich gerne deinen weiblichen Teil anregen, denn dieser Teil ist der fantasievollere.

In meiner Fantasie stelle ich mir unsere Zeugung etwa so vor: Gott reizte es, sich selbst zu erkennen und zu erfahren. Er dachte: „So etwas wie ein Negativ, ein Spiegel, muss her, der MIR das Gegenteil meiner Vollkommenheit spiegelt, so erkenne und erfahre ICH, was ICH BIN, das ICH schon weiss." Der denkende Teil des geistigen Bewusstseins ist der männliche Aspekt, nennen wir diesen Teil Adam. Der fühlende Teil dieser Schwingung ist der weibliche Aspekt, das wäre dann Eva. Die glorreiche Idee kam also vom denkenden Teil. Dieser schlaue Aspekt musste ihr verführerisch ins Ohr gesäuselt haben. Allen Schöpfungen ging immer zuerst ein Gedanke voraus. Seine Idee fühlte sich super gut an, denn Eva sagte: „Au ja, gute Idee! Das wollte ICH schon immer. ICH will sehr gerne erkennen und verstehen, was WIR so alles sind. ICH BIN gespannt, was dabei herauskommt. Komm, lass es UNS tun. Worauf warten WIR? Ein Spiegel muss her!" Vielleicht war es auch Eva, die Adam zu diesem Selbsterkennungsspiel verführte. Aber um sich das zu ermöglichen, brauchte Eva ihren Adam. Adam würde wahrscheinlich immer noch in seiner Zeitung lesen, wenn die willensstarke Eva ihn nicht verführt und ihn neugierig auf das spannende Entdeckungsspiel gemacht hätte. Das ist Evas Natur. Eva weckte in Adam seine «Eva». Das bestimmt die kosmische Spielregel das Geschlecht, denn im männlichen Prinzip ist auch das weibliche Prinzip vorhanden. Adam hätte ohne Eva von diesem spannenden Selbsterkenntnisspiel nur gewusst und in den «News aus Eden» weitergelesen.

«Die Frauen müssen wieder lernen, den Mann auf das neugierig zu machen, was er schon kennt.»
Coco Chanel

Schauen wir, wie die Geschichte weiterging: Die Idee wurde umgesetzt. Aus dem mächtigsten Gefühl der vollkommenen Liebe heraus gab es einen urmächtigen Knall. Gott zersprang aus lauter Liebe in 7 Seins-Aspekte, aus denen alles Leben im Universum geboren wurde. Die 7 Seins-Aspekte stelle ich dir im Kapitel «Du – die clevere Seele und deine 13 Körper» vor. Lauter individualisierte ICHs wurden aus dem geistigen Licht geboren. Auf den physischen Ebenen der Polarität hat diese Lebensform einen menschlichen, sichtbaren Körper, um als geistiges Wesen in der Polarität als Seele (Denken, Fühlen) in einem sichtbaren Körper als Mensch die Vollkommenheit erfahren zu können. Mit derselben Schöpferkraft und demselben freien Willen ausgestattet, erschaffen sie andauernd Dinge, die positive oder negative Auswirkungen, Folgen und Ereignisse mit sich bringen.

Die Polarität ist der Spiegel. Das Gegenteil von Licht und Liebe, das entstehen musste, damit wir erkennen und erfahren können, was wir bereits im vollkommenen Einszustand wussten. Jeder ist auch in der Lage für sich selbst zu denken, zu fühlen und zu erschaffen, was zuvor im Einszustand nicht möglich war, da wir kein individuelles Bewusstsein hatten. Das Selbsterkennungs-Spiel wäre ohne die individualisierten ICHs nicht möglich. Gott erkennt sich selbst durch seine ICHs und seine ICHs, wir Menschen, erkennen uns durch ihn.

Deine Zeugung geschah nicht aus Zufall. Du wurdest von Gott, der dual ist, bedingungslos gewollt. Ja und dazu bist du total intelligent. Hinter deiner Zeugung steckt eine Superintelligenz.

Somit hat das Spiel des Lebens begonnen und nahm seinen Lauf. Die Würfel, die wir werfen, entscheiden den Verlauf des Spiels. Also komm, mach mit und lies weiter. Es gibt viel zu erkennen.

Der Sinn des Selbsterkenntnisspiels ist, sich selbst als ein Teil der universellen Intelligenz zu erkennen. Zu diesem Zweck rüstete Gott seine Menschenkinder bestens aus. Niemals würde er von seinen individualisierten ICHs etwas verlangen, ohne ihnen zugleich die Schöpferkraft dafür mitgegeben zu haben. Ohne den 7 kosmischen Spielregeln wäre es seiner neuen Schöpfung auch nicht möglich, das Leben in der Polarität zu meistern und wieder zurück zum Ursprung zu finden. Gott, unser Oberbewusstsein (wir sind ja ein Teil von ihm), sorgte dafür, dass uns nichts geschieht, selbst wenn wir noch so haarsträubende Erfahrungen zu erleben wählten. Gott, der männlich und weiblich ist, spielt auch nicht Richter und Justitia, niemand erhält die rote Karte oder wird für immer und ewig vom Spielfeld verbannt.

Das schwierige an der Sache ist; Gott erkennt den Sinn des Selbsterkennungsspiels, aber die Menschheit hat den Sinn mittlerweile vergessen. Das ist eben die Herausforderung, die die Polarität mit sich bringt. Durch die vielen Täuschungen und Verwirrungen in der Polarität haben wir vergessen, dass wir ein Teil aus dem Stoff der Liebe sind. Das Vergessen löste eine Reihe von Ursache und Wirkung aus. Es führte zu katastrophalen Folgen und Ereignissen, nicht nur zwischen Mann und Frau. Wir können jedoch durch das Gegenteil erkennen und uns wieder erinnern, wer wir wirklich sind.

Erkunden wir die Polarität etwas genauer, denn in diesem Prinzip wirken alle übrigen mit.

Auf den rein geistigen Ebenen existiert kein Gegenteil. Gott ist der höchste Schwingungspol. Auf diesen Schwingungsgraden (Ebenen) ist alles vollkommen, denn das kosmische Prinzip der Entsprechung wirkt auch auf den höchsten Ebenen. Das bedeutet, dass zwischen den 7 kosmischen Prinzipien und dem schöpferischen Bewusstsein Gottes immer eine Übereinstimmung auf den verschiedensten Ebenen von Manifestationen und Leben besteht. Auf den rein geistigen herrscht die vollkommene Liebe, das Licht und die Wärme. Der niedrigste Schwingungspol ist die Materie. In der Materie offenbaren sich die Liebe, das Licht und die Wärme in ihrem gegenteiligen Aspekt, nämlich in Hass, Dunkelheit und Kälte. Dennoch ist die Materie zugleich Energie, $E = mc^2$. Materie und Gott sind ungleich und doch Pole ein und derselben Sache. Der Unterschied ist nur eine Sache des Schwingungsgrades. In der Materie erleben wir demnach sowohl Licht als auch Dunkelheit, Wärme als auch Kälte usw. Das ist die Polarität, die sich in zwei Gegensätzen zeigt. In der Polarität zeigen sich immer und überall zwei Pole, ein Plus und ein Minus, ein Oben und ein Unten, ein Links und ein Rechts, ein Männlich und ein Weiblich.

Die Polarität macht es möglich, dass sich die individualisierten ICHs durch das Gegenteil in ihrer Liebe selbst erkennen können. Und Gott kann sich nun selbst durch seine ICHs in seiner Liebe erfahren. Wie oben, so unten, wie unten so oben, besagt das Prinzip der Entsprechung.

Aber bevor sie nicht das gegen Gegenteil erfahren haben, können sie nicht erkennen, was Liebe ist und wer sie wirklich sind. Genauer gesagt: Wie kann ein Mensch etwas fühlen, das er es nicht kennt und versteht? Es ist ihm erst möglich etwas zu kennen und zu verstehen, wenn er es selbst am eigenen Leib erfahren hat. Das bedeutet, er darf auch mal dick sein, bevor er verstehen kann, was dünn ist, oder arm sein, um zu wissen, was Fülle ist. Genauso wenig kann ein Mensch wissen, was kalt, böse oder gesund bedeuten, bevor er nicht das Gegenteil erfahren hat. Es ist auch keinem Menschen möglich, jemandem irgendwas zu vergeben, wenn er selbst nie Vergebung erfahren hat. Das bedeutet; ein Mensch muss mal ein Bösewicht und ein Opfer gewesen sein und war nicht immer nur «der oder die Gute».

In der Polarität erleben wir Menschen das Gute und das Böse. Die beiden Pole braucht es, sonst könnten wir in unseren menschlichen Verkörperungen nicht «Alles» von der vollkommenen Liebe wählen, erleben und erkennen. Nehmen wir nun Folgendes an: Einige ICHs trafen eine andere Entscheidung. Sie wählten die andere Seite des Spielfeldes in der Polarität und missbrauchten ihre von Gott gegebene Macht für ihre eigenen Spielpläne, die zu ihren Gunsten sind. Ist doch klar, dass sie für ihre Spiele andere Mitspieler brauchen. Dadurch laufen viele Leute Gefahr, von anderen Menschen zur Spielfigur gemacht zu werden. Damit so etwas möglich ist, werden die verrücktesten Spiele, wie Angstmach-, Schmeichel- und Verwirrspiele, erfunden.

In der Polarität kommt es durchaus vor, dass einige Seelen im Laufe ihrer Verkörperungen total den Illusionen verfallen sind und sich daraus bedenkliche Verhaltensmuster entwickelten. Diese Menschen verdrehen jammervoll gewisse Dinge, sie machen aus den einfachsten Wahrheiten eine komplizierte und schwierige Sache, um sich lange genug an der Verwirrung anderer zu bereichern. Und ihre Mitspieler merken nicht einmal, dass sie gespielt werden. Denn auch diese Menschen sind ein Teil des intelligenten Geistes und genauso genial und erfinderisch. Da lohnt es sich zu seinem eigenen Schutz, seiner ICH BIN- Gegenwart, seinem wahren Selbst, bewusster zu werden und auf sein eigenes Gefühl zu hören, selbst wenn du der/die Einzige bist und von den anderen hundert Leuten um dich herum belächelt wirst. Das braucht manchmal Mut.

«Gespielt zu werden» bedeutet, von anderen Leuten beeinflusst zu werden, damit möglichst viele das denken, fühlen, tun, glauben und befürworten, was sie gerne wollen. Solch dunkle Spiele waren für dich auch mal reizvoll. Das gehört zum Selbsterkennungsspiel – wir waren nicht nur der oder die Gute. Da hilft kein aufgesetzter Heiligenschein. Irgendwann funktionieren aber diese Spielchen nicht mehr. Spätestens dann, wenn es praktisch keine Mitspieler mehr gibt, mit denen weitergespielt werden kann. Das wird mit der Zeit ganz schön langweilig. Nämlich dann, wenn die anderen begreifen, dass weder das Böse noch das Gute zu bekämpfen ist und sie sich zu ICH BIN-Denkern- und Denkerinnen mausern.

«Das Böse existiert nicht, genauso wenig wie die Kälte und
die Dunkelheit. Gott hat das Böse nicht geschaffen.
Sondern es ist das Ergebnis dessen, was Gottes Herz noch
nicht berührt hat.» Albert Einstein

Nun kommen wir an einen Punkt, wo du gut aufpassen solltest, damit du verstehst, warum die Sache mit gleich und ungleich, die Pole ein und derselben Sache sind.

Die Polarität zeigt sich immer und überall in zwei gegensätzlichen Polen. Diese kosmische Spielregel verdeutlicht, dass alles seine zwei Gegensätze in sich hat. Das bedeutet genauer gesagt, gleich und ungleich ist dasselbe Ding. „Hä...? Wie war das?", schoss es dir vielleicht gerade durch den Kopf. Also nochmal. Jedes Ding hat seine zwei Gegensätze in sich. Die gegensätzlichen Aspekte «heiss und kalt», «Dunkelheit und Licht», «Liebe und Hass» sind nur die Extreme eines und desselben Dings. Sie sind Gegensätze, jedoch ein und dasselbe Ding. Ziemlich paradox, nicht wahr? Das gleiche Ding unterscheidet sich nur durch verschiedene Schwingungsgrade. Zum Beispiel «heiss und kalt», von extrem heiss, kochend heiss, heiss, warm, lauwarm, kühl, kalt, eiskalt, klirrend kalt, bis extrem kalt. Gemäss dem Prinzip der Schwingung ist alles Schwingung und nichts ruht, daher schwingen die unvorstellbar vielen Ebenen ineinander über, weshalb es auch keine klare Teilung zwischen den Ebenen bzw. Schwingungsgraden gibt. Es gibt keinen absoluten Massstab. Es gibt nirgends eine Stelle auf dem Thermometer, die genau festlegt, wann die Kälte aufhört und wann es beginnt warm zu werden. Die unterschiedlichen Schwingungsgrade bestimmen die Temperaturunterschiede. Daher besagt das Gesetz der Entsprechung: «Wie oben, so unten, wie unten, so oben; wie innen, so aussen, wie im Kleinen, so im Grossen».

Genauso zeigt sich dieses Prinzip zwischen den Extremen von Liebe und Hass. Die Schwingung der Liebe schlägt schnell in Hass um. Diese beiden Extreme, Liebe und Hass, können sehr dicht beieinander stehen. In der Polarität ziehen sich auch Gegensätze an, damit sie ausgeglichen werden können. Dieser Ausgleich wird durch den Rhythmus geregelt, der zwischen den Polen hin und her schwingt.

Würde es die verschiedenen Gradunterschiede (Schwingungsgrade) nicht geben, würden wir immer wieder dieselbe Erfahrung machen. Es wäre mit der Zeit ziemlich langweilig, wenn wir all die Farben, die Gefühle, die irdische und geistige Fülle nicht in allen Facetten sehen, fühlen, erleben und verstehen könnten. Man stelle sich vor, alle Farben wären eintönig. Es gäbe kein Rosarot, kein Hellgrün und kein Dunkelblau. Oder stell dir mal vor, du würdest nur die extremste Form von Licht und Liebe oder von Kälte und Dunkelheit erfahren. Das Leben kann auch heftig sein, wenn man zwischen den beiden Extremen hin und her geschleudert wird, weil die eigene Aufmerksamkeit mehrheitlich auf die negativen Dinge im Leben gerichtet ist.

Ohne die Schwingungsgrade hätten wir keine Möglichkeit, um uns aus den materillen Ebenen herauszuentwickeln. Das ist aber das Ziel der Menschen, selbst wenn sie das Ziel in der Polarität vergessen haben und es ihnen somit nicht mehr bewusst ist. Die Seele aber, ist sich des Ziels bewusst. Die Seele will das Ziel erreichen, sie will als Mensch das höchste Gefühl der vollkommenen Liebe erreichen. Manche Menschen bezeichnen diesen Zustand als «Erleuchtung». Die Erleuchtung kannst du dir etwa so vorstellen: Das Spiel des Lebens auf den physischen Ebenen der Erde ist vorbei, wenn die Seele, verkörpert als Mensch, die physischen und geistigen, mentalen Ebenen gemeistert hat und nun die Stufen des Lebens auf den geistigen, spirituellen Ebenen weiter emporsteigt. Wenn ein Mensch das erreicht hat, braucht er nicht mehr geboren zu werden. Er ist dem Prinzip von Tod und Wiedergeburt entkommen, das dem kosmischen Prinzip von Rhythmus sowie Ursache und Wirkung zugeordnet ist.

«Atemzug um Atemzug eratmen wir uns die Welt, bis wir sie nicht mehr brauchen und nur noch Licht sind.»

Ulrich Schaffer

Die verschiedensten Gradunterschiede der Schwingung bestimmen den Gemüts- und Körperzustand. Die Stimmung eines Menschen schwingt zwischen hohen, ausgeglichenen und tiefen Schwingungen. Die Schwingungen können von einem Extrem ins andere kippen und sämtliche Zustände dazwischen sind an Gemüt und Körper erfahren.
Vielleicht wird es dir durch diese Erkenntnis viel leichter fallen, in Zukunft deine schwankenden Schwingungen und die eines anderen besser zu verstehen. Denn die Schwingung entspringt dem Prinzip der Geistigkeit und das Bewusstsein bestimmt die Schwingung.
Bedeutend zu erkennen ist, dass wir Menschen auch ein und dasselbe Ding sind. Wir sind alle aus der gleichen Substanz entstanden und werden alle von der gleichen Substanz durchflutet und das ist; der Stoff der reinen Liebe. Im übertragenen Sinne bedeutet das: Ich bin du, du bist ich, wir sind gleich und doch ungleich, aber letztendlich eben doch gleich. Das ist nicht immer gleich verständlich und nicht einfach zu akzeptieren. Aus diesem Grund ist die Polarität auch so eine grosse Herausforderung für uns. Das, was etwas widersprüchlich erscheint, erklärt das Prinzip der Entsprechung. Es verdeutlicht, dass ein Mensch jeweils die geistigen Ebenen einnimmt, die seinem Bewusstsein entsprechen. Nicht jeder entwickelte sein Bewusstsein im gleichen Grad, daher kann auch nicht jeder auf den gleichen Entwicklungsebenen stehen. Wenn aber zwei Menschen gleich, ähnlich oder gegensätzlich schwingen, ziehen sie einander an. Diese Anziehung kennen viele unter der Bezeichnung «Resonanz». Je nach Bewusstsein zeigt sich eine Resonanz in den unter-

schiedlichsten Schwingungsgraden. Die hohen Schwingungen fühlen sich so an, als hättest du fliegende Schmetterlinge im Bauch. Die ausgeglichenen Schwingungen zeigen in Gelassenheit oder Ausgeglichenheit. Stell dir vor, die Schwingungen sinken: Von der Ausgeglichenheit fällst du in die Unausgeglichenheit, du fühlst dich genervt, wütend, traurig oder verletzt. Dieser Schwingungs- oder Gemütszustand reicht von Unverständnis bis Protest, von Widerstand bis Ablehnung, von total schockiert und entsetzt bis hin zu Vergeltung, Hass und zum Bedürfnis, zurückzuschlagen. Die Folge ist: Das alte, dumme Spiel geht wieder los, weil die Aufmerksamkeit hauptsächlich auf die Dinge gerichtet ist, welche die Schwingungen der Liebe ständig wieder ins Kippen bringen.

Dass jedoch nicht alles aus den Fugen gerät, dafür sorgen die 7 Prinzipien. Diese Ordnung erleben wir Menschen meistens durch den himmlischen Hammer, der uns auf den Kopf schlägt, um uns auf unser unlogisches Denken aufmerksam zu machen. Aber auch durch Enttäuschungen, die vielmehr als eine Desillusionierung angesehen werden sollten, denn sie führen uns letztendlich aus der Täuschung, den illusorischen Erscheinungen in der Polarität, hinaus.

Es ist von Vorteil, die Erkenntnisse der kosmischen Spielregel Polarität ernst zu nehmen und sie zu verstehen, statt nur über sie zu philosophieren, zu diskutieren oder Recht haben zu wollen, darüber, wo die Liebe aufhört und der Hass anfängt, ob ein Glas halbvoll oder halbleer ist. Die Polarität verdeutlicht, dass beides halbe Wahrheiten sind, also die entgegengesetzten Pole der Wahrheit. Es gibt immer zwei Pole der Wahrheit, den absoluten und den relativen.

Viele Menschen neigen dazu, mit ihrem Verstand die einfachsten Dinge zu verkomplizieren und lang und breit über die verschiedensten Meinungen zu diskutieren. Für dich ist es wichtiger zu verstehen, dass gemäss dem Prinzip der Entsprechung, alle Widersprüche miteinander in Einklang gebracht werden können. Das absolute schliesst das relative nicht aus. Liebe und Hass sind ebenfalls die beiden gegensätzlichen Pole einer Sache. Es sind nur Ausdrücke für die Pole derselben Sache. Den absoluten Hass oder die absolute Liebe gibt es nicht, denn es gibt keinen absoluten Massstab. Hass kann in Liebe umgewandelt werden kann. Diese Umwandlung ist aber nur zwischen den Dingen der gleichen Art möglich. So kann Angst in Mut, Hass in Liebe und Kälte in Wärme umgewandelt werden. Diese Eigenschafften können ihre Polarität ändern, Kälte aber niemals in Mut, genauso wenig wie Angst in Wärme.

Die Polarisation ermöglicht dir, sämtliche Mängel, wie Mangel an Selbstliebe, Selbstbewusstsein, Selbstwert, Selbstvertrauen, Nächstenliebe und Mut, durch dein ICH BIN-Denken umzupolarisieren, indem du deine Gedanken in die gewünschte Richtung, auf den anderen Pol der Wahrheit, lenkst. So eine Schwingungsänderung (Polarisation) ist in wenigen Minuten erreicht. Auf einmal fühlst du dich selbstbewusster, mutiger und zuversichtlicher. Diese Änderung wird sich in deinem Handeln zeigen. Das ist keine Zauberei, das ist das ICH BIN in dir, das dein wahres Selbst ist. Die Polarisation werde ich dir bald erklären, wir werden noch oft die Gelegenheit haben, sie gemeinsam zu üben.

Falls du dich vielleicht gerade fragst, ob alle Wahrheiten auch Halbwahrheiten sind: Gemäss diesem Prinzip der Polarität schon. Doch keine Panik! Wir wissen, dass die höchste ICH BIN- Schwingung die Wahrheit, das Absolute, ist und dass wir durch das bewusste ICH BIN-Denken und -Fühlen die Kraft haben, alle Widersprüche in Einklang zu bringen.

Fassen wir kurz zusammen: Die Schwingung bestimmt die verschiedensten Gradunterschiede eines jeden Dings und jeder Ebene. Wir wissen, dass die Ebenen die aufsteigenden Schwingungsgrade sind, die ein Mensch zu erklimmen hat, um sich aus der Welt der Illusionen, der Materie, auf die geistigen, spirituellen Ebenen beamen zu können.

Was denkst du, würde Mr. Spook zur Antwort geben, wenn Pille, so heisst der Raumschiffarzt in der Serie, ihn fragen würde, ob ein einziges Leben ausreicht, um alle Stufen des Lebens zu erklimmen? Mr. Spook war bekannt für sein logisches Denken. Er hätte vielleicht zur Antwort gegeben: „Nach meinem gesunden ausserirdischen Verstand nicht einmal zwei."

Das denke ich auch. Aus diesem Grund stehen uns Menschen viele Leben zur Verfügung, um das Ziel zu erreichen. Das ist doch super! Das bedeutet: Jeder hat immer wieder die Möglichkeit, sich geistigen Gehirnschmalz anzueignen und auf die nächst höheren Stufen aufzusteigen. Die Seele hat keinen Stress, das Ziel, die geistigen, spirituellen Ebenen, zu erreichen. Den Stress macht sich ein Mensch selber. In der illusorischen Polarität glauben viele, keine andere Wahl zu haben und meinen, dass die Dinge nun mal so sind, wie es ihnen von den Normen der leistungs- und perfektionsorientierten Gesellschaft vorgeschrieben wird.

Der Haken an der Sache ist, dass der Mensch nicht mehr weiss, dass er Seele ist, in der das ICH BIN wohnt. Bevor die ICHs in die dichteren Ebenen der Polarität versetzt wurden, waren sie sich ihrer Selbst und ihrer Herkunft sehr bewusst. Aber im Laufe der Zeit versanken sie immer mehr in die menschliche Illusion und ihre Verbindung zu Gott wurde dünner und dünner, bis sie ihn vergassen und ihre eigene göttliche Existenz verleugneten. Das Vergessen und die

Selbstverleugnung sind aber Illusionen, Halbwahrheiten, es sind Dinge, die nur in der Polarität entstehen können, durch die Ausrichtung des eigenen Bewusstseins. Polarisieren wir den entgegengesetzten Pol von Vergessen und Selbstverleugnung an, werden wir uns wieder erinnern und die Wahrheit über uns anerkennen.

Das Dilemma an der Illusion «Vergessen» und «Selbstverleugnung» ist, dass du dich dadurch in einem ständigen Kampf befindest, den du gegen dich selbst, gegen andere und gegen Gott, der die höchste ICH BIN-Gegenwart ist, führst. Was dir auch nicht mehr bewusst ist; durch die Selbstverleugnung erschaffst du deine Illusionen ständig neu. Wie du das machst, erfährst du im Kapitel «Die Illusion».

Das Vergessen und die Selbstverleugnung machte es auch möglich, dass wir die Liebe erkennen und erfahren konnten. Aus dem Prinzip der Polarität entspringt die weise Redewendung «Alles hat seine guten und seine schlechten Seiten». Die schlechte Seite ist: Damit ein ICH als Mensch erfahren und verstehen kann, dass er die Liebe ist, muss er das Gegenteil erfahren. Doch dazu braucht es ein anderes ICH, ein anderes DU-Selbst, das ihm diese Selbsterkenntnis ermöglicht. Aber ein ICH, das als Mensch in den Schwingungen der Liebe schwingt, kann unmöglich etwas tun, das nicht der Liebe entspricht. Zu so etwas ist nur jemand in der Lage, dessen Schwingungen gekippt sind. Dieser Mensch muss zuerst seine Schwingungen runterbringen, erst dann kann er überhaupt etwas Unrechtes tun.

Die Schwingungen schraubt der Mensch mithilfe des «Vergessens» und der «Selbstverleugnung» herunter. Erst wenn er vergisst und verleugnet, dass er die Liebe, die Intelligenz und Weisheit ist, kann er jemanden eins auf die Rübe geben.

Die gute Seite ist, dass ein Mensch durch unangenehme Auswirkungen einen Sinneswandel erfährt. Der Wandel hilft ihm, sich wieder zu erinnern und sämtliche negativen Schwingungsgrade, die das menschliche Gewissen durch Selbsterkenntnis nicht mehr entstehen lassen will, umzuwandeln. Es ist jederzeit möglich damit aufzuhören, ein Täter bzw. ein Opfer zu sein. Es ist eine bewusste Entscheidung und diese folgt der Erkenntnis, dass ein Mensch aufgrund fehlgeleiteter Gedanken sowohl Täter als auch Opfer seiner Realität geworden ist.

Womöglich denkst du gerade: „Die spinnt." Das macht aber nichts! Es gehört zur Illusion «Selbstverleugnung» dazu, die eigene göttliche Genialität schlichtweg zu verleugnen und nicht daran zu glauben. Das ist eine Wirkung – alles hat seine Ursache.

Wir Menschen vergessen also in der Polarität nicht nur unsere wahre Herkunft, wir vergessen zudem, dass wir mehrere Male auf die Erde kommen und jedes Mal in ein neues Menschenkleid schlüpfen. Du darfst davon ausgehen, dass du bereits einige Leben hinter dir hast und du viele Male die Gelegenheit hattest, zu erfahren, wer du in Wirklichkeit bist. Das bedeutet: Du hast dich in deinen Verkörperungen trotz allem hin und wieder an das ICH BIN, an dein wahres Selbst, erinnert und einige Illusionen durchschaut. Je mehr die Seele als Mensch über sich selbst erkennt, desto reifer wird ihr Bewusstsein, dass sie als Mensch durch ihre Ich-Persönlichkeit ausdrückt. Das absolute ICH BIN schliesst das relative Ich nicht aus. Für die Seele ist das Leben keine Schule, wie irrtümlich geglaubt wird. Es gibt für die Seele nichts zu lernen. Sie ist die Intelligenz, und genau das will sie erfahren und erkennen. Ein Mensch erinnert sich in der dichte der Polarität nur nicht mehr daran, wie weise und wissend er doch in Wirklichkeit ist. Das Leben ist für die Seele vielmehr ein

«Selbsterkennungstrip». Wer sich auf den Trip einlässt, muss sich auf das Gefühl einlassen. Es braucht gar nicht so viel Mut, da mal hinzuhören. Der Verstand quatscht jedoch meist dazwischen und versucht gleich wieder die Kontrolle zu übernehmen. Die Sprache der Seele ist aber das Gefühl. Dieses Gefühl ist im Herzen zu finden. Der ideale Zustand ist, wenn Herz und Verstand zusammenarbeiten. Das Herz also mit einzubeziehen. Dieses Buch ist Soul-Food, ansonsten wäre es ein weiterer Füllstoff für den Verstand, der ihn noch mehr aufblähen lassen würde.

«Sage die Wahrheit – aber dann renne!»
altes hebräisches Sprichwort

Die Spiegelerkenntnisse

Im letzten Kapitel erwähnte ich, dass wir gleich und doch ungleich sind, aber letztendlich sind wir in unserem tiefsten Inneren gleich. Der Unterschied zwischen den einzelnen Menschen liegt in den verschiedenen Bewusstseins-Schwingungsgraden. Die Menschen sind auf den physischen Ebenen in den unterschiedlichsten Bewusstseins-Schwingungsgraden anzutreffen.
Ich beschäftigte mich eine Zeit lang gerne mit dem alten Wissen der Mayakultur. Die Mayas kannten ein Grusswort, das die Spiegelerkenntnisse verdeutlicht. Sie begrüssten sich mit den Worten «In Lak'ech» (Inlakesch), was nichts anderes ausdrückt als: „ICH BIN ein anderes Du-Selbst." Sie waren sich bewusst, dass jeder ein Spiegel für den anderen ist und hörten auf zu urteilen. Die Mayas erhielten dabei Hilfe von unseren Brothers and Sisters.
Die aufgestiegenen Brothers and Sisters verhalfen schon ei-

nigen Kulturen goldene Zeiten zu erleben und auf eine höhere Schwingungsebene der Polarität zu steigen.

Die alten Mayas hatten genauso mit der Magie der Anziehungskraft zu kämpfen. Diese Anziehung zwischen den ICH-gewordenen Lichtwesen und den Dingen stellte ich dir unter der Bezeichnung «Resonanz» vor. Wie sich die Resonanz unter den Menschen äussert, schauen wir nun mit einem offenen Herzen an.

Nehmen wir mal an, du nimmst an jemandem etwas wahr, was dir nicht gefällt. Gut möglich, dass du gar nicht klar benennen kannst, was es genau ist, dass dir an ihm/ihr missfällt. Es ist jedoch so, dass alles, was du an diesem Du-Selbst wahrnimmst und was dir nicht gefällt, dich ärgert, nervt oder was du an deinem Gegenüber bejammerst, was du sogar hasst oder dich in Wut und Neidgefühle geraten lässt, du im Grunde genommen alles selbst bist. Ein Mensch reagiert auf die Schwingungen seines Gegenübers, da er selbst diese Schwingungen in sich hat. Selbst dann, oder erst recht dann, wenn man selbst ein bestimmtes Muster, Verhaltensweisen oder einen gewissen Charakterzug, der einem am anderen missfällt, durch das Verdrängen und Vergessen nicht aufzeigt. Das liegt daran, dass den Menschen beigebracht wird, alles abzulehnen, zu verurteilen und zu bekämpfen, was nach der Norm der Gesellschaft als schlecht angesehen wird. Das hat zur Folge, dass sie an sich selbst alles ablehnen, was sie als schlecht ansehen und dadurch all ihre schlechten Selbstanteile von sich selbst abspalten.

Da diese Teile jedoch eine Energie sind, existieren diese schattenhaften Energieformen immer noch und warten darauf, wieder erkannt und angenommen zu werden. Denn keine Energie geht je verloren geschweige stirbt aus. Die abgetrennten und meist völlig vergessenen Energieformen werden dem Menschen daher von seinem Du-Selbst gespiegelt. Viele unserer Schattenseiten, und viele unserer lichtvollen Seiten, verleugnen wir total, bis wir gar nicht mehr wissen, dass es sie gibt. Sagt uns das jemand, weigern wir uns in der Regel, diese Tatsache anzunehmen und anzuerkennen. Wahrscheinlich ist das auch ein Grund, warum so viele Menschen aufschreien und das alles für einen absoluten Schwachsinn halten. Dieser nackten Wahrheit gilt es ins Auge zu sehen. Ganzwerdung bedeutet: Annahme der Wirklichkeit.

Obwohl wir als Seele die Anteile, die noch nicht erkannt und angenommen wurden, auf unserem Abstieg in die dichte Welt wieder einsammeln, gaben wir als Mensch unser Bestes, sie so gut wie möglich zu verleugnen und zu verdrängen und wollten sie am liebsten gleich wieder vergessen. Sie sind aber trotzdem da und wirken seit dem ersten Atemzug, den du und ich machten. Sie sind so lange da, bis wir uns mit ihnen versöhnen. Damit du und ich uns wieder erinnern können, nahmen wir uns vor, einander das Verdrängte und Vergessene zu spiegeln.

Nur ist der Haken an der ganzen Sache, dass wir in der dichten Polarität oft völlig vergessen, was wir uns aus Liebe zueinander vorgenommen haben. In die vielen Illusionen verwickelt, reagieren wir mit Ablehnung, Unverständnis, Protest und Wut auf das, was uns ein Mitspieler oder eine Situation spiegelt, das uns nicht gefällt. Auch wenn wir uns aus Liebe gegenseitig spiegeln, geht das alte Spiel wieder los. Das könnte beispielsweise etwa so aussehen: Die beiden aufeinandertreffenden Persönlichkeiten sind total betroffen, beleidigt, beschämt, gekränkt, traurig oder wütend. Mit allen Mitteln versuchen sie, mehr oder weniger bewusst, all dies bei ihrem Gegenüber zu verändern, zu unterdrücken, zu unterbinden, zu bekämpfen, zu kritisieren und zu verurteilen, was sie bei sich selbst nicht wahrhaben wollen, und was sie an sich selbst verändert haben möchten. Sie reagieren auf die Schwingungen ihres Gegenübers, da sie selbst gleiche bzw. ähnliche Schwingungen in sich tragen. Aus der Sicht der Liebe bekämpft und unterdrückt die Person im Grunde genommen die Dinge nur in sich selbst. Die Auswirkung ist, dass durch diese (Selbst-)Ablehnung die Fehlschwingungen, die ein Ungleichgewicht zwischen Herz und Verstand verursachen, stabil gehalten werden. Die Folge ist: Ein Mensch hat wieder zu kämpfen, da er durch das, was er an einem anderen Menschen kritisiert oder an ihm ablehnt, unausweichlich dieselbe Kritik und Ablehnung auf sich ziehen wird. Manchmal dauert dieses Spiel zwischen den Menschen viele Leben lang, bis sie endlich anfangen zu begreifen, um was es im Selbsterkennungsspiel geht.

Der sich immer wiederholende Kampf kann vermieden werden. Wie denn, fragst du? Durch Vergeben und Vergessen. Das ist für dich der beste Schutz, wenn du irgendwelche tiefschwingende Gedanken und Gefühle gegen ein anderes Du-Selbst in dir fühlst. Falls du mal Ablehnung, Kritik und Verurteilung in dir fühlen solltest, denke beispielsweise: „ICH BIN in Frieden mit mir.", und dann vergebe und vergesse.

Diese Haltung einzunehmen, bewahrt dich vor weiteren Fehlern und menschlichen Bewertungen, und all die Dinge, die du nicht willst, wirst du nicht mehr in dein Leben ziehen. Du erlebst selbst Vergebung und wirst auch erfolgreich in anderen Dingen sein, wenn du bei dir selbst anfängst und dir alle Spiegelbilder anschaust. Sobald wir verstehen, dass wir ein anderes Du-Selbst sind, hören wir auf zu urteilen, zu kritisieren oder das Unschuldslamm zu spielen. Je klarer wir uns selbst erkennen und uns vor allem achten, wie wir auf das reagieren, was uns gespiegelt wird, umso eher kommen wir wieder ins Gleichgewicht mit uns selbst und mit allem was ist.

Es gibt niemanden, der sich in einem physischen Körper befindet, der nicht irgendwann und irgendwo Fehler gemacht und gesündigt hat. Keiner kann daher von sich behaupten: „Ich bin besser als du" oder: „Ich bin heiliger als du und die anderen." Es ist wichtig zu erkennen, dass solange du weiterhin andere Menschen beurteilst und kritisierst, dass du nicht nur diesen Menschen schadest, sondern auch dich selbst. Denn alles, was dir an den anderen Menschen missfällt, zwingst du in deine eigene Erfahrungswelt.

«Wenn wir selbst keine Fehler hätten, würden wir sie nicht mit grossem Vergnügen an anderen entdecken.»
Francois de la Rochefoucauld

Bedeutend sind die Spiegelungen, die dir immer wieder begegnen. Sie begegnen dir nicht zufällig. Bei sämtlichen Spiegelungen, auf die du mal mehr, mal weniger reagierst, darfst du davon ausgehen, dass sie etwas mit dir zu tun haben. Es müssen nicht immer gleich die dunkelsten Charaktere sein, die dir begegnen. Einige Menschen spiegeln dir z.B. deine Glaubensmuster: „Ich bin schuldig, dumm, schlecht, ein Versager usw." Vielleicht fühlst du dich neben diesen Menschen klein und minderwertig. Manche lassen dich an deiner Wahrnehmung zweifeln, weil du von dir selbst glaubst, nicht gut genug zu sein, nicht ernst genommen zu werden, selbst ein «Besserwisser» und «Alleskönner» zu sein. Vielleicht wecken deine Spiegelungen in dir verdrängte Neidgefühle oder lichtvolle Seiten, da sie das sagen, tun und sind, was du eigentlich gerne sagen, tun und sein willst.

Eine weitere Auswirkung ist die Sache mit der Projektion. Die kommt manchmal ganz schön scheinheilig daher. Aber weil du nun die Spiegelerkenntnisse kennst, fällst du auf diesen «Selbstverleugnungs-Spiegel» nicht mehr herein. Denn du wirst immer resonanzfreier. Du erkennst es daran, dass es dich nicht mehr berührt, wenn andere dich kritisieren. Kritik nagt nicht mehr an deinem Selbstwert, du fühlst dich weder schuldig, verantwortlich, verunsichert noch minderwertig. Du lässt dich von niemandem mehr beeinflussen und ins Schwanken bringen. Dein Selbstbewusstsein und Selbstwert bleiben im Gleichgewicht und drohen nicht wieder, komplett in sich zusammenzufallen. Egal, was man dir sagt und antut; du bist weder beleidigt noch wütend, schockiert oder gehst sonst irgendwie in Resonanz.

Deine Schwingungen haben sich verändert. Die Resonanz ist nicht mehr gleich, sie entsprechen nicht mehr deinen Schwingungen. Sie trifft dich nicht mehr, weil du dich diesbezüglich selbst erkannt und in Frieden angenommen hast. Dein Bewusstsein entspricht, gemäss dem Prinzip der Entsprechung, nicht mehr dem Bewusstsein deines Gegenübers. Durch dieses erweiterte Bewusstsein ist dir klar geworden, dass es nur die negativen Gedanken, Gefühle und die ungeschliffenen Charakterzüge anderer sind, die auf dich projiziert werden. Du empfindest für diese Menschen Liebe und Mitgefühl. In diesem höheren Seinszustand versuchst du nicht, die anderen zu ändern, zu stoppen oder zu retten. Sie müssen ihre eigenen Erfahrungen machen und durch ihr Gewissens- und Denkvermögen selbst erkennen, was Liebe ist. Manchmal braucht jemand öfters von einer Liebeswelle durchgespült zu werden, bis er wirklich zuhört und erkennt, wo's lang geht.

«Wer den anderen liebt, lässt ihn gelten, so wie er ist,
wie er gewesen ist und wie er sein wird.»
Michel Quoist

Wenn du diese Erkenntnisse verstanden hast, kann ich mir
vorstellen, dass du Folgendes mit Herz und Verstand erfassen konntest: Alles, was dir an einem anderen Du-Selbst gefällt, was du sogar liebst, bist in Wirklichkeit du selbst. Die
Schwingungen, die im Raum zwischen den Polen entstanden
sind, schwingen nicht mehr gleich und doch gleich, jedoch in
den Schwingungen der Liebe. Diese beglückenden Liebeswellen bekommen früher oder später alle zu spüren, denn
Liebe ist ansteckend.

Es ist also wichtig hinzuschauen, wenn da jemand kommt
und dir vor deiner Nase deine eigenen vergessenen, verleugneten und verdrängten Seiten spiegelt. Selbst dann, wenn
du total schockiert und entsetzt bist über das, was du siehst
oder – anders ausgedrückt – was auch in dir schwingt. Vor
allem dann, wenn du dich in Situationen befindest, in denen
du drauf und dran bist, dich wieder selbst abzulehnen und
zu verurteilen. Schau der Wirklichkeit in die Augen und fang
an, dich anzunehmen. Es ist zu deinem eigenen Schutz! Erinnere dich und erkenne, dass ein Mensch, der etwas an einem anderen kritisiert und ablehnt, genau diese Kritik und
Ablehnung auf sich ziehen wird. So hat er wieder zu kämpfen. Dieser Kampf ist zu vermeiden. Ich glaube, ein grosser
Schritt ist getan, wenn wir uns erinnern, wer wir alle tatsächlich sind und uns das geben, was wir am dringlichsten brauchen. Aber was könnte das sein? Was denkst du? Du meinst
Liebe? Welche Liebe meinst du? Die Wenn-und-Aber-Liebe
oder die bedingungslose Liebe? Ah, du meinst die Liebe, die

dich annimmt, so wie du bist, mit all deinen süssen Schokoladenseiten und all deinen dunklen, bitteren und extra bitteren Schokoseiten, ohne zu meckern und abzulehnen? Diese Liebe, die dich sein lässt wie du bist und weiterziehen lässt, egal welche Wege du gehen willst? Würdest du dir diese Liebe selber geben, wenn dich jemand auf das unangenehmste spiegelt, um reifer zu werden? Kannst du dir auch vorstellen, wie es ist, wenn du deine dunklen Seiten angenommen hast, trotzdem nicht wieder diese Seiten lebst und du trotz allem die Liebe bist? Und deine Angst, diesen Schritt zu wagen total unnötig ist, weil du diese Leben ja schon hinter dir hast und dein Gewissen die Erfahrung nicht mehr zulässt, da du in der Zwischenzeit reifer geworden bist? Du meinst, Ja? Cool! Ich denke, dadurch werden so einige Fehler nicht mehr begangen, was sich wiederum dementsprechend auswirken wird.

Nach diesen nackten Tatsachen machen wir erstmal eine kleine Verschnaufpause. Eine Revolution fordert immer ein Hinsehen und eine Umwandlung von sämtlichen Dingen, die zu lange verdrängt, ignoriert und belächelt wurden. Aber bevor ich an die frische Luft gehe, erfährst du mein Lieblingssprichwort, das seit meiner Kindheit mein Leitsatz durchs Leben ist. Seit dem Zeitpunkt, als ich für jemandem eine Grube grub und selbst hineingefallen bin.

«Was du nicht willst, das man dir tut,
das füg auch keinem anderen zu.»
."

Der weise Psychologe Erich Fromm ergänzte: «Was du andren antust, das tust du dir auch selber an.»

Sexualunterricht anderer Art

Nach der Verschnaufpause bist du fit genug, um eine weitere kleine, aber überaus bedeutende Liebeswelle über dich ergehen zu lassen. Bist du bereit? Okay, gut. Dann schnapp dir die Welle und surf auf ihr in die nächsthöher schwingenden Ebenen deines Bewusstseins hinauf.

Die kosmische Spielregel das Geschlecht, herrscht auch auf den höchsten geistigen, spirituellen Ebenen, sonst hätte es nicht geknallt. Der reine Geist des Alls, das ICH BIN, ist die Vereinigung seiner geistigen männlichen und weiblichen Aspekte, was zugleich auch sein Schöpfungspotenzial ausmacht.

Die Vereinigung der männlichen und weiblichen Aspekte, egal auf welcher Ebene, kann daher unmöglich eine Sünde sein, sie ist vielmehr eine göttliche Angelegenheit. Die Sexualität wurde von gewissen Menschen zu einer Sünde erklärt, damit die Menschen nicht auf den ICH BIN-Geschmack kommen. Denn Gott, das geistige Bewusstsein, offenbart sich in allem und überall in zwei gegensätzlichen Aspekten. Mit der gleichen Schöpferkraft ausgestattet, tragen wir logischerweise auch beide Aspekte in uns. Egal, ob jemand gerade in einem männlichen oder in einem weiblichen sichtbaren Körper wohnt, homosexuell oder transsexuell ist.

Die grösste Trennung des Geschlechts, ist die Trennung des Geschlechts in zwei Teile, Frau und Mann.

An dieser Stelle ist es an der Zeit, Mutter Erde genauer vorzustellen, ohne sie wäre diese Form von Zweiheit gar nicht möglich: Mutter Erde ist ein ganz besonderes Wesen. Sie ist, wie wir, mit einem denkenden und fühlenden Bewusstsein ausgestattet und hat einen atemberaubenden, wunderschönen physischen Körper. Bei den Seelen ist sie sehr begehrt. Ihre Schönheit, ihr betörender Duft und ihr Reichtum üben eine mächtige Anziehungskraft auf die Seelen aus. Es herrscht grosser Andrang auf sie. Es hat sich im ganzen Universum herumgesprochen, dass die Erde, im Gegensatz zu ihren anderen planetarischen Geschwistern, der direkteste und schnellste Weg ist, um das Hauptziel zu erreichen, da nur die Erde die extremsten und dichtesten Formen in der Polarität zu bieten hat. Und genau das macht sie für uns so reizvoll. Mutter Erde bietet der Seele nicht nur einen fantastischen, physischen Körper mit allem Drum und Dran an, sie bietet ihr, gemäss den Prinzipien der Dreiheit Geist, Seele, Körper, ihre höheren Körper mit sämtlichen Ebenen zum Entdecken an.

Nur ist der Haken an der Sache: Wenn du es tatsächlich geschafft hast, ein Ticket für eine Reise auf die Erde zu ergattern, musst du auch den ganzen Trip durchmachen. Das bedeutet, durch alle ihre Ebenen (Körper, Seele, Geist) zu gehen. Es gibt kein Zurück. Darüber wurdest du ausdrücklich informiert, auch über das Kleingedruckte auf deinem Ticket. Denn da steht geschrieben: Dieses Ticket ist nur für die Hinreise gültig! Kein Abbruch der Reise möglich! Falls eine Seele ihre Reise doch abbrechen will, führt dies nur zu unnötigen Wiederholungsschleifen. Bei eventuellen Irreführungen sowie unangenehmen Nebenwirkungen bitte die 7 kosmischen Spielregeln berücksichtigen, die auf der Rückseite des Tickets beschrieben werden. Ticket gut aufbewahren!
Have a fantastic trip to earth.

Was ich noch zu Mutter Erde sagen möchte, ist: Sie ist eine Göttin und das grösste Naturwesen. Sie herrscht über alle Reiche und über alle grösseren und kleineren Wesenheiten, die ihre Reiche behausen und für ein Gleichgewicht zwischen der grobstofflichen und feinstofflichen Natur sorgen. Alles Leben auf der Erde ist letztendlich der mächtigen Königin untertan. Sie liebt uns bedingungslos, auch wenn sie sich immer wieder mal ordentlich schütteln muss und natürlich dabei einige Menschen durchschüttelt. Das tut sie aber nicht absichtlich. Das Ungleichgewicht auf der Erde wird nicht von Mutter Erde verursacht. Die 7 kosmischen Prinzipien bringen lediglich alles wieder ins Gleichgewicht (in Ordnung), was wir durch unser unlogisches Verhalten der Natur gegenüber ins Ungleichgewicht gebracht haben. Die Erde ist stets in Einklang mit den Gesetzen. Die Menschen erschweren es der Mutter Erde und den ihren Wesenheiten, das Gleichgewicht zu halten, weil sie nicht mehr im Einklang mit dem Liebeslied sind, das zu hören, zu sehen und zu fühlen ist.

Kommen wir zum Sexualunterricht zurück! In den 60er Jahren sorgte vor allem eine ganz bestimmte Liebeswelle, die sexuelle Revolution, für mehr Gleichgewicht zwischen den Polen in Raum und Zeit. Insbesondere zwischen Mann und Frau erreichte die Liebeswelle ein Stückchen mehr Gleichberechtigung und Ebenbürtigkeit. Nur konnte die Liebeswelle nicht in allen Ländern so ganz durchsickern. An manchen Orten dieser wunderschönen Erde sind einige Schwingungen zwischen Frau und Mann ziemlich festgefahren. Aus diesem Grund folgt eine weitere Revolution der Liebe, damit in diesem äussert wichtigen Bereich ein Gleichgewicht erreicht werden kann, ohne dass das Ganze wieder ins andere Extrem kippt. Denn es war nicht das Ziel der sexuellen Revolution, dass die Sexualität im Vordergrund steht, die bis in die niedrigsten Seinsebenen der Polarität ausgeartet ist. Die Sexualität ist auch nicht dazu gedacht, dass sich die Menschen unter Schuld-, Angst- und Schamgefühlen vermehren. Das Ziel der Liebeswelle war es, dass sich der menschliche Triebwille im Laufe der Zeit dem Geistwillen hingibt, ohne religiöse Enthaltsamkeit oder asketische Selbst- und Lebensverneinung. Durch sexuelle Enthaltsamkeit allein gelangt ein Mensch nicht zur Erleuchtung.

Damals war das Ziel dieser Revolution, das extreme Ungleichgewicht zwischen Mann und Frau auszugleichen, indem vor allem das männliche Geschlecht zu einem Umdenken herausgefordert wurde. Es ist das männliche Geschlecht, dass das weibliche Geschlecht unterdrückt und diskriminiert und nicht umgekehrt. Das geht so weit, dass selbst Wissenschaftler feststellen mussten, dass es in rund sechzig Ländern, zu denen China, Indien, Albanien sowie der Orient gehören, bald keine Frauen mehr geben wird. Das Extreme daran ist; in den wenigsten Ländern wird dieser Rückgang vom männlichen Geschlecht als Problem angesehen. Die Männer halten weiterhin an ihren traditionellen Vorstellungen fest und zwingen ihre Frauen heute noch zu einer Abtreibung, wenn sie ein Mädchen erwarten. Vielleicht erkennen die Männer erst dann den Ernst ihrer selbst erschaffenen Lage, wenn sie keine Frauen mehr finden, die ihre Söhne gebären.

In den westlichen Ländern ist dieses männliche Verhalten nicht so extrem, aber in fast allen Bereichen ist immer noch keine Ebenbürtigkeit zwischen Mann und Frau zu erkennen. Die Liebeswelle fordert jedoch ein Gleichgewicht, respektive eine Vereinigung, zwischen den beiden Geschlechtern. Sie fordert auch die Spitze der Schöpfung unausweichlich zu einem Umdenken auf, selbst wenn das männliche Geschlecht von den Wiederholungs-Zeitwellen hin und wieder an die Wand geklatscht werden muss, solange, bis alle Zacken aus der Krone gefallen sind.

Das Ziel der sexuellen Revolution war es, dass die Menschen erkennen, dass es weder das Weibliche noch das Männliche zu negieren gilt. Alles vereint in sich beide Prinzipien; das männliche wie das weibliche.

Die Hippie-Bewegung dekorierte nicht nur alles, was ihr in die Quere kam, mit Blumen und Peace-Symbolen, sondern auch mit dem schwarz-weissen Yin-Yang-Symbol. Dieses Symbol bekam aber nicht sehr viel Aufmerksamkeit, sonst würden wir nicht immer noch in so einem Schlamassel stecken. Dieses uralte chinesische Symbol verdeutlicht, dass im männlichen Geschlecht das weibliche Prinzip enthalten ist und dass sich das Geschlecht in allem und auf allen Ebenen zeigt. Das bedeutet: Der männliche Aspekt braucht den weiblichen Aspekt in sich, um zu erschaffen. Folglich braucht das weibliche Prinzip den männlichen Aspekt in sich, damit es erschaffen kann. Die Vorstellung, dass der Mann das weibliche Prinzip in sich trägt und umgekehrt, muss für manche Männer unerträglich sein. Geschweige denn die Vorstellung, dass ein Mensch mal als Frau, mal als Mann verkörpert auf die Erde kommt, muss bei vielen Männern und Frauen eine Art Schock ausgelöst haben. Oh, entschuldige. Brauchst du eine kleine Pause? Der Sexualunterricht ist bald vorbei. Sonst mach ein kleines Nickerchen, deine Seele weiss, was der Verstand allein nicht verstehen kann. Aber für die anderen ist es gerade zu spannend, um Pause zu machen.

Wo war ich stehengeblieben? Ach ja! Die Vorstellung, dass ein Mensch weibliche und männliche Täter- und Opferrollen erfahren hat, wird meistens gleich hinter Masken versteckt, verdrängt und verleugnet.

Ich kann mir gut vorstellen, dass das kosmische Prinzip das Geschlecht einige männliche Mitspieler verleitet hat zu behaupten, das männliche Geschlecht wäre das stärkere. Das männliche Geschlecht hat alles Mögliche unternommen, den Frauen weiszumachen, die Männer hätten die Macht über sie. Folglich wurden die Frauen entsprechend erzogen, nämlich unterwerfend, dienend und gehorchend. Aber mal ehrlich, nur weil der männliche sichtbare Körper im Kopf oben etwas mehr Hirnmasse aufweist, muskulöser und kräftiger gebaut ist und daher mehr Schwung beim Holzhacken drauf hat und ihm eine Rippe fehlt, bedeutet das noch lange nicht, dass das männliche Geschlecht, das stärkere ist. Jetzt tu nicht schon wieder so zimperlich, lieber Leser! Ich war auch mal ein «Macho» und du eine «Femme fatale».

Ein cleverer Denker namens Karl Kraus erkannte die Aufgaben von Mann und Frau als er sagte: „Die Frau ist da, damit der Mann durch sie klug werde." Ein altes indianisches Sprichwort sagt: „Die Frau ist da, um den Mann zu seiner Seele zurückzuführen. Der Mann ist da, um die Frau zu beschützen."

Bedeutend ist für dich, dass es gemäss dem Prinzip Geschlecht nichts zu negieren, zu bekämpfen und zu diskriminieren gibt. Deine Aufgabe ist es vielmehr zu vereinen. Beide Aspekte brauchst du, um dich aus deinem Schlamassel und aus den dichten Ebenen herauszuheben. Die Liebe hilft dir dabei. Schau dir alle Spiegelbilder an und versöhn dich mit dir. Erkenne dich im anderen Du-Selbst. Alle deine Mitspielerinnen und Mitspieler, vor allem die nahen, ganz nahen und ganz, ganz nahen, sind deine perfekten Spiegelungen. Je mehr dir das im Alltag gelingt, umso beglückendere Auswirkungen wirst du erleben. Eine Gleichberechtigung zwischen Mann und Frau in der äusseren Welt kann erst dann erreicht werden, wenn das Fundament für eine ebenbürtige Partnerschaft im Innern geschaffen worden ist. Bedenke, dass auch in diesem Bereich das Prinzip der Entsprechung wirkt, denn; wie oben, so unten, wie innen, so aussen, im Grossen, wie im Kleinen.

Aber wie kannst du das Prinzip des Geschlechts in deinem Alltag anwenden? Beispielsweis, indem du deinen weiblichen und männlichen Pol bzw. Herz und Verstand zusammen bringst und dafür sorgst, dass diese beiden im Gleichgewicht bleiben und nicht wieder ihre eigenen Wege gehen wollen. Aber mit deinem ICH BIN-Denken und -Fühlen wird das kein Problem sein. Du hast einen Emotionalkörper, in dem deine weiblichen Aspekte wohnen und einen Mental-körper, in dem deine männlichen Aspekte zu finden sind. Das ist jedoch nicht alles! Du hast ja einen dichten Körper. Bei deinem physischen Körper ist die linke Seite der inne-wohnenden Weiblichkeit zugeteilt und deine rechte Körper-seite deiner innewohnenden Männlichkeit. Bei deinem Ge-hirn ist das Ganze umgekehrt. Da ist deine rechte Hirnseite weiblich-denkend und deine linke Hirnseite männlich-den-kend.

Als multidimensionales ICH BIN-Wesen besitzt du zudem «Energiezentren». Wir Menschen haben nicht nur ein physi-sches Herz, sondern auch ein feinstoffliches Herz, das ein grosses schwingendes Zentrum in deinem Energiekörper bil-det und erst noch unendlich weit dehnbar ist. Wir Menschen haben viele solche Zentren, die einige unter dem Begriff «Chakra» kennen. Die beiden Pole sind auch in diesen Ener-giezentren anzutreffen und zu vereinen. Ein sehr wichtiges Zentrum ist das Polaritäts- oder Sexual-Chakra. Für uns ist dieser grosse schwingende Bereich genauso wichtig wie un-ser Herz-Chakra und das 3. Auge, in dem der Verstand zu fin-den ist. Über das Sexual-Chakra, das um dem Bauchnabel schwingt, sind sämtliche menschlichen Gefühle und Erfah-rungen, die wir in der Polarität zu durchleben haben, zu er-fahren. Deswegen sind eine Menge Kettenreaktionen von Ursache und Wirkung in diesem Bereich gespeichert. Die weiblichen Aspekte sind in der linken Seite deines Sexual-Chakras zu finden, deine männlichen Aspekte in der rechten Seite. In diesem Bereich ist dasselbe Ungleichgewicht anzu-treffen, wie das, das ein Mensch im Aussen erlebt. Es muss ja so sein, weil ihm sein Alltag sein Durcheinander im Polaritäts-Chakra ständig in irgendeiner Form, meistens durch andere Menschen, zurückspiegelt. Im Aussen wird bei Gross und Klein gerne gebremst, unterdrückt, ignoriert, angefaucht und «Ich weiss es besser als du-Spiele» gespielt.

Kommen wir auf die Sexualität zurück: Die Schöpferkraft ist die Energie, die uns als Seele hinunter auf die Erde zieht, wenn unsere Eltern sich vereinigen und ein neues Leben gezeugt wird. Das erste winzige Resultat eines physischen Schöpfungsvorgangs, das der Seele das Leben in der Polarität ermöglicht. Auf den geistigen, mentalen Ebenen erschaffen wir unsere Realität durch unser Bewusstsein, das Denken und Fühlen, das zugleich unser Schöpfungspotenzial ist. Der Schöpfungsprozess geht im Bauch der Mutter weiter, bis der reife Babykörper keinen Platz mehr darin hat. Wie es dann weitergeht, erfährst du im Kapitel «Du – die clevere Seele und deine 13 Körper».

Das Geschlechtsprinzip zeigte sich auch, als sich unsere «Ur-Eltern» (Big Mama und Big Papa – Gott im Gesamtpacket), sich entschieden, das Menschengeschlecht zu erschaffen. Doch Geschlecht bedeutet nicht Geschlechtlichkeit. Diese Form ist nur eine materielle Erscheinung des Geschlechts.

Wenn wir das Prinzip der Geistigkeit und das des Geschlechts besser verstehen würden, gäbe es so viel weniger Trennung, Leid, Gewalt, Unterdrückung, Kontrolle und Diskriminierung.

Ich glaube, die allumfassende Intelligenz wusste von Anfang an, dass sich die Menschen in den selbst erschaffenen Schuld-, Scham- und Angst-Illusionen verlieren werden. Dennoch gibt es für Gott nichts, was zu vergeben und zu bestrafen wäre. Warum sollte er uns für denselben freien Willen und derselben Schöpferkraft bestrafen? Du brauchst nicht einmal dir selbst zu vergeben, sondern zu erkennen, dass Gott die bedingungslos liebt, und wer du und wir alle in Wirklichkeit sind. Für ihn bist du weder ein Schuldiger, ein Sünder noch ein Wurm.

Kannst du dir vorstellen, wie es sich anfühlt, wenn du dir oder jemand anderem nicht mehr die Schuld gibst? Das bedeutet aber nicht, dass sich ein Mensch nach dieser Erkenntnis weiterhin ungeniert so verhalten kann. Können schon, doch die Auswirkungen für sein Verhalten und Tun sind, gemäss den 7 kosmischen Spielregeln, die Konsequenzen mit denen er konfrontiert wird.

Die Geschichte von einem strafenden Gott, war für mich schon als Kind unlogisch. Dass Gott uns nach seinem Ebenbild erschuf, darin waren mein Religionslehrer und ich uns ja noch einig. Aber dass ich, als Evas Nachkommin, eine Sünderin sein soll – das verstand meine kindliche Logik nicht. Gott erschuf doch aus einer vollkommenen Rippe, die er einem vollkommenen Adam entnommen hatte, Eva. Was lief denn bei Eva schief? War die Rippe doch nicht so vollkommen? Gott ist aber die Vollkommenheit, da kann er bei der Erschaffung des Mannes unmöglich gepfuscht haben. Wo war denn übrigens Adam, als es unter dem Apfelbaum spannend wurde? Seine Aufgabe war es doch, Eva zu beschützen.

Ich dachte: Aha, das weibliche Geschlecht ist also ein Ebenbild Gottes und gleichzeitig eine Sünderin. Erschaffen aus einer perfekten Rippe eines vollkommenen Mannes, der nach dem Ebenbild Gottes erschaffen wurde. Aber alle Einwände halfen nichts, mein Religionslehrer hielt an dieser Rippe fest: Das weibliche Geschlecht ist sündig, und wenn ich nicht schön brav und artig sei, würde ich auch nicht in den Himmel kommen.

Das musste ein fauler Apfel sein, den man mir da reichen wollte. Brav und artig zu sein bedeutete für mich, all das

Schöne und Gute, das der Vollkommenheit entspringt, nicht wirklich leben und erfahren zu dürfe. Ich dachte weiter: Der liebe Gott bestraft mich, wenn ich nicht brav sein will. Aber warum sollte er mir so etwas antun, wenn ich ein Teil von ihm bin? Der liebe Gott bestraft sich ja dabei selbst. Warum soll Gott sich selbst sowas Schreckliches antun? Gott ist doch die vollkommene Liebe? Ich war verwirrt über das Durcheinander und wehrte mich, den faulen Apfel anzunehmen. „Dann bist du ein schwarzes Schaf und gehörst zu den Bekloppten.", versuchten mir einige Mitspieler weiszumachen. Da gehörte ich lieber zu den Bekloppten.

«Um ein tadelloses Mitglied einer Schafherde sein zu können, muss man vor allem selbst ein Schaf sein.»
Albert Einsteins Aphorismen für Leo Baeck (1953)

Die schuldbehaftete Kettenreaktion von Ursache und Wirkung wirkt tief bei den Menschen. Es wurde und wird «Schuld», «Scham» und vor allem «Angst» verbreitet, um die Schäfchen problemlos zu kontrollieren. In den Augen von PAPS und MAM bist du trotz all deiner Erfahrungen unschuldig. Du darfst dich auch weiterhin schuldig machen und dich bis zur Selbstzerfleischung schuldig fühlen und weiterhin die Schuld in die Schuhe anderer schieben. Jedoch wirst du in Zukunft damit vorsichtiger sein und irgendwann ganz damit aufhören, weil dein Verhalten Auswirkungen haben wird. Das sind die Konsequenzen, die dich treffen und nicht eine Ungerechtigkeit oder Strafe. Dennoch gibt es eine Gerechtigkeit, die auch eingefordert wird. Würde es diese Gerechtigkeit nicht geben, würden die Menschen in ihrem Unrecht nicht innehalten. Sobald jemand Unrecht tut, setzt er im gleichen Augenblick dieses kosmische Gesetz, das eine Erscheinung des Prinzips von Ursache und Wirkung ist, in Kraft. Was er als Täter ausübte, erlebt er als Opfer. Früher oder später wird die Gerechtigkeit immer eingefordert, selbst wenn's im nächsten oder übernächsten Leben ist. Dem Rückschlag des Pendels kann er nicht entkommen. Diese Berichtigung erlebt er in irgendwelchen Dingen, sei es in persönlichen und in geschäftlichen. Auf solche Ausgleichungen hast du keine Lust mehr, oder?

Kehren wir zum Unterricht zurück!
Die Sexualität an sich ist letztendlich eine Illusion. Das Geschlechtsprinzip auf den physischen Ebenen ist für die geistige Entwicklung des Menschen nur bis zu einem Grad dienlich. Das kannst du dir vielleicht gar nicht vorstellen. Was aber kein Grund sein soll, das ICH BIN nicht zu beanspruchen und sich nicht mehr weiterzuentwickeln. Eine gesunde Sexualität führt dich aber in die wahre Freiheit. Wenn diese Energie nicht mehr triebmässig, gedankenlos oder als Einschlaf-und Entspannungshilfe verschleudert wird, sondern bewusst und mit aufrichtiger Liebe genutzt wird, erleben die Menschen auch keinen Kräfteverlust mehr, der sie vorzeitig altern lässt. Sie erleben stattdessen eine aufblühende Sexualität und Energieschübe, die ihnen sogar in ihren nächsten Leben zur Verfügung stehen.
Die Revolution der Liebe fordert uns in der heutigen rhythmischen Zeitwelle auf, erneut einen Wandel zu bewirken. Wir haben es schon einmal geschafft, unser Denk-und Liebesvermögen zu erweitern und uns auf eine höhere Schwingungsebene der Polarität zu schwingen. Der Rhythmus der Liebe trifft alles und jeden, genauso wie der himmlische Hammer jeden trifft. Nur ist die Liebe die umgewandelte Form des Hammers.

Dieser mächtige «All you need is love»-Beat geht um die ganze Welt und findet immer einen Weg zwischen Herz und Verstand, um Fehlschwingungen auszugleichen. Das Mass an Liebe ist aber noch nicht erreicht, um Unvorstellbares wahr werden zu lassen. Deshalb fordere ich dich auf: Öffne dein Herz, lass dich von der Liebeswelle durchfluten! Schwing dich auf die Welle, um mit mir und all den anderen eine Evolution der Liebe zu entfachen, die sowas von ansteckend ist, dass wir uns am Ende mit einem wissenden Herzen gegenseitig anlächeln, wenn wir uns begegnen. Kannst du dir vorstellen, was für ein gesunder Boden in den physischen Ebenen entstehen kann, wenn das Ungleichgewicht zwischen den Geschlechtern mehr und mehr ins Gleichgewicht kommt? Schöne Vorstellung, nicht wahr?

Das Prinzip der Entsprechung verdeutlicht, — genau, du hast es bereits verstanden – dass immer eine Übereinstimmung zwischen allen 7 kosmischen Prinzipien und Schöpfungen auf allen Ebenen herrscht. Hey, du hast übrigens den Joker ergattert und bist dadurch 9 Felder aufgestiegen! Siehst du, wie weit der Stoff der Liebe schon dein Herz und deinen Horizont erweitert hat? Vermutlich habe ich dich mit dem Liebes-Virus infiziert. Früher oder später wird wohl jeder unheilbar vom Liebes-Virus angesteckt werden, ausser er will an seinen falschen Schlussfolgerungen festhalten. Aber du willst nicht mehr festhalten, sonst würdest du nicht dieses Buch in den Händen halten und weiter lesen. Du bist mutig, ja, und total willensstark. Darum willst du auch wissen, was das ICH BIN für dich bedeutet. Mit deiner Intelligenz wird dir das möglich sein. Das intelligente Bewusstsein ist die Vereinigung deiner männlichen und weiblichen Aspekte und wird von deiner «Kundalini» entfacht. So heisst die mysteriöse Schlange, die in deinem Basis-Chakra schlummert, das um deinen Po herumschwingt. Sie entfacht dein Potenzial. Entfachen tust du sie mit deiner Vorstellungskraft und mit Humor. Stell dir vor, die Schlange zischelt dir ins Ohr: „Reizt es dich nicht schon seit geraumer Zeit, das zu tun und zu sagen, was du wirklich denkst und fühlst? Spürst du das Verlangen, deine Wünsche und Träume endlich mal zu leben? Komm, tu es, vertrau dir. Vertrau mir. Bring deine Flamme in Erscheinung. Come on baby, light my FIRE."

Alles gute Gründe, frohen Mutes über den Schafherdenzaun zu springen. Kannst du dir das vorstellen? Nicht so ganz? Aber bald schon. Mit Fantasie und etwas Übung ist dir (fast) alles möglich, du bist ja noch kein Meister. Aber doch jederzeit in der Lage, über den Zaun zu springen und ein Meister oder eine Meisterin zu werden.

Die Illusion

Die Polarität ist eine Illusion, sie ist das Gegenteil von Licht und Liebe. Die Polarität halten jedoch viele Menschen für die Wirklichkeit. Dafür scheint die substanzielle Wirklichkeit, die unter und hinter dem Universum von Zeit und Raum zu finden ist, für manche etwas Unwahres zu sein.

Eine Illusion ist für den Verstand real, sie kann den Menschen ganz schön verwirren und in die Irre leiten. Für uns kann eine Illusion beispielsweise aus der Vorstellung bestehen, dass alles und vor allem wir selbst perfekt sein müssen und wir keine andere Wahl haben, als angepasst an die vorgeschriebenen Regeln und an die Normen der leistungs- und perfektionsorientierten Gesellschaft zu halten. Illusionen sind Überzeugungen, nicht gut genug zu sein und dass es nun mal so ist, wie es ist und sich nichts an den Zuständen ändern lässt. Oder der Glaube, keine Chance zu haben, sich aus seinem Schlamassel zu befreien oder etwas Ersehntes zu erreichen, ist Teil einer Illusion.

Die Gedanken- und -Gefühlsgebilde, die zu solchen Schlussfolgerungen führen, entsprechen jedoch nicht der Wirklichkeit. Sie sind eine Illusion, eine Täuschung, das Gegenteil des höchsten Bewusstseins. Denn Gedanken wie „Ich kann nicht", „Ich bin nicht gut genug", „Ich bin schuld" oder wie „Ich bin irgendwie anders", „Ich bin nicht willkommen, wenn ich bin", oder „Ich bin eine Nervensäge, wenn ich ehrlich bin", sind Illusionen.

Deine Illusionen, die nichts anderes als falschen Identitäten und Glaubensmuster sind, hast du selbst erschaffen. Ich weiss, das ist eine äusserst unangenehme Erkenntnis. Erschaffen hast du deine Illusionen durch deine Gedanken. Allen Schöpfungen geht immer ein Gedanke voraus.

PAPS und MAM ermächtigten dich, schöpferisch zu sein. Und genau das bist du auch. Vielleicht denkst du jetzt: „Ach du meine Güte, das soll ich selbst erschaffen haben? Nein, das kann unmöglich wahr sein.. Dafür bin ich nicht verantwortlich. Das ist nur passiert, weil der oder die ...“
Womöglich steigen nun allerlei negative Gedanken und Gefühle in dir auf, die du über dich selbst, die Welt und über deine anderen Mitspieler hast. Und genau beim kosmischen Prinzip der Geistigkeit beginnen die Probleme, mit denen sich viele Menschen herumschlagen. Doch zum Glück ist in dieser kosmischen Spielregeln die Lösung zu finden.

«Alles was wir sind ist ein Resultat dessen
was wir gedacht haben.»
Buddha

Deine eigenen Illusionen bildest du dir seit du dich in der Polarität befindest. Durch dein Denken und Fühlen kreierst du sie in Form von Glaubenssätzen und Verhaltensmustern.
Die Ursachen deiner negativen Gedanken- und Gefühlsgebilde sind die erfahrenen, schmerzhaften Abweisungen, und die Angst vor weiteren Abweisungen. Das Resultat dieser Abweisungen sind die negativen Verhaltensmuster und Schlussfolgerungen.
Illusionen entstehen durch eigene prägende Erfahrungen und durch die Erfahrungen von anderen Menschen. Deine negativen Gedanken- und Gefühlsgebilde sind überall dort entstanden, wo du mit Menschen in den verschiedensten Situationen zu tun hattest. In der Schule wird zum Beispiel ein Kind von einigen Mitspielern wegen einer kleinen Mathe-Schwäche verspottet und fertiggemacht. Daraus entwickelt

sich eine Art Macke. Vielleicht wird so etwas wie eine «Zahlenpsychose» vom Schulpsychologen diagnostiziert, was das Kind glauben lässt, der letzte Depp auf Erden zu sein, und nie etwas Gescheites aus ihm wird.

Liebeskummer, ein gebrochenes Herz, Abweisungen und Vertrauensbrüche aller Art lassen die verrücktesten Gedanken- und Gefühlsgebilde über einen selbst, andere und die Welt entstehen. Daraus entwickeln sich Ängste, Selbstzweifel, Misstrauen und der Glaube setzt sich durch, nicht beliebt, intelligent, hübsch, gut genug oder ein Versager zu sein. Das ist aber eine Illusion! Sie ist in der Polarität entstanden, durch das menschliche Denken. In Wirklichkeit sind wir grossartig, genial, kreativ, liebenswert und vieles mehr. Jeder Mensch ist aus der vollkommenen Liebe entstanden und kann gar nichts anderes als Liebe sein. Das ist deine, meine, unsere wahre Natur.

Um eine klarere Vorstellung zu bekommen, wie negative Gedanken entstehen, betrachten wir die Entstehung und Wirkung der eigenen Illusionen aus der logischen Spook-Perspektive: Nehmen wir mal an, ein lebendiges, freundliches und intelligentes ICH-gewordenes Wesen in einem jungen menschlichen Körper erlebt wegen seiner Intelligenz und Ehrlichkeit eine Ablehnung. In der Polarität ist das nicht anders zu erwarten. Vielleicht etwa so: „Was glaubst du eigentlich, wer du bist, du Möchtegern-Einstein.", „Du mit deinem Wahrheitsfimmel, kannst mich mal.", „Sei still! Niemand interessiert sich hier für dein Blabla." oder „Verzieh dich, du blöder Streber." Jede Abweisung durch andere, angefangen bei den Eltern, auch wenn sie noch so gut zu ihrem Kind waren, bis hin zu all den anderen Menschen, lässt den Menschen letztendlich glauben, dass Lebendigkeit, Ehrlichkeit und Mitgefühl nicht gut sind. Vor allem durch die sehr schmerzhaften Ablehnungen entsteht ein negativer Glaube. Die negativen Gedanken- und Gefühlsgebilde werden mit der Zeit zu Glaubenssätzen und zu falschen Identitäten. Das Kind beginnt zu glauben: „Ich bin irgendwie anders.", „Ich bin nicht gut genug", oder: „Ich bin schlecht."

Die negativen Überzeugungen versucht es vor den anderen Menschen zu verbergen. Die schmerzhaften Erfahrungen der Ablehnung und des «Nicht-willkommen-Seins» will es nicht wieder erfahren. Zwei Möglichkeiten bleiben ihm, um sich vor dem Schmerz zu schützen: Anpassung oder Rebellion. Manchmal beides zusammen. Sich anzupassen bedeutet: Gefallen und nicht auffallen. Wählt das junge Wesen diesen Weg, beginnt es sich in manchen Dingen anzustrengen, um zu gefallen oder um nicht aufzufallen. So verbiegt und verleugnet es sich. In manchen Dingen gelingt ihm das ganz gut. Doch das genügt meistens nicht. Manche erwarten noch mehr von ihm oder fordern, dass es wieder klein, lieb und artig wird. Andere Kinder sträuben sich dagegen, sich anzupassen und rebellieren stattdessen, was ebenfalls die verschiedensten Auswirkungen nach sich zieht.

Da jedes Menschkind Liebe und Anerkennung braucht, man jedoch perfekt und angepasst sein muss, um das zu bekommen, entwickelt es gewisse Verhaltensmuster. Das Kind verhält sich anderen gegenüber überaus nett, förmlich, höflich, hilfsbereit, sozial, ruhig und bedacht oder kontrolliert, cool, stark, unabhängig, unverletzlich, sehr selbstbewusst oder eben sehr rebellisch, um nicht verletzt und abgelehnt zu werden und um sich nicht unsicher fühlen zu müssen. Dieses Verhalten hat zur Folge, dass sich dadurch gewisse Einstellungen und Überzeugungen entwickeln, die das Verhalten des heranwachsenden Kindes bestimmen, um so gut wie möglich schlechte Gefühle, Konfrontationen und weitere schmerzhafte Ablehnungen zu vermeiden. Die Auswirkungen sind: Es entwickelt dauerhafte Verhaltensmuster, die das umpolarisierte Wesen, wie auf Knopfdruck, automatisch reagieren und handeln lassen und seine Gedanken und Gefühle steuern.

Nur bieten die Verhaltensmuster zu wenig Sicherheit. Das Kind erlebt trotzdem schmerzhafte Abweisungen und wird in seinen negativen Überzeugungen bestätigt. Um sich sicherer zu fühlen, stülpt es sich eine Maske, ein Image, über, in der Hoffnung, so besser geschützt zu sein, und im Glauben, dass die anderen es sehen, wie es sich selbst gerne sehen will. Und auch, damit das versteckt wird, was das Wesen glaubt zu sein; die Schlussfolgerung ein schlechter, dummer und minderwertiger Mensch mit schrecklichen Angewohnheiten zu sein. Mit schlechten Gedanken und Überzeugungen über sich selbst und voller Angst-, Schuld- und Schamgefühle.

Images sind Masken, hinter denen sich ein Mensch versucht zu schützen und zu verstecken, aus der Angst heraus, abgelehnt zu werden, wenn er sich so zeigt wie er ist. Masken dienen dem «Selbstschutz» und vermitteln Sicherheit, Tarnung und Unabhängigkeit. Hinter den Masken versucht das manifestierte Lichtwesen krampfhaft, das Image „Ich bin immer gut drauf, pünktlich, anständig, ordentlich, dienend, fleissig, gläubig, tolerant und offen." aufrechtzuerhalten. Selbst dann, wenn es tatsächlich die volle Leistung erbringt und ein Leben im Sinne der Gesellschaft lebt.

Images sind gewisse «Rollen» oder «Persönlichkeiten», welche die Menschen spielen. Vielleicht schlüpft das Kind in die Rolle des Hilfsbereiten, Aufopfernden, in die des Gut-Menschen, Strebers, Alleskönners, oder in die Rolle des armen Opfers. Im Glauben, die Maske würde einem vor weiteren Ablehnungen und Zurückweisungen schützen, behält es sie gleich an und vergisst mit der Zeit, dass es mittlerweile eine Menge von Masken angesammelt hat. Viele Masken sind ihm nicht mehr als solche bewusst. Folglich ist es selbst überzeugt, ein Opfer, ein Unschuldslamm oder ein «Gutmensch» zu sein. Da die Maske jedoch ein trügerischer Schutz ist, erfüllt sie nicht ihren Zweck. Es erfährt trotz seinen angepassten Verhaltensmustern und Masken schmerzhafte Ablehnungen. An jeder Stelle, an der die Maske zu platzen droht, wird sofort geflickt, um nicht enttarnt zu werden. Das kann eine Zeitlang gut funktionieren, solange wie ein Mensch nicht mit seinen Schattenseiten hinter den Masken konfrontiert wird. Mit der Zeit trägt es viele Masken auf sich, die zur Gewohnheit und Normalität geworden sind. Zum Teil vergass, verdrängte und verleugnete es hinter den vielen Masken die falschen Identitäten und sein wahres Selbst, das ICH BIN. Die Glaubensmuster sind in seinem Unterbewusstsein gespeichert. Wie schwere Schichten liegen sie auf ihm und begrenzen und begraben das ICH BIN und sein Potenzial.

In der Hoffnung endlich mal zu gefallen und von den anderen, und von Gott, geliebt und angenommen zu werden, lehnt es letztendlich alles, was schlecht und nicht gut an ihm ist, ab. All diese Seiten spaltet es selbst von sich ab und das nur um nicht eine weitere Strafe und schmerzhafte Abweisung erleben zu müssen. Dieses Verhalten hat das Kind von den Erwachsenen gelernt. Jedoch verurteilt sich der Mensch durch jede Abspaltung, die eine Selbstablehnung ist, unwissentlich selbst. Die abgespaltenen Selbstanteile gehen natürlich niemals verloren. Sie existieren als Energieformen, die es als ungelöste Schattenseiten auf die entsprechenden ätherischen Ebenen zieht.

Als erwachsener Mensch plagen ihn quälender Selbstzweifel und er fragt sich immer wieder, was er falsch macht. Die Antworten gibt er sich gleich selbst. Es sind die gleichen oder ähnlichen selbstvernichtenden Antworten und Meinungen von Mitspielern, die er in seiner Vergangenheit gesagt bekam. All das, was er nun über sich selbst denkt, bestätigt ihn darin, ganz bestimmt kein göttliches Wesen zu sein, sondern doch nur ein erbärmliches Würmchen und ein völliger Versager, der es nicht verdient, sich selbst ein glückliches Leben zu erschaffen. So erschafft ein Mensch sich unwissentlich seine Illusionen über sich ständig neu und würgt jeden Versuch, sich aus diesem Kreislauf zu befreien, mit seiner eigenen Schöpferkraft ab. Versucht er sich jemandem anzuvertrauen, behindern die illusorischen Angst-Scham- und Schuldgefühle die Versuche, sein Herz zu öffnen.

Schauen wir uns ein anderes Beispiel an:
Nehmen wir an, eine Seele möchte die bedingungslose Liebe erfahren und verstehen. Im Laufe ihres Menschdaseins begegnet sie Menschen, die es ihr ermöglichen, die Erfahrungen der bedingungslosen Liebe zu machen. Meistens sind das Menschen, mit denen man näher, ganz nah, oder nur ganz kurz und einmal zu tun hat. Stell dir nun Folgendes vor: Eine anderes ICH kommt in einer menschlichen Verkörperung als Täter und tut der anderen Seele etwas Unrechtes an. Es kann sich bei diesem Menschen um einen Mann, eine Frau, um ein Kind oder um einen Teenager handeln. Vielleicht sind es sogar mehrere, die dem Menschen etwas antun. Nun erfährt die Seele als Mensch, wie es sich anfühlt, keine Anerkennung zu bekommen, abgelehnt, verstossen, betrogen, ausgenutzt und missbraucht zu werden, wie es ist, wenn ihr das Herz gebrochen wird, wenn ihr das Liebste, das sie hat, weggenommen wird oder wenn sie zu Unrecht beschuldigt und bestraft wird. Die Seele kann nun die bedingungslose Liebe erfahren, indem sie vergibt. «Vergebung»

ist ein Aspekt bedingungslosen Liebe. Aber durch die Illusionen «Vergessen» und «Selbstverleugnung» ist es der Ich-Persönlichkeit der Seele nicht mehr bewusst, dass sie die bedingungslose Liebe erfahren und verstehen wollte. Durch das Unverständnis und die Unwissenheit entstanden die verschiedensten Glaubens- und Verhaltensmuster sowie Verwicklungsgeschichten.

Alle Menschenseelen, die ihr begegnen, ermöglichen ihr in den verschiedensten Situationen, Verbindungen und Lebensphasen die Erfahrung, sich selbst als die bedingungslose Liebe zu erkennen und diese Liebe zu entwickeln. Denn in der Polarität erlebt ein Mensch auch erfreuliche Dinge, die es ihm ermöglichen, die bedingungslose Liebe anzunehmen und sich selbst zu erkennen, wenn ihm jemand seine Liebe zurückspiegelt.

Dass die Menschen von ihren vorherigen Leben keine Ahnung mehr haben, hat eine gute Seite. Sie würden sich vielleicht gleich wieder die Köpfe einschlagen, wegschauen oder davonrennen, wenn sie sich auf der Erde wieder begegnen. Damit das nicht geschieht müssen sich einige Menschen vermutlich ineinander verlieben. Engelhafte Geschöpfe (mit Pfeil und Bogen) sorgen dafur, dass es geschieht, falls es nötig wird. Sie schiessen gezielt einen Pfeil in das feinstoffliche Herz eines Menschen. Die Wirkung des Pfeils tritt früher oder später immer ein. So verliebt sich jemand beispielsweise in ein anders Du-Selbst, das ihn vielleicht in einem vergangenen Leben aus einem bestimmten Grund mit dem Schwert durchbohrte.

Die Wirkung des Pfeils bewirkt auch, dass Menschen sich zueinander hingezogen fühlen, obwohl oder gerade weil sie gegensätzlich sind, aber doch gleich sind.

Die Illusionen «Vergessen» ist daher gar nicht mal so übel. Jedes Mal haben wir die Chance, uns in Liebe neu zu begegnen und zu erkennen, um frei zu werden. Nach den 7 kosmischen Spielregeln ist also alles in bester Ordnung. Nur wir Menschen machen so herrliche Verwicklungskomödien und Dramen daraus.

«Vergangenheit, Gegenwart und Zukunft ist eine Illusion,
wenn auch eine hartnäckige.»
Albert Einstein

Gemäss dem Prinzip der Dreiheit erschuf ein Mensch in seiner Vergangenheit gewisse Dinge, die ihn im Jetzt behindern. Das führt zu Enttäuschungen. Denn das Gewünschte kann sich nicht ungestört manifestieren, wenn die negativen Gedanken weiterhin in den drei Bewusstseinsebenen gespeichert sind und immer noch wirken.
Die meisten Menschen haben auch keine Ahnung mehr, dass sie schon öfters auf der Erde gewesen sind und viele schmerzhafte Abweisungen und Erfahrungen einstecken mussten. Daher kommt es nicht von ungefähr, dass sie anfingen zu glauben, dass sie schlecht seien und nicht gut genug. Denn diese Glaubenssätze und abgetrennte Selbstanteile nehmen wir aus den früheren Leben in das jetzige Leben wieder mit. Wenn eine Seele ihren menschlichen Körper verlässt, bleiben diese Gedankenenergieformen und abgetrennte Selbstanteile auf den unsichtbaren geistigen, mentalen Ebenen zurück. Diese nimmt die Seele wieder in ihr nächstes Erdenleben mit, damit sie erkannt und angenommen werden können. Im neuen Leben sabotieren diese Altlasten den Menschen bei all seinen Bemühungen, ein erfüllteres Leben zu führen, und hindern ihn an seiner weiteren Selbstfindung.

Alle vergangenen Leben prägten dich auf irgendeine Art und Weise. Aus bestimmten Erfahrungen entwickelten sich Überzeugungen wie: „Das Leben ist gefährlich", „Es ist gefährlich, wenn ich die Liebe und das Licht bin", „Ich bin schuldig für das, was ich getan habe", „Ich muss mich dafür selbst bestrafen", „Mir darf es nicht besser gehen."

In sämtlichen selbsterschaffenen Illusionen sind die Gründe zu finden, warum etwas nicht in Erfüllung geht, was man sich wünscht. Es ist unmöglich, ein höheres Einkommen, beruflichen Erfolg, Gesundheit und geistigen Gehirnschmalz zu erlangen, wenn hinter den Masken der gierige Hochstapler, die unwürdige Schuldige und das Opfer der Gesellschaft verdrängt werden. Genauso ist es unmöglich, gesund und erfolgreich zu sein, wenn über die Gesunden und Erfolgreichen geschimpft und neiderfüllt gedacht wird.

Die meist völlig unbewussten, unterschwelligen, uralten Glaubenssätze, Schlussfolgerungen und abgespaltenen Schattenseiten verhindern die Erfüllung. Diese Fehlschwingungen gilt es zu berichtigen, wenn man sich selbst entwickeln oder etwas verwirklichen will.

Das gilt auch für die männlichen und weiblichen Seiten, welche die Menschen wieder anzunehmen und zu vereinen haben. Männer wie Frauen negieren, bekämpfen und unterdrücken in sich ihre beiden Urkräfte und spalten ihre Kräfte von sich ab. Nicht nur in vergangenen Leben als Frau oder Mann, sondern auch in diesem Leben. Beispielsweise haben viele Männer Angst vor dem machtvollen weiblichen Aspekt in sich oder schneiden sich durch ihr Männlichkeitsgehabe selbst von ihren Gefühlen ab. Durch die Unterdrückung des weiblichen Geschlechts können viele Frauen ihre wahre Weiblichkeit nicht wirklich leben bzw. erkennen und drohen in der rational denkenden Welt zu vermännlichen. Dieser

Kampf zwischen den beiden Geschlechtern, innen wie aussen, geschieht aus Angst vor Verletzungen und Ablehnungen. Hinter solchen tiefbrodelnden Glaubenssätzen und Überzeugungen verstecken sich so einige Täter- und Opferrollen, die in vielen Bereichen die langersehnten Erfüllungen verhindern. Denn meinen Erfahrungen nach vergessen, verdrängen und verleugnen viele Menschen unbewusst hinter den Gutmensch- und Opferrollen ihre Täterrollen.

Warum viele Menschen die ersehnte Erfüllung nicht immer bekommen, liegt auch daran, dass sie in einer zurückliegenden Vergangenheit die Erfahrung, nehmen wir als Beispiel «materielle Fülle», bereits erlebte. Sie waren arm und wurden reich, waren reich und wurden wieder arm, sie erlebten alle Grade, die zwischen Reich und Arm liegen. Irgendwann haben sie in dieser Hinsicht genug für sich erkannt und ihre Erfahrungen gesammelt. Ihr Bedürfnis, materielle Werte auf der Erde anzustreben, ist gestillt und erledigt. Die Evolution der Seele drängt sie nun, nach geistiger Fülle zu streben.
Nehmen wir an, dass ein Mensch den Aspekt der materiellen Fülle bereits hinter sich hat. In der illusorischen Polarität vergisst er seine Erfahrungen jedoch wieder. Gefangen in den mitgenommenen Fehlschwingungen, verfällt er aufs Neue den Illusionen. Irgendwann im Laufe seines Mensch-Seins, kommt jemand zu ihm und erklärt ihm, was er tun kann, um Erfolg zu haben. Meistens handelt es sich dabei um materiellen Erfolg oder um das menschliche Liebesglück. Wenn das alles ist, was man hier auf der Erde erreichen kann, geschäftlichen Erfolg, ein Auto, den perfekten Partner, Kind, Haus, gesellschaftliche Anerkennung usw., dann glaubt ein Mensch schon fast gezwungenermassen, genau das anstreben zu müssen. Als Mensch mangelt es ihm jedoch etwas an geistigem Gehirnschmalz (in der Schule lernen wir auch

nicht, anders als materiell und leistungsorientiert zu denken). Viele glauben daher, keine andere Wahl zu haben und entscheiden sich (trotz komischem Bauchgefühl) mitzumachen. Bei manchen übte der Gruppenzwang zu hohen Druck aus und manche wurden von der Gefühlsduselei anderer angesteckt. Man will auch kein Versager oder Aussenseiter sein. Aber was er erklärt bekam, funktioniert nicht oder nur begrenzt. Neben den oben genannten Gründen, kann das „ICH BIN reich"-Denken nicht hinhauen, wenn er den Reichtum bereits erlebte. Aber auch, weil er das Prinzip der Geistigkeit noch nicht so ganz verstanden hat. Das führt zur Enttäuschung und zum Zweifel in seine Fähigkeiten. Daraus resultieren weitere illusorische Schlussfolgerungen, die wiederum die alten, bereits bestehenden nähren und stabil halten.

Viele Menschen werden von ihrem Mentalkörper (Verstand) gesteuert. Entfremdet von ihrem Emotionalkörper, haben sie vergessen, dass sie Seele sind und die Seele eine ganz wesentliche Erfahrung anstrebt.
Die Seele, dein wahres Selbst, in der das ICH BIN wohnt, strebt ein höheres Ziel an. Das Überbewusstsein steuert ein anderes Ziel an, als das Bewusstsein und Unterbewusstsein manchmal gerne hätten. Die Seele will ihr Ziel erreichen und tut alles Mögliche, damit das menschliche Ego sie endlich wahrnimmt. Hört man nicht auf die Stimme seiner Seele (Gefühl, Intuition, Wahrnehmung), werden nach dem Prinzip der Dreiheit letztendlich die Fehlschwingungen im Denken und Fühlen als Beschwerden im physischen Körper auftreten. Die Beschwerden können sich hinziehen, bis sie chronisch werden. Die fehlgeleiteten Schöpfungen rütteln das Ego (ein stark ausgeprägter Teil des Verstands) im besten Fall auf.

Nun hast du eine Vorstellung, wie Illusionen entstanden sind, wie sie sich zeigen und wirken. Warum viele Menschen in manchen Bereichen ihres Lebens nicht weiterkommen, und warum sie nicht loswerden, was sie sich unwissentlich erdachten. Im nächsten Kapitel werden wir die zweitgrösste Illusion durchschauen.

Die Illusion durchschauen

Nun kommen wir an einem Punkt, wo so mancher Verstand fast nicht mehr mitkommt. Keine Bange, deine Seele weiss seit eh und je, was der Verstand nicht immer auf Anhieb erfassen kann. Du wirst Welle für Welle gut auf das ICH BIN, welches Gott ist und in deiner Seele wohnt, vorbereitet, damit dein Verstand nachkommen kann.

Viele Menschen glauben, dass negative Gefühle «echte» sind. „Hä? Wie bitte? Sind schlechte Gefühle etwa keine wahren Gefühle?", denkst du vielleicht gerade. An dieser Stelle droht sich die ganze Sache wieder an irgendeiner Illusion aufzuhängen. Ich sagte ja: Herz öffnen! Mit deinem Verstand allein hat es nicht geklappt.

Der Grund, warum viele Menschen glauben, dass schlechte Gefühle echte Gefühle sind, ist: Wir Menschen befinden uns in der **Polarität**. Schlechte Gefühle können daher nur in der Polarität, das Gegenteil von Liebe, Licht und Wärme, entstehen, folglich sind schlechte Gefühle keine wirklichen, echten Gefühle. Negative Gefühle können lediglich von den entsprechenden «Gedanken» erzeugt werden, die sich auf die gewählten und erlebten Erfahrungen des Menschen beziehen. Dazu gehören auch Erfahrungen von anderen Leuten, die ihn prägten, die er übergestülpt bekam und mehr oder weniger freiwillig zu seinem Eigenen gemacht hat.

Negative Gedanken sind gemäss dieser Erkenntnis also auch keine echten Gedanken. Aber was könnten Gedanken sonst sein? Was meinst du? Genau, du hast es erfasst! Schlechte Gedanken können nur «Vorstellungen» sein. Wow, du hast schon wieder einen Joker ergattert und steigst 9 Stufen auf! Wir haben lediglich eine Vorstellung, was wir Denken und Fühlen könnten. Deine Imaginationskraft erzeugt Gedanken und die lösen die entsprechenden Gefühle aus. Darin ist wieder das Prinzip der Entsprechung zu erkennen.

«Die Emotionen sind ein unglaubliches Geschenk.
Sie lassen uns wissen, was wir gerade denken.»
Bob Doyle

Damit das Prinzip der Geistigkeit und der Entsprechung verständlicher werden, spielen wir ein kleines Spiel: Denke an etwas Fröhliches, Schönes und beobachte, was geschieht. Je länger du in diesem «hohen» Zustand bist, umso mehr Lichtenergie fliesst in dich hinein, ausgelöst durch deine Gedanken, die unweigerlich die entsprechenden Gefühle hervorrufen. Fühlst du sie? Schöne Gefühle, nicht wahr? In diesem Zustand ist es unmöglich sich schlecht zu fühlen. Falls es doch jemand schaffen würde, sich bei schönen Gedanken schlecht zu fühlen, beweist das, wie gerne sich dieser Mensch schlecht fühlen will. Aber eigentlich will sich ein Mensch nicht schlecht fühlen. Zu viel Energie entweicht dabei aus seinem Körper, was den Boden für deprimierende Gemütszustände bereitet, die letztendlich als irgendeine Volks-Krankheit diagnostiziert werden. Das können wir gleich ausprobieren: Versuch entspannt zu sitzen oder zu stehen. Denke an etwas sehr Trauriges. Fühlst du, wie deine Körperhaltung an Kraft und Ausdruck verliert, je länger du dich in diesem schlechten Gedanken- und Gefühlszustand befindest? Hier beweist Einsteins Formel $E = mc^2$ ihre Unfehlbarkeit: Es lässt sich ausrechnen, wie viel Energie (E) in deinem Körper (m) steckt und wie viel Energie dein Körper verliert, wenn er Licht (c^2) ausstrahlt. Genauso ist es umgekehrt, wie du gerade selbst festgestellt hast.

Schlechte Gefühle erlebst du dann, wenn du dich depressiv, ängstlich, panisch, minderwertig, machtlos, dumm, schwach, wertlos, schuldig, wehrlos, verzweifelt, ausgelaugt, ausgenutzt, ausgeliefert, abgelehnt, freudlos, aufgewühlt, gereizt, aggressiv, missmutig, krank, sehr krank und schwer krank fühlst. Meistens richten viele Menschen ihre Aufmerksamkeit auf ihre negativen Seinszustände. Für sie fühlen sich die schlechten Seinszustände viel vertrauter an als die positiven. Seit ihrer Kindheit wurden sie auf das Negative aufmerksam gemacht, bis sie sich daran gewöhnten, ihre Aufmerksamkeit auf die schlechten und unerwünschten Dinge zu richten und zu halten. Ihnen wurde auch nicht beigebracht, wie man mit schlechten Gedanken und Gefühlen umgeht. Vielmehr wurde ihnen beigebracht, dass sämtliche unangenehme Gedanken- und Gefühlszustände nicht gut, unerwünscht, ja sogar krank sind und unterdrückt werden müssen.

Solche Gefühls-Stauungen brodeln tief und werden heutzutage mit Anti-Druck-Pillen noch mehr unterdrückt. Kannst du dir vorstellen, was nach dem Prinzip der Schwingung und des Rhythmus geschieht, wenn die Stauungen nicht rechtzeitig entstaut werden? Genau! Irgendwann ist das gewisse Schwingungsmass erreicht. Dieses Schwingungsmass führt zu einem grossen Ungleichgewicht, das ausgeglichen werden muss. Meistens folgt ein Gefühlsausbruch. Dieser Gefühlsausbruch ist oft gegen einem selbst gerichtet, im schlimmsten Fall gegen andere. Zu diesem Effekt kommt es, weil die 7 kosmischen Prinzipien wieder ein Gleichgewicht im den emotionalen und mentalen Bereichen herstellen müssen. Jede Einseitigkeit führt zu einem problematischen Ungleichgewicht. Die Gefühle sind daher wesentlich, um sich weiterentwickeln zu können. Wir haben nicht umsonst einen Emotionalkörper. Unser Gehirn macht auch nicht nur die linke Hirnseite (Intellekt, Verstand) aus, sondern auch die rechte (Intuition, Herz), die dem emotionalen, weiblichen Aspekt zugeordnet ist.

Auf dem Spielplatz des Lebens reagieren, kommunizieren und empfinden wir Menschen alle über das Gefühl. Wir reagieren, bewusst oder unbewusst, über das Gefühl unsere Herzverbindung. Nur so nebenbei: Forscher fanden etwas sehr Spannendes heraus. Sie kamen zu der Erkenntnis, dass das Herz, nicht etwa das Gehirn, die höchste messbare Frequenz (Schwingung) besitzt. Das Gehirn und alle anderen Organe schwingen in einer sehr viel niedrigeren Frequenz. Aus diesem Grund, wurde noch nie ein Krebs am Herz diagnostiziert, weil die hohen Schwingungen des Herzens nicht den tiefer schwingenden Krebszellen entsprechen. Dafür gibt es Herzschmerz – mit üblen Auswirkungen!
Zwischen den Extremen der beiden Pole von Liebe und Hass, durchlebt die Seele in ihren menschlichen Leben sämtliche Schwingungsgrade an Gedanken und Gefühlen. Der ganze Reiz und die Schönheit des Lebens setzt sich aus hohen und niedrigen Schwingungszuständen zusammen. Im Meer der schmerzvollen Gefühle können wir ertrinken oder lernen, darin zu schwimmen. Es ist jedoch einfacher, gleich als Chefin oder Chef der Gedanken auf den wilden Wellen zu surfen.
In jeder Phase deines Lebens wirst du aufgefordert, die Aufmerksamkeit auf das ICH BIN in dir zu richten und zu halten. Das ICH BIN ist unfehlbar und erfüllt all das, worauf sich dein Denken und Fühlen am stärksten konzentriert. Frauen wie Männer sind in der Lage, in einem gesunden Mass zu jammern und freudig zu sein. So schwingen sie ausgeglichen in ihrer goldenen Mitte und können nicht mehr vom himmlischen Hammer in dem Masse an die Wand geprallt werden,

wie sie gelitten oder sich gefreut haben. Damit es dir gelingt, in der goldene Mitte zu schwingen, schauen wir uns nun die kosmische Spielregel Rhythmus an.

Der Rhythmus

Das Gleichgewicht wird durch das Prinzip des Rhythmus bewirkt. Der Rhythmus bezieht sich auf die beiden Pole (plus und minus) und auf den Raum dazwischen, zwischen denen sich der Rhythmus und der schwungvolle Hammer zeigen. Der Rhythmus entspringt den Spielregeln Polarität und Schwingung und verbindet die Pole. Der Rhythmus kommt in Schwung, sobald ein Unterschied zwischen den Polen besteht. Je grösser der Unterschied zwischen den Polen, umso mehr fordert der Rhythmus den Ausgleich, um wieder ein Gleichgewicht zwischen den Polen herzustellen. Das etwas paradoxe am Rhythmus ist, das er ständig Gegensätze zueinander bringt, um sie immer wieder auszugleichen. Stell dir das etwa so vor: Wenn du einatmest, folgt nach einer messbaren, rhythmischen Zeitwelle das Gegenteil, das Ausatmen und gleicht somit aus. Das Atmen ist ein Einatmen und Ausatmen. Das Einatmen ist nicht gleich dem Ausatmen, jedoch ist beides das gleiche, nämlich das Atmen.

In Beziehungen bringt der Rhythmus gegensätzliche Charaktere, also nicht nur gleich und gleich, zueinander, um sie auszugleichen. Wird ein rhythmischer Vorgang gestört, folgt ein Ungleichgewicht zwischen den Polen, das Krankheiten und andere grössere und kleinere Katastrophen entstehen lässt. Meistens zeigen die Folgen nicht gleich ihre Wirkungen. Irgendwann wird man vom himmlischen Hammer erwischt und erlebt die Konsequenzen. Verwundert fragt man sich dann: „Oh Gott, was habe ich getan? Womit habe ich das verdient? Warum muss ausgerechnet mir das passieren?"

Das ist so, weil im Rhythmus die kosmische Spielregel Ursache und Wirkung mitspielt. Die rhythmischen Vorgänge der Natur und des menschlichen Körpers geschehen nicht willkürlich. Für uns Menschen sind die natürlichen Abläufe selbstverständlich. Es ist für uns auch selbstverständlich, uns die Erde untertan zu machen. Mutter Erde tanzt aber in Einklang mit dem Beat der Natur. Der Satz «Macht euch die Erde untertan», wurde jammervoll missverstanden. Vielmehr ist mit untertan zu verstehen, dass sich Frau und Mann die Erde nur untertan machen können, wenn sie sich ihren Naturgesetzten unterwerfen. Alles im Universum und auf der Erde ist den 7 natürlichen Gesetzmässigkeiten unterworfen. Da wurde bei niemandem eine Ausnahme gemacht.

Der Raum zwischen den Polen ist messbar. Der göttliche Hammer (Pendel) schwingt in einem messbaren Rhythmus genauso wieder nach links, wie er zuvor nach rechts geschwungen ist. Aber nicht nur in diesem Beispiel zeigt sich der Pendel. Wir erleben den Schwung des Pendels in allem und überall. In einigen Dingen ist für uns das hin und her schwingen des Pendels völlig normal. Es ist für uns die natürlichste Sache der Welt, dass die Schwingungen des Pendels von einer Jahreszeit in die nächste und wieder zurück schwingen.
Die Rhythmen bestimmen diese Zyklen, genauso wie Tag und Nacht, das Aufsteigen und Absteigen, aufblühen und verblühen, Nähe und Distanz. Sowie Altes gehen lassen, wenn es vorbei ist mit den Erfahrungen, um wieder Neues zu erschaffen, zu erfahren und dieses dann wieder gehen zu lassen. Der Rhythmus ist das Liebeslied, das um die Welt geht und im ganzen Universum zu hören, zu sehen und zu fühlen ist. Er bestimmt den Beat, hebt und senkt sich in allen Dingen und findet immer wieder einen Weg, um unlogisches Verhalten der Natur, sich selbst und anderen gegenüber auszugleichen.
Kennst du die Redewendung «Himmelhoch jauchzend, zu Tode betrübt»? Diese Gemütszustände sind dem Rhythmus

zu zuschreiben, der zusammen mit den übrigen Prinzipien wirkt. Was hat das für dich zu bedeuten und wie ist mit diesem hin und her schwingenden Hammer umzugehen? Der Rhythmus fordert dich beispielsweise auf, in Zukunft darauf zu achten, was du so denkst und dabei fühlst, oder was du so fühlst und dabei denkst. Du weisst ja, das kann wieder voll ins Auge gehen, wenn du nicht schärfer auf deine Gedanken und Ausdrücke achtest. Achte darauf, wie sehr du die (wiederholenden) Situationen sowie Gedanken- und Gefühlszustände bejammerst und andere daran teilhaben lässt. «Schweigen ist Gold, Reden ist Silber» sagt ein anderes kluges Sprichwort, vor allem dann, wenn dir nur Negatives zum Erzählen einfällt. Zu jammern, zu klatschen und einander Negatives zu erzählen, gehören schon zur Normalität und zum Smalltalk. Jedoch gehen diese Gedanken von einem bösen oder einfältigen Denken aus, die das Negative bei sich selbst, bei dem Opfer und auf der Erde stärken. Wenn sich die Menschen von diesen Dingen verabschieden, kommen sie sich selbst und Gott ein grosses Stück näher. Kannst du dir vorstellen, was es bedeuten würde, wenn niemand mehr sein Leid anderen, oder schlechtes über andere erzählt? Wir hätten nichts mehr zu bejammern und einander fast nichts mehr zu erzählen.

Es lohnt sich, dieses Spiel auszuprobieren, schliesslich kreieren wir auf diese Art ständig unsere Realität. Versuch mal einen Tag oder eine Woche lang nur etwas zu sagen, wenn du Positives über Dinge, Themen, Eigenschaften eines Menschen, Erlebnisse usw. zu erzählen hast. Wenn du dich beim Negativ-Erzählen ertappst, lässt du irgendeinen kleinen Gegenstand, wie einen Knopf, von einer Hosentasche in die andere wandern. Vielleicht einen Ring von einem Finger an den

Finger der anderen Hand stecken. Was bei diesem Spiel rauskommt, ist wirklich sehr spannend und regt zum Nachdenken an.

Der himmlische Hammer hört nie auf zu schwingen. Aber jeder ist in der Lage, den Beat zu bestimmen und den Rhythmus zu neutralisieren. Jeder kann beispielsweise mit der Hilfe seines mentalen Denkvermögens den Alterungsprozess hinausschieben oder bewirken, nicht so arg von seinen Stimmungen gespielt zu werden. Dann sieht die Person auch nicht mehr so mitgenommen aus. Die Menschen können durch ihr Denken und Fühlen dafür sorgen, ihr Leid im Hier und Jetzt nicht noch mehr aufzubauschen, indem sie achtlos negative Gedanken ins Universum schleudern. Die Schwingungen werden sie wieder genauso heftig treffen, da sie die entsprechenden Schwingungen immer noch in sich tragen und unweigerlich wieder anziehen. Genauso werden sie die überschwänglichen Schwingungen der Freude nach einer rhythmischen Zeitwelle die überschwänglichen Schwingungen des Schmerzes oder des Trübsals treffen.
Das ist nicht widersprüchlich, falls du das gerade denkst. Das ist in der Polarität logisch. Was nun nicht missverstanden werden sollte, ist, dass du nicht nach einem gewissen Grad von Freude mit einem entsprechenden Schmerz bestraft wirst. Das hat nichts mit Ausgleich zu tun. Wir empfinden die Nacht auch nicht als Strafe und den Sonnenaufgang als Wiedergutmachung. Das ist der Rhythmus der Zeit.
Durch das ICH BIN-Denken kann sich ein Mensch mental in seine goldene Mitte polarisieren, um die überschwängliche Freude in einem ausgeglichenen Schwingungsmass geniessen zu können, damit er nicht nach einer rhythmischen Zeitwelle von einem genauso überschwänglichen Schmerz oder Trübsal getroffen wird. Polarisieren tust du, wenn du deine

Aufmerksamkeit auf die Wirkung deines erwünschten Ziels oder Seinszustandes richtest und deine Gedanken dort hältst, indem du beispielsweise denkst: „ICH BIN trotz allem mutig und bleibe gelassen.", und dir die Wirkung vorstellst. Die Gedanken lösen die entsprechenden Gefühle aus, die dich reichlich mit c^2 aufladen. Als göttlicher DJ bzw. göttliche DJane, fühlst du dich auch so, weil du durch das bewusste ICH BIN-Denken und -Fühlen den Beat bestimmst.

Den Rhythmus der Zeit kann man nicht aufhalten. Er bringt in regelmässigen Zeitwellen Situationen wieder, aus denen wir noch nicht genug erkannt haben und in denen jeder einzelner noch verwickelt ist. Das gilt auch für politische Ereignisse, wie beispielsweise für die Weltkriege und Hiroshima. Diesen Ereignissen (Wirkungen) liegt ein vorheriges Ereignis (Ursache) aus einer anderen bestimmten Zeitphase zugrunde. Also eine Kettenreaktion von Ursache und Wirkung. Der Rhythmus, der in einer Zeitwelle das Ereignis wiederbringt, weckt den Menschen im besten Fall auf.
Bleibt er in seinen Illusionen verfangen, wiederholen sich die Ereignisse. Erkennt er in den wiederkehrenden Wiederholungsschleifen, um was es geht und entwickelt sich aus den Situationen und Geschichten heraus, erhöht sich seine Schwingung (Bewusstsein). Die Zeitwellen werden, entsprechend seinem Bewusstsein, die dementsprechenden Folgen und Auswirkungen liefern. Je mehr es ihm gelingt, die beiden Pole (Herz und Verstand, männlich und weiblich) durch sein Denk- und Liebesvermögen zu verbinden und im Gleichgewicht zu halten, umso höher schwingt er sich auf die Seinsebenen hinauf, die es in der Polarität zu erreichen gibt. Stell dir das ungefähr so vor: Stell dir die untersten Seinsebenen der Polarität vor. Auf den irdischen Ebenen erleben die Menschen das, was wir so gerade erleben. Aus den unange-

nehmen Zeitwellen, die sie treffen, lernen sie zu wenig. Folglich stehen sie immer noch dort, wo die Menschheit sich jetzt befindet – in den Kinderpantoffeln. Nehmen wir an, das Denk und Liebesvermögen der Menschen erhöht sich und steigt auf die oberen Etagen hinauf. Auf den höhergelegenen Etagen der Polarität erleben sie goldene Zeiten, den Himmel auf Erden. Sie sind mit ihren sichtbaren Körpern verbunden, doch ihrem ICH BIN und ihrer Herkunft voll bewusst. Durch den rhythmischen Schwingungsfluss entsteht im Laufe der Zeit eine «Stabilität» zwischen den beiden Polen. Die Stabilität dehnt sich auf die weiteren Ebenen der Polarität aus.

Die Ausdehnung geschieht nicht zufällig. Die Menschen sorgen in der Gegenwart für eine rhythmische Ordnung, so dass zukünftig keine Notwendigkeit für einen schmerzhaften Ausgleich entstehen kann. Ihr Denken, Fühlen und alles, was sie tun, wirkt harmonisierend zwischen den beiden Polen, den Geschlechtern sowie zwischen Herz und Verstand.

Das Erreichen der goldenen Zeit, den Himmel auf Erden, wo die Menschen glücklich und gesund sind, wo es keinen Mangel gibt, ist zwar ein schönes Ziel, aber nicht das Hauptziel. Nehmen wir an, das Bewusstsein der Menschen «kippt». Denn auch in den goldenen Zeiten gibt es Leute, welche die 7 kosmischen Gesetze zu ihren Gunsten nutzen wollen und andere Mitspieler benötigen, damit ihre Spiele funktionieren können. Sie sorgen dafür, dass das menschliche Denken und Fühlen wieder auf den Ebenen zwischen den Polen schwingt, die so etwas ermöglichen. Ausgelöst durch gewisse Angstmach-, Verwirr- und Bauchpinselei-Spiele, zeigen sich die Schwingungen der negativen Gedanken, Gefühle, Tätigkeiten und Aktivitäten in den Rhythmen der Zeit wieder. Sind die gewünschten Schwingungen erreicht, sorgen sie weiterhin durch ihre Spiele für eine gewisse Stabilität zwischen den Polen. Der Rhythmus liefert den Menschen in rhythmischen Zeitwellen ihre Entscheidung, Wahl und Erfindung zurück. Die schwerwiegenden Ereignisse (Schöpfungsresultate, Auswirkungen, Folgen) lassen sie wieder auf die niedrigeren Ebenen sinken, bis sie sich selbst, durch Befürwortung und Annahme der Spiele und andere gewisse verdrehte Dinge, wieder in die gröbste Materie hinuntergeschwungen haben.

Einige Menschen liessen sich jedoch nicht beirren und blieben ihrer Wahrheit treu. Sie entwickelten sich weiter, erreichten den Meisterspieler-Titel und beamten sich auf die geistigen, spirituellen Ebenen der Erde. Auf diesen Seinsebenen entwickeln sich die Menschen weiter.

Die weisen Denker und Denkerinnen wissen von den unangenehmen Nebenwirkungen, die entstehen, wenn sie diese kosmische Spielregel nicht wirklich für sich selbst und zum Wohle ihrer Mitspieler anwenden. Sie würden sich ganz schön deftig mit anderen Mitspielern verwickeln, was durch den Ausgleich wieder in Übereinstimmung gebracht werden muss.

Betrachten wir, wie sich der Ausgleich zwischen den Menschen äussert. Wir Menschen verwickeln uns aus irgendwelchen Gründen mit anderen Leuten in die verrücktesten Geschichten. Wir verwickeln uns, da wir komplett vergessen haben, wer wir sind und leider auch, wer die anderen sind, mit denen wir es zu tun haben. Dadurch gerät eine Seele in den Kreislauf der «karmischen Verwicklungen», Tod und Wiedergeburt. Manchmal erschaffen wir sogar neue Verwicklungen oder verwickeln uns noch tiefer. Solche Verwicklungsgeschichten können sich viele Leben lang in den verschiedensten Verbindungskonstellationen wiederholen, bis sie ausgeglichen und versöhnt sind. Denn die Liebe drängt nach Umwandlung und Erlösung. Das ist ein Naturgesetz! Deswegen zieht es die Seele solange in die materielle Welt zurück, bis sie ihre Fehlschwingungen gelöst und ausgeglichen hat. Die Seele muss sich wiederverkörpern. In einem neuen Kreislauf hat der Mensch wieder die Möglichkeit, seine Irrtümer und Verwicklungen zu erkennen und zu lösen.

Nehmen wir einmal an, ich verwickelte mich mit dir, weil ich dir etwas Grobes angetan habe. Damit ich dir überhaupt etwas Grobes antun kann, muss ich vergessen, wer ich bin und wer du bist und meine Schwingung soweit runterbringen, dass ich das auch tun kann. Wut, Hass, Neid, Macht, Habgier usw. sind beispielsweise solche Gefühls- und Gedankenzustände, die solche Taten von einer Minute auf die andere ermöglichen. In der Polarität können Gedanken und Gefühle schnell von einem Extrem ins andere kippen. Vielleicht habe ich dich übers Ohr gehauen oder deinen gewünschten und verdienten Erfolg verhindert. Es kann auch sein, dass ich dir in einem früheren Leben, als Frau oder als Mann, grosses Leid angetan habe oder dir, egal aus welchen Gründen, den Kopf eingeschlagen habe. Ich habe also irgendetwas Grobes getan, oder immer wieder getan, das die Schwingungen der Liebe aus dem Gleichgewicht ins Kippen brachte. Wenn so etwas geschehen ist, so muss ich das wieder *ausgleichen*, indem ich das fühle, was du gefühlt hast, als ich dir Unrecht angetan habe. Ich erfahre beispielsweise als Frau den Schmerz, den ich in einer Verkörperung als Mann einer Frau angetan habe. Habe ich meinerseits alles wieder ausgeglichen, bin ich mit dir quitt und nicht mehr verwickelt.

Das bedeutet: Ich versöhnte mich mit meinen ungeliebten Seiten, z.B. mit dem Mörder, Herzensbrecher und Betrüger in mir. Genauso wie mit dir. Dabei spielt es keine Rolle, ob du anwesend bist oder nicht, gestorben bist oder irgendwo in einem neuen Körper steckst.

Betrachten wir den Ausgleich aus einem anderen Blickwinkel: Stell dir vor, aus irgendwelchen Gründen bin ich dahin geschieden. Meine Seele geht auf die Seelenebene zurück, die ihrem Reifungsgrad entspricht. Alle schweren Selbstanteile, mit denen ich mich nicht versöhnt habe, bleiben als Energieformen auf den geistigen, mentalen Ebenen zurück. Denn ich verwickelte mich nicht nur mir mit dir. Auf der Seelenebene freue ich mich zwar, dass ich solche Erfahrungen erleben konnte, erkenne jedoch auch, wer wir alle wirklich sind und dass ich gewissen Menschen Leid zufügte. Es liegt mir jedoch am Herzen, alles wieder gut zu machen. Denn solange ich verwickelt bin, bin ich unfrei und kann das Hauptziel nicht erreichen. Die Befreiung geschieht durch den Ausgleich. Darum muss ich wiederkommen und bei meinem Abstieg die hinterlassenen Selbstanteile wieder aufnehmen. Es sind schliesslich meine schöpferischen Energien, die ich auszugleichen habe. In der Polarität vergesse ich natürlich wieder. Aber im Laufe meines Lebens erinnere ich mich an gewisse Wahrheiten. Falls das doch nicht der Fall sein sollte, sorgen die 7 kosmischen Spielregeln für eine Zwangsbeglückung.

Für uns Menschen bedeutet diese Erkenntnis, sich in Selbstbeherrschung, Selbst- und Nächstenliebe zu üben, um sich nicht ständig neues «Karma» und neue zermürbende Gemütszustände zu erschaffen. Den Rhythmus zu leben ist für jeden Einzelnen eine Herausforderung. Es ist eine Lebenskunst, mit dem rhythmischen Beat des Lebens mitzuschwingen und immer wieder Altes ziehen zu lassen, damit es dem Neuen, Höheren angehängt werden kann.

Die Dreiheit

Unter der Dreiheit verstehen viele Menschen die Begriffe «Geist, Seele und Körper». Ebenso umfasst die Dreiheit «Vergangenheit, Gegenwart und Zukunft», «Überbewusstsein, Bewusstsein und Unterbewusstsein», «Energie, Äther und Materie». Für die Meister bedeutet die Dreiheit auch «Gedanke, Wort und Tat», oder die Vereinigung von Geist und Materie über die Seele. Die unendlich vielen Ebenen zwischen dem höchsten Schwingungspol und dem niedrigsten, teilen die Meister zur Erleichterung der Vorstellung und des Denkens in drei grosse Welten oder Gruppen ein.

Alles Sichtbare in der Polarität ist die erste grosse Ebene, die physisch-materielle Ebene (Körper, Tat). Unser physischer Körper befindet sich zwar aus diesen Ebenen, aber unser Denken und Fühlen (Seele) findet auf der zweiten grossen Ebene statt, die geistige, mentale Ebene. Die dritte grosse Ebene ist die geistige, spirituelle Welt.

Unser Wesen umfasst nach dem Prinzip der Dreiheit: Den Mentalkörper (männliches Prinzip, Verstand, Intellekt), den Emotionalkörper (weibliches Prinzip, Gefühle, Intuition,) sowie den physischen-materiellen Körper.

Alle Schöpfungsvorgänge geschehen nach den Gesetzmässigkeiten der Dreiheit. Das bedeutet: Jede Schöpfung beginnt mit einem Gedanken (Geist), dann folgt das Wort (Seele) und zuletzt die Tat (Körper). Der menschliche Körper schwingt sich vom Sofa und tut auf einmal Dinge, geführt von seiner Seele, die er nie für möglich gehalten hätte. Die Seele aber schon, denn in ihr lebt das ICH BIN, welches Gott ist.

Als ich dachte: „Es reizt mich ein Buch über den Stoff des Lebens zu schreiben.", war das der allererster Gedanke.

Mein Buch existierte als schöpferische Gedankenenergie auf den geistig-mentalen Ebenen (Geist), nur war mein Buch auf diesen Ebenen nicht sichtbar. Aus dem Reiz wurde ein Verlangen. Das Verlangen ein Buch zu schreiben wurde stärker. Ich sprach mit vertrauten Menschen darüber, mit dem Gedanken zu spielen, ein Buch zu schreiben, denn die Idee, ein Buch zu schreiben, fühlte sich fantastisch und abenteuerlich an. Mein Buch existierte nun als Gedankenenergie gepaart mit den entsprechenden starken Gefühlen auf den geistig-emotionalen Ebenen (Seele). Nur ist es auf der zweiten Ebene der Dreiheit immer noch nicht getan. Wenn ich aber das ICH BIN, in mir zum Ausdruck bringen will, bleibt mir nichts anderes übrig, als in die «Tat» zu gehen. Sonst bleibt mein Buch ein Wunschgedanke und ich schwelge in meiner schönen Vorstellung auf den ersten zwei Zustandsebenen (Geist, Seele). Das ist zwar auch schön, aber nicht erfüllend.

Vor dem dritten Schritt, in die Tat zu gehen und wahrhaftig Verantwortung zu übernehmen, fürchten sich die meisten Menschen. Obwohl sie wissen, was zu tun und zu verändern ist, um die gewünschten Ergebnisse und Zustände zu erreichen tun sie es nicht. Oft fühlen sie sich blockiert oder wie gelähmt, denn wie auf Knopfdruck werden plötzlich sämtliche negativen Gedanken, Sichtweisen und Verhaltensmuster aktiv. Die negativen Gedanken lenken den Menschen von der Wirklichkeit ab, damit sie der Wirklichkeit, die hinter der Illusion verschleiert ist, nicht so schnell auf die Schliche kommen.

Alesaro, ein alter Freund von mir, sagte einmal: „Bevor du aufsteigst, darfst du zuerst absteigen."

Aha! Also um weiterzukommen, tut ein Sprung in den eigenen illusorischen Brei gut, statt nur um den heissen Brei herumzutanzen. Das bedeutet, Nägel mit Köpfen machen, sich selbst konfrontieren und Selbstverantwortung überneh-men. Ich wagte den Sprung, indem ich mir klarmachte: „Die-sen Brei habe ich alleine erschaffen. Irgendwann einmal in meiner langen Vergangenheit, als ich gezeugt wurde, als ich im Bauch meiner Mutter – oder in den Bäuchen meiner Müt-ter – war. Als ich zum x-ten Mal geboren wurde und wieder auf die verschiedensten Arten und Weisen dahinschied. Als ich ein Kind, eine Frau und ein Mann war, als ich ein Täter und ein Opfer auf allen Ebenen war. Jetzt BIN ICH wieder hier, also BIN ICH!"

Ich fing an, drauflos zu schreiben. Der Zustand in mir war auch nicht mehr auszuhalten. Auf der einen Seite brüllten die wilden negativen Gedanken und auf der anderen Seite flüsterte mir meine feine Stimme, mein wahres Selbst, sanft und unermüdlich die Wahrheit über mich ins Ohr. Ich musste mich entscheiden, damit dieser Zustand ein Ende ha-ben konnte. Ich entschied mich für das «ICH BIN und ICH kann». Und siehe da, die schrecklichen Gedanken wurden leiser. Mit jeder Illusion, die ich durchschaute, eroberte ich mich selbst zurück und wuchs jedes Mal ein Stück mehr zu der mutigen Seele heran, die ich in Wirklichkeit bin. Für mich ist das Leben nicht nur Schöpfungsprozess sondern auch ein «Selbsteroberungsprozess».

«Die reinste Form des Wahnsinns ist es, alles beim Alten zu Lassen und gleichzeitig zu hoffen, dass sich etwas ändert.»
Albert Einstein

Es genügt nicht, nur zu wissen, zu denken, zu fühlen, dar-über zu sprechen und zu tun. Was nützt alles Wissen, wenn ein Mensch nicht wirklich an das glaubt und danach handelt, was er weiss und erreichen will? Dein Glaube wird sich durch Selbsterfahrung in Überzeugung und wahres Wissen verwandeln, sobald du deine Illusionen durchschaust.

Ich glaube, du hast oft genug dieselben Erfahrungen erlebt und erlitten. Das Risiko, aus der bequemen, aber leblosen Zone herauszugehen, ist gar nicht so gross wie du glaubst. Es tut nicht weh, den dritten Schritt zu wagen und im Alltag das Wissen durch dein ICH BIN umzusetzen.

Vielleicht denkst du jetzt: „Aber warum funktioniert das nicht bei mir? Ich denke, fühle, kommuniziere, tue und stehe trotzdem immer noch an und komme nicht weiter."

Die Antwort gibt uns erneut das Prinzip der Entsprechung. Es erklärt, dass du immer das erhältst, was schlussendlich tatsächlich am stärksten mit deinem unbewussten Denken und -Fühlen übereinstimmt. Warum das so ist, liegt an den hohen und tiefen Schwingungen.

Die schlechten, negativen Gedanken und Gefühle schwingen in den «niedrigeren» Schwingungsgraden. Sämtliche negative Gedanken erzeugen negative Gefühle. Mr. Spook würde vielleicht in seiner logischen Art hinzufügen: „Und diese Kombination von schlechten Gedanken und Gefühlen bestimmt deinen Gemütszustand, deine Verhaltensmuster, Einstellungen und Schlussfolgerungen. Folglich kann es nur logisch sein, dass ein «ICH BIN gut, geliebt, reich etc.»- Denken und -Fühlen viel stärker diesen niedrigeren Gedanken- und Gefühls-Schwingungen entspricht. Von dieser logischen Perspektive aus gesehen, müssen die Prinzipien diesen dichteren Gedanken folgen und mit ihnen übereinstimmen. Dementsprechend werden die Resultate auch sein."

Da stimme ich Spook zu, die positiven Gedanken können sich nur begrenzt oder gar nicht verwirklichen, wenn sie durch die niedrigeren (unterschwelligen) Schwingungen gestört werden. Das kann frustrierend sein und zu starken Selbstzweifeln führen, wenn man die Verwirklichung nicht vollkommen oder gar nicht erlebt. Wenn jemand beispielsweise die Wahrheit denkt und fühlt: „ICH BIN die Fülle, alles was ICH brauche habe ICH in meiner Welt zur Verfügung.", und Minuten oder Stunden später sich beim Denken folgender Gedanken ertappt: „Hoffentlich klappt es dieses Mal.", „Ja nicht zu sehr hoffen, dann wird die Enttäuschung nicht so gross sein.", „Ich glaube nicht, dass ich es schaffe, eine positive Veränderung herbeizuführen, oder: „Wenn das ICH BIN-Denken also helfen sollte, dass ich endlich mal was auf die Reihe bekomme, dann wollen wir mal sehen, doch ich zweifle daran.", werden diese Gedanken und Gefühle wahr. Es kann nicht funktionieren, wenn das Vertrauen in die eigenen Ziele zu schwach ist und die Person insgeheim eine Enttäuschung erwartet. Die Verwirklichung vieler Dinge hängt vom Vertrauen in deine eigene Kraft und in die Intelligenz der höchsten Gegenwart ab. Im Kapitel «Das ICH BIN kann alles» wirst du erfahren, wie durch das ICH BIN-Denken die Schwingungen nicht mehr in dem Mass gestört werden können.

Kommen wir auf die drei grossen Ebenen zu sprechen. Das Prinzip der Entsprechung wirkt auf allen drei grossen Ebenen. Den Begriff «Ebene» wird in diesem Buch oft erwähnt. Viele wissen aber nicht wirklich, was unsere fortgeschrittenen Brothers and Sisters unter einer Ebene verstehen. Eine Ebene ist weder ein Ort noch ein Raum noch ein Zustand, jedoch besitzt eine Ebene gleiche oder ähnliche Eigenschaften oder eine solche Beschaffenheit wie diese. Die Ebenen schwingen in den unterschiedlichsten Wellenlängen ineinander ein, weshalb es auch keine klare Teilung zwischen den Ebenen gibt. Daher besagt das Gesetz der Entsprechung: «Wie oben, so unten, wie unten, so oben; wie innen, so aussen, wie im Kleinen, so im Grossen».

Die drei grossen Ebenen sind aufsteigende Schwingungsgrade (Ebenen) der Leiter des Lebens, von den niedrigsten bis zu den höchsten Ebenen. Das ist das, was wir unter Evolution zu verstehen haben. Würde es keine Ebenen geben, hätten wir keine Aufstiegsmöglichkeiten und keine Aufstiegsmöglichkeiten würde bedeuten; keine Evolution! Je höher das Schwingungsmass, desto höher die Ebenen und folglich auch die Manifestationen und das Bewusstsein der Daseinsformen auf diesen Ebenen, da zwischen den 7 geistigen Prinzipien und den Erscheinungen stets eine Übereinstimmung auf den verschiedensten Ebenen von Manifestationen und Leben besteht. Wie der Zustand einer Ebene beschaffen ist sowie das Bewusstsein eines Menschen, bestimmen die unterschiedlichen Schwingungsgrade, von den höchsten bis zu den niedrigsten.

Im Folgenden stelle ich dir die drei grossen Ebenen kurz vor. Auf alle Ebenen kann ich nicht eingehen, jede grosse Ebene ist in sieben Unterebenen unterteilt und diese wieder in sieben Unterebenen, diese sind abermals unterteilt usw. Die Einteilung der sieben Unterebenen dient auch nur zur Erleichterung der Vorstellung. Da kommt der Verstand irgendwann nicht mehr mit.

Beginnen wir mit der grossen physischen Ebene, wo sich am Ende alles manifestiert und in den verschiedensten Formen sichtbar wird. Da es keine klare Teilung hat, schwingen die Unterebenen der grossen geistigen, mentalen Ebenen in die physischen über. Das wären die Unterebenen des Mineral-Pflanzen- und Tierreichs. Diese Ebenen braucht es in der Materie, sie bilden den «Boden» für die Ebene des Menschenreichs, welches die siebte Unterebene der grossen geistigen, mentalen Ebenen einnimmt.

Die dritte Unterebene des Pflanzenreichs beispielsweise umfasst auf den geistigen, mentalen Ebenen Wesen, die diese Reiche beleben und behausen. Kinder nehmen sie als Zwerge und Elfen wahr. Diese Naturgeister bewohnen die Elemente Feuer, Wasser, Erde und Luft. Auf den physischen Ebenen sind diese Wesen als Pflanzen, Berge, Wasser, Feuer und Erde sichtbar und das Element Luft ist als Wind fühlbar. Sie sorgen für eine Verbindung und ein Gleichgewicht zwischen der grobstofflichen Materie und den feinstofflichen Ebenen der Natur. Wenn ein Naturgeist von jemandem gesehen werden will (das bestimmt keinesfalls das menschliche Ego), verdichtet (verlangsamt) es seine Schwingungsgrade auf eine ähnliche Wellenlänge des Menschen. Will es wieder unsichtbar werden, erhöht es seine Schwingung und befindet sich wieder auf den Ebenen, die für den Menschen nicht sichtbar sind, die aber dennoch existiert.

Werfen wir einen Blick auf die Ebene des Menschenbewusstseins. Auf den physisch-materiellen Ebenen begegnen sich die Menschen in den unterschiedlichsten Bewusstseins-Schwingungsgraden, denn das menschliche Bewusstsein entspricht den Ebenen des Menschenbewusstseins der grossen geistigen, mentalen Ebene. Dennoch betätigt sich das menschliche Denken und Fühlen auf den physischen Ebenen, da es keine klare Teilung zwischen den unendlich vielen Ebenen zwischen oben und unten gibt.

Das kollektive Bewusstsein der Menschen befindet sich durch ihr Denken und Fühlen eher auf einer tiefschwingenden Ebene des Menschenbewusstseins. Entsprechend ihrem Bewusstsein erschaffen sie auch. Sie erschaffen durch ihr fehlgeleitetes Denken und -Fühlen unter anderem Stürme, geben ihnen Namen von A bis Z, und schieben ihnen die Schuld für die Zerstörung in die Schuhe.

Durchlebte eine Menschenseele in ihren Verkörperungen sämtliche Ebenen des Menschenbewusstseins, beginnt ein neuer Zyklus auf der nächsthöheren grossen Ebene. Auf den geistigen, spirituellen Ebenen setzt ein Mensch als Meisterin bzw. Meister seine «Veredelung» fort. Das ist der Sinn des menschlichen Daseins: Die Stufen des Lebens emporzusteigen, bis wir als Mensch den Bewusstseinszustand erfahren, der dem höchsten ICH BIN-Geist, von dem wir ein Teil sind, gleichkommt. Das ist es, was wir unter Bewusstseinserweiterung oder geistiger Entwicklung zu verstehen haben.

Eine Menschenseele steigt nicht zufällig von den geistigen, mentalen auf die geistigen, spirituellen Ebenen auf. Jesus ist keineswegs vom Himmel in den Bauch seiner Mutter gefallen. Er war auch nicht der Erste, der sich den Meistergürtel um den Bauch binden konnte. Es sind schon vor ihm herangereifte Menschen den Weg der Liebe gegangen. Er bekam bei seinem Aufstieg in einen höheren Bewusstseinszustand Hilfe von anderen weisen Menschen, welche sich zwischen den geistigen, mentalen und den höheren Ebenen hin und her beamen können. Vermutlich sorgte er bereits in seinen vergangenen Leben für sein stetiges Weiterkommen.

Wenn du einen Meister oder eine Meisterin rufst, verlangsamen sie ihre Schwingung und erhöhen zugleich deine Schwingungen, so, dass du sie wahrnehmen kannst.

Was es auf den geistigen, spirituellen Ebenen für uns zu erkennen gibt, erfahren wir, wenn es soweit ist. Manchmal bleiben für uns gewisse Dinge vorerst verschleiert. Die Geheimnisse werden einem Menschen erst dann offenbart, wenn sie seinem Reifegrad entsprechen. Das bestimmt das kosmische Prinzip der Entsprechung.

Die grosse geistige, spirituelle Ebene wird auch von Wesen in bestimmten «Spielerpositionen» bewohnt, wie das Geschöpf mit Pfeil und Bogen, und von noch höheren, wie das liebenswerte Geschöpf, das dir die lustige Frage im Kapitel «Du - die clevere Seele und deine 13 Körper» stellen wird. Die Wesenheiten auf diesen Ebenen nehmen nicht so wie wir am Spiel der Selbsterkenntnis teil. Sie sind Zuhause geblieben, denn ihr Job ist es unter anderem, die Verbindung und das Gleichgewicht zwischen den Polen zu halten und Getrenntes wieder zu verbinden, uns zu beschützen und beiseite zu stehen, falls wir uns völlig im Irrgarten der illusorischen Polarität verlaufen sollten.

Eine Ebene ist also keine übernatürliche Welt, so etwas gibt es nicht. Du befindest dich nur in einem anderen Bewusstseinszustand, wenn du deine ICH BIN-Gegenwart bist. Dieser ICH BIN-Zustand wird für dich genauso natürlich und normal sein wie dein jetziger Ich-Bewusstseinszustand. Sie unterscheiden sich lediglich im Schwingungsgrad.

Für uns ist die kosmische Spielregel der Entsprechung eine Aufforderung, unseren Horizont zu erweitern, sowie unser Denken und Fühlen in Einklang zu bringen. Das Wesentlichste ist für dich zu erkennen, dass immer eine Übereinstimmung zwischen den 7 Prinzipien und den Schöpfungen herrscht. Denn alle 7 kosmischen Prinzipien folgen auf allen Ebenen den Regeln der Entsprechung. Das bedeutet: Das Prinzip der **Geistigkeit**, **ICH BIN,** zeigt sich immer und überall, weil alles im Universum Bewusstsein ist und das ICH BIN immer mit den Spielregeln übereinstimmt. Das **Geschlecht** ist überall anzutreffen, weil es ein Männlich und ein Weiblich braucht, damit eine Schöpfung entstehen kann. Genauso wie sich die **Polarität** auf jeder Ebene offenbart, denn die Extreme der Pole stehen im Gegensatz zueinander und widersprechen sich. Die **Schwingung** schwingt immer und überall, weil alles und jedes Ding schwingt, und das ICH BIN die Schwingung bestimmt sowie die Beschaffenheit der Ebenen, des Bewusstseins und des Körpers. Das Prinzip **Rhythmus** «swingt» immer und überall in einem bestimmten Beat, da wir und alles andere sonst völlig aus dem Gleichgewicht geraten würden. Das Gleichgewicht geschieht daher nicht zufällig, weil das Prinzip **Ursache und Wirkung** auch immer und überall mitwirkt. Und das Prinzip **Entsprechung** sorgt dafür, dass eine Übereinstimmung zwischen allen 7 kosmischen Spielregeln und Schöpfungen besteht. Es würde sonst überall ein Chaos im Universum und auf der Erde herrschen.

Ein Chaos haben wir zwar schon. Aber Gott sei Dank wirken immerhin die kosmischen Gesetze nicht willkürlich. Die Erde ist nicht aus den Fugen geraten. Die hauptsächlich mental gesteuerten Menschen sind die Verursacher und machen so ein Durcheinander, entstanden durch ihr einseitiges, begrenztes menschliches Denken. Die 7 kosmischen Prinzipien müssen mit dem menschlichen Denken und Fühlen übereinstimmen und das Ungleichgewicht wieder in Ordnung bringen. Früher oder später werden wir diese Wahrheit einsehen. Tue es lieber jetzt und beginne dich heute mit diesen Tatsachen abzufinden. Je früher, desto besser. Erforsche die Geheimnisse der 7 Naturgesetze und richte dein Leben nach ihnen.
Das ICH BIN und all die übrigen Prinzipien schlafen nie. Sie sind immer in Bewegung und am Wirken. Niemand kann ihnen ausweichen, sie aufhalten, stoppen und vernichten. Die 7 kosmischen Prinzipien machen vor niemandem halt, nicht mal vor Privilegierten und Hochwohlgeborenen, selbst wenn das einige steif und fest behaupten. Die Einzigen, die

es verstanden, die 7 kosmischen Spielregeln des Lebens zu meistern, sind unsere weisen Brothers and Sisters.

Fantasie

Kannst du dir vorstellen über den Schafherdenzaun zu springen? Natürlich kannst du das! Die Vorstellung, ob du dir das vorstellen kannst oder nicht, ist bereits eine Vorstellung. Die Fantasie ist eine Gabe des weiblichen Prinzips und deine Vorstellungskraft entspringt dem männlichen Prinzip. Die Fantasie bringt dich deinem ICH BIN näher, deshalb wird jetzt dein Imaginationsvermögen gefordert.

Mein guter Freund Alesaro Fröhlich empfahl mir wie ein Kind zu denken und zu fühlen, um aus meinem Tief zu kommen. „Dock dich an dein inneres Kind an, so bist du wieder lebendig und freudig und deiner Seele sehr nah", meinte er. Damals war ich alles andere als freudig und lebendig. Ich hatte die Nase gestrichen voll und sah keinen Sinn mehr. Niedergeschmettert und frustriert sass ich in meiner eigenen Falle. Meine Gedanken hörten sich ungefähr so an: „Ihr könnt mich alle mal! Ich werde es nie schaffen aus meiner Falle herauszukommen. Es wird bestimmt wieder in die Hose gehen. Ach, lasst mich doch in Ruhe!"
Doch mein geduldiger Freund Herr Fröhlich, dieser Bengel brachte es fertig, dass ich tatsächlich die Tür zu meinem Herzen wieder einen Spalt öffnete. Ich staunte nicht schlecht, als ich mich beim Fantasieren ertappte und voll dabei abging. Wie immer hatte Herr Fröhlich Recht.

Mit Fantasie schaffst du es, dein ICH BIN zurückzuerobern. Stell dir vor, ein Kind sieht sich in Gedanken auf seinem kleinen Fahrrad fahren. Das vor Lebendigkeit strotzende Kind steigert sich in seine Imagination hinein und sieht sich ohne Stützrädchen fahren, während Mama und Papa vor Begeisterung ausflippen.

Es steigert sich in seine Fantasie hinein und sieht sich auf dem Fahrrad der grossen Schwester fahren. Das Kind, in seiner naturgegebenen Genialität, fühlt seine Grossartigkeit und stellt sich vor, wie es sich anfühlt, freihändig zu fahren. Aber stell dir folgendes vor, das Kind, in seiner Fantasie voll am Abheben, erlebt allerdings gleich eine Ablehnung. Es bekommt ständig zu hören und zu fühlen, ein nutzloser und nerviger Träumer zu sein. Und dass es nie freihändig fahren wird und darf, weil das viel zu gefährlich ist und das nur die Bekloppten tun. Das Kind bekommt immer wieder zu hören und zu fühlen: „Du bist zu faul, zu langsam, zu dumm, zu hässlich, zu dick, zu dünn, zu frech, zu unangepasst, zu laut, zu schwierig, zu lebendig, zu wertlos, zu arm etc." Am Ende gelangt das Kind zur Überzeugung, dass es deswegen nicht freihändig fahren darf, weil es das nicht verdient hat und es nicht wert ist. Die Grossen müssen das schliesslich wissen. Sie zu hinterfragen, wagt das Kind nicht, sonst droht ihm wieder eine Abweisung oder Strafe. Das kleine Kind versucht sich so gut wie möglich anzupassen. Allmählich beginnt es selbst zu glauben, dass es gar keine andere Wahl hat, als so zu denken wie die anderen. So versteckte und vergass das Kind im Laufe seines Lebens seine gottgegebene Grossartigkeit und fing an, absurde Gedanken über sich zu denken und zu glauben und sich mit diesen Gedanken und den entsprechenden Gefühlen zu identifizieren.

Für ein Kind ist es kein Problem das ICH BIN, sein wahres Selbst, zu sein. Die Probleme fangen an, wenn das Kind nicht «sein» darf, wenn es wegen seiner blühenden Fantasie belächelt und nicht ernst genommen wird und wenn es nicht sagen darf, was es denkt, fühlt und wahrnimmt. Solche Arten von Kettenreaktionen haben zur Folge, dass oftmals im Laufe des Erwachsenwerdens etwas Wertvolles aus dem Gedächtnis verloren geht. Albert Einstein drückt dies so aus:

«Das schönste und tiefste Gefühl, das wir erleben können,
ist die Erfahrung des Mystischen. Es ist die Säerin aller echten Wissenschaft. Der Mensch, der dieses Gefühl nicht
kennt, der nicht mehr staunen und in Ehrfurcht gebannt
vor etwas stehen kann, ist so gut wie tot.»

Erobert sich ein Mensch dieses Gefühl zurück, versteht er all
das Paradoxe und viele andere Geheimnisse zwischen Himmel und Erde, die für ihn sonst unentdeckt blieben.

Ich erinnere mich gut daran, wie beim Zurückerobern meines Selbst das Gefühl der Grossartigkeit dermassen gross
wurde, dass ich auf einmal Angst vor meiner eigenen Grösse
bekam. Dabei war dieses Gefühl nur eine kleine Kostprobe
vom höchsten Gefühl. Die Angst vor meiner Grossartigkeit
war viel grösser als die Angst für meine beschämenden Seiten. abgewiesen zu werden. Ich dachte: „Jetzt hebe ich total
ab. Ach du meine Güte, was mach ich da eigentlich?" Auf
einmal kamen Illusionen daher, die mich davor warnten,
meine angeborene Göttlichkeit zu sein. Sie brüllten wild:
„Du darfst das nicht! Was glaubst du eigentlich, wer du
bist?! Hör sofort auf mit dem Quatsch!"
In Gedanken stellte ich mir vor, wie sich das anfühlt, wenn
selbst diese Illusionen nicht mehr da sind. Das wollte ich genauer wissen. In meiner Vorstellung holte ich meine fehlgeleiteten Gedankenenergien aus diesen Illusionen heraus. Je
mehr ich mich zurückeroberte, umso berauschender fühlten
sich die auftauchenden Gedanken- und Gefühls-Cocktails
an. Ich kann dir sagen, so ein Cocktail lässt dich ganz schön

«high» fühlen und denken. Denn sobald deine Schöpferenergie zu dir zurückströmt, leuchten dir so nebenbei Birnchen auf, die dich einiges erkennen lassen. Ich erkannte,
dass die Menschen, die in ihrem ICH BIN verwurzelt sind,
von solchen Illusionen frei sind. Beseelt und voller Vertrauen
folgen sie ihren Weg. Nichts kann sie von ihren Erkenntnissen und von ihrem Entschluss abbringen, niemand kann sie
von ihrem Ziel abhalten – komme, was wolle! In ihrem Gehirn sind schlichtweg die Hirnzellen nicht mehr da, um so etwas Absurdes zu denken. Genauso fühlte ich mich (wenigs-
tens während diesem Moment).

Das beindruckte meinen Verstand. Mich beeindruckte das
Gefühl am Ende meines Gedankenspiels. So ein Gefühl hätte
ich nicht mal im Traum erwartet. Zu meinem Erstaunen
fühlte ich «Ruhe». Vollkommene Stille. In mir war alles ruhig. Ich fühlte mich wie ein Punkt im Universum, einfach sei-
end. Mein Verstand sah ein, dass er sich dies nicht einbil-
dete.

Fantasie ist keine Einbildung, falls du das vielleicht gerade
denkst. Sie ist deine Vorstellungskraft – dein denkendes und
fühlendes Prinzip in seiner unschuldigsten und reinsten
Form. BIG MAMA und PAPA hatten auch so ihre Vorstellungen. Sie stellten sich vor, wie es ist, Wärme spüren zu können. Sie konnten aber nur wissen, was Wärme ist. Gott im
gesamt Paket hat ja keinen Körper, der diese Erfahrung ermöglicht. MAMA und PAPA, vor allem MAMA, der weibliche
Aspekt Gottes, wollten unbedingt erfahren wie es ist,
Wärme zu spüren. Unsere Ureltern konnten daher nicht anders als es ganz einfach zu machen, da auf den rein geistigen, spirituellen Ebenen alles liebes-high ist. Ihnen war bewusst, dass sie so etwas wie eine Einbildung erschaffen, zu
wenn sie es tun. Unter «Einbildung» ist die Materie zu ver-

stehen, die nicht das Reale und Wahre ist. Aus diesem Grund wurde alles perfekt durchdacht, damit nichts schiefgehen kann. Unsere Ureltern wussten, dass lauter individualisierte ICHs, Ebenbilder von sich selbst, geboren werden würden. Die Einbildung wird in ihren extremeren Formen unweigerlich zu einem Vergessen, Verleugnen und bis zur totalen Uneinsichtigkeit führen. Ihre Kinder werden vermutlich auf die Illusion hereinfallen. Sie werden sie wie in einem Traum erleben und sie für ihre Wirklichkeit halten. Wahrscheinlich werden ihre Kinder lange Zeit in der Einbildung verweilen, weil sie sich irgendwann völlig einbilden werden, ganz von PAPS und MAM getrennt zu sein.

Eigentlich bildest du dir deinen Schlamassel auch nur ein. Fast alles ist eine Einbildung, oder vielleicht doch nur eine hartnäckige Illusion? Du bist keinesfalls auf einem komischen Trip, und wenn, ist das dein eigener Gedankentrip, der dir deine komischen Gedanken in irgendeiner entsprechenden Form und Spiegelung bringt und dein Leben wie einen Horror-Trip erscheinen lässt. Was keine Illusion ist, ist deine ICH BIN-Gegenwart und die höchste Gegenwart, das Absolute. Denn DU BIST. Daran gibt es keinen Zweifel. Kann es sein, das dein Mentalkörper wieder Gedankenenergien wie: „Das ist alles Quatsch und ist bestimmt nicht so.", produziert? Richte deine Aufmerksamkeit in diesen Momenten wieder auf dein ICH BIN. Du hast erfahren, dass du keine Einbildung bist. In Wahrheit bist du ein **L** (Liebe) **= mc²**-Wesen.

Das Prinzip ICH BIN – Geist ist Bewusstsein

Damit dir bewusster wird das du aus der Liebe erschaffen wurdest, schauen wir die Spielregel der Geistigkeit an. Das Prinzip des Lebens, Geist ist Bewusstsein, ist das Alpha, denn jeder Schöpfung geht zuerst ein Gedanke voraus. Unsere Brother and Sisters verstehen unter diesem Prinzip das ICH BIN, das geistige Bewusstsein, das den schöpferischen Gedanken denkt, fühlt und sichtbar macht.

Das ICH BIN ist der geistige Stoff, aus der alles Leben entsprungen ist. In jedem Menschen wirkt die gleiche ICH BIN Substanz. Jeder Mensch benutzt ihn sogar. Wenn du etwas tun willst, beispielsweise Blumen giessen, geht dieser Handlung ein Gedanke voraus. Es ist der Stoff des Lebens, der jeden einzelnen Menschen befähigt zu denken, zu fühlen und das Gedachte zu tun. Ohne diese Substanz könntest du nicht einmal auf die Idee kommen, zu denken. Jede Funktion deines Körpers und jede Handlung oder Arbeit geschieht durch das bewusste Wirken des geistigen Stoffes. Diese Dinge geschehen nicht zufällig, es sind keine willkürliche und selbstverständliche Handlungsabläufe. Doch wenn du über den ICH BIN-Stoff hin und wieder nachdenkst, wird dir das helfen, die Begrenzungen in deinem Gehirn aufzuheben. Denn dadurch lenkst du die Aufmerksamkeit auf das ICH BIN und hältst sie dort. Das bringt wiederum den Stoff in Schwung, der die irritierte Lichtteile in deinem menschlichen Denken und Fühlen einfach so zum Verschwinden bringt.
Den Erfahrungen von unseren aufgestiegenen Brothers and Sisters nach, ist das ICH BIN der einzige und der direkteste Weg, um die Zusammenhänge des Lebens zu verstehen, weiterzukommen und sämtliche Fehlschwingungen auszugleichen. Es gibt für den Menschen nichts Wichtigeres, als

den bewussten Gebrauch des ICH BIN-Stoffes, denn er wendet dadurch auch die übrigen kosmischen Prinzipien an und bringt somit den Schöpfungsvorablauf in Gang.

Was viele Menschen etwas irritiert, ist, dass das ICH BIN eine bewusste Gegenwart ist und keine Person und dass es am menschlichen Denk- und Liebesvermögen liegt, diesen beflügelnden Stoff zu gebrauchen. Den Stoff Gottes zu gebrauchen bereitet jedoch einigen Kopfzerbrechen, was bei den vielen Irrtümern nicht verwunderlich ist. Bereits Goethe pflegte zu sagen: «Man muss das Wahre immer wiederholen, weil auch der Irrtum um uns herum immer wieder gepredigt wird. Und zwar nicht von Einzelnen, sondern von der Masse.»

Damit du den Stoff unbeirrt anwenden kannst, durchleuchten wir den Irrtum: Die Polarität ist die Abwesenheit von Liebe, Licht und Wärme. Aber wo Dunkelheit ist, ist auch das Licht und die Liebe. Die Liebe ist die Wahrheit, die hinter dem illusorischen Schleier wirkt, und die Liebe drängt immer in Richtung Licht. Es liegt in der Natur der vollkommenen Gegenwart, dass sie alles, was in der Polarität nicht in diese Richtung schwingt, in Harmonie bringen will. Wenn beispielsweise in einem stockdunklen Raum Licht durch eine Luke hineinströmt, durchbricht der Lichtstrahl die Dunkelheit und es wird heller. Die Dunkelheit kann in einem hellen Raum jedoch keinen Schatten werfen.

Der Rhythmus der Liebe kann nicht anders, der Beat ist immer in Einklang mit dem Bewusstsein des höchsten ICH BIN-Geistes und muss alles in die goldene Mitte bringen, was nicht mehr in Harmonie schwingt. Dieser Schwingungsfluss zwischen Raum und Zeit wird aber ständig unterbrochen, was störend ist, denn der intelligente Geist würde das Erdachte sonst verwirklichen.

Warum der Fluss bei manchen Menschen in die falsche Richtung läuft oder gänzlich versickert, hat viele Ursachen. Ein weit verbreiteter Grund ist das komische Gefühl, dass viele Menschen haben, wenn sie ICH BIN sagen. Als ob das Aussprechen der Worte nicht der Wahrheit entspräche. Solche Worte dürfen schliesslich nur auserwählte Menschen, wie Jesus, der als Heiliger unbefleckt gezeugt wurde, aussprechen. Aber das ist ein Irrtum, nicht nur die unbefleckte Zeugung. Tatsache ist, Gott gab uns den ICH BIN-Stoff, damit wir von ihm Gebrauch machen. Wenn du die Worte ICH BIN denkst oder aussprichst, anerkennst du die Wahrheit, denn du rufst durch die Worte den Stoff in dich an, der dich belebt. Es ist dieselbe ICH BIN Substanz am Wirken, wenn du ICH BIN denkst.

Ein weiterer Grund ist, dass der Zweifel an die eigene Fähigkeit und in die Macht der höchsten Gegenwart die Erfüllung störte, bis man enttäuscht und frustriert das Ganze für Quatsch erklärt. Das deine Wünsche und Ziele nicht erschienen sind, sollte dich nicht abhalten, die Gesetze Gottes bewusst zu beanspruchen. Der Soff der Liebe wirkt immer und hat auch bei dir immer gewirkt. Daran wird sich nie etwas ändern. Es ist ein unveränderliches Naturgesetz. Je mehr du das kosmische Prinzip des Lebens verstehst, umso klarer werden dir die Gründe, warum sie nicht erscheinen konnten.

Das etwas irritierende an dem Stoff, und was gerne missverstanden wird, ist: Wenn du ICH BIN sagst, so ist nicht deine Ich-Persönlichkeit als Mensch gemeint, sondern die höchste ICH BIN-Gegenwart, die in deinem Herzen ist und durch dich wirkt. Nicht du vollbringst die Wunder, sondern das ICH BIN in dir, das du durch das bewusste Denken und Fühlen beanspruchst und benutzt. Trotzdem hast du durch die Benutzung des ICH BIN-Stoffes die volle Macht über das, was du dir erwünschst und über das, was dich unzufrieden macht und dich belastet. Gott ist die höchste Liebe, wenn du ICH BIN denkst oder sagst, sprichst du in der Gegenwart, und wenn du im Hier und Jetzt bist, so bist du in der Gegenwart der höchsten Liebe. Durch das bewusste ICH BIN-Denken sitzt DU auch am Steuer und nicht nur dein Verstand allein und lenkst den göttlichen Stoff in die Richtung, wo sie wirken soll. Schliesslich dient dir dein Verstand als dein Fokus. Sobald du Gott als die Macht in dir anerkennst, die lenkt, bringt und erhält und diese Kraft als deine eigene beanspruchst, beginnst du ein wahrer Schöpfer/wahre Schöpferin deiner Realität zu werden.

Das hat nichts mit Blasphemie zu tun. Solche Irrtümer wurden und werden gepredigt, damit wir nicht auf den ICH BIN-Geschmack kommen. Denn selbstdenkende und -handelnde Menschen sind nicht mehr lenk- und kontrollierbar. Einige Spiele würden auch nicht mehr so reibungslos funktionieren, wenn die Menschen wüssten, was für befreiende Auswirkungen das ICH BIN auslösen kann. Gott wünscht sich für seine ebenbürtigen Kinder nur eines; dass wir Menschen unser ICH BIN-Denken und -Fühlen in Übereinstimmung bringen, und das ICH BIN bewusst beanspruchen, bis unsere Gedanken und Gefühle mit der höchsten Gegenwart übereinstimmen.

Das ist der einzige Wille, den wir erfüllen dürfen. Saint Germain meint, ich sollte noch «müssen» hinzufügen. Seiner Ansicht nach ist es wichtig, diese Wahrheit zu betonen.

Was auch betont werden darf, ist, dass wir bereits die ganze Zeit unser göttliches ICH BIN beanspruchen. Wir denken nonstop irgendwelche Gedanken mit den entsprechenden Gefühlen und bringen dadurch die kosmischen Spielregeln in Schwung. Es ist uns noch nicht klar geworden, dass wir durch unser negatives Denken und -Fühlen die unangenehmen Wiederholungswellen erschaffen und Ersehntes nicht erhalten. Wenn wir schon von Blasphemie sprechen, so ist genau das meiner Ansicht nach Blasphemie, denn das aktuelle menschliche Denken und Verhalten entspricht nicht dem göttlichen Wunsch (Willen).

Es ist dasselbe ICH BIN gemeint, wenn der Pfarrer in der Kirche zu den Schäfchen predigt: „Jesus sagte: «ICH BIN das Licht und der Weg»." Nur glauben die Schäfchen irrtümlicherweise, dass die Person Jesus mit gemeint ist und nicht das göttliche ICH BIN, das in der Seele eines jeden Menschen wirkt. Die Oberhäupter der christlichen Wissenschaft und anderen Religionen, haben Jahrtausende lang die ursprünglichen Lehren über das Gesetz der Geistigkeit jammervoll verdreht und personifiziert. Gott wurde zu einem Mann mit einem langen weissen Bart degradiert, an den man eher aus Furcht glaubt, statt aus Liebe. Mich wundert es daher nicht, dass so einige die Existenz von PAPS und MAM anzweifeln. Jesus war auch kein Heiliger. Der Heiligenkult ist eine menschliche Erfindung. Jesus war ein Mensch von hohem Bewusstsein, was nicht zufällig geschah. Er hatte in seinen Lifetimes als Frau und als Mann, einfach nur erkannt und getan, vor allem hat er geübt. Schliesslich macht die Übung den Meister.

Es ist immer die gleiche Energie, die in Schwung kommt und wirkt. Es kann unmöglich eine andere energetische Kraft wirken. Der Unterschied der Wirkungsweise liegt darin, mit welchen Eigenschaften die Energie geladen ist. Meistens wird sie gedankenlos, unbewusst, manchmal bewusst, mit negativen Gedanken versehen. Entsprechend den Gedanken werden die Resultate sein. Gott ist also vollkommen unschuldig. Er vollbringt nur das, was du denkst und worauf das kollektive Bewusstsein seine Aufmerksamkeit richtet. Es liegt am menschlichen Denken und Fühlen, ob der göttliche Stoff mit vernichtenden oder aufbauenden Eigenschaften geprägt ist. Wenn die Eigenschaften und Werte nicht im Einklang mit der Liebe sind, verursachen sie ein Ungleichgewicht, das nach den 7 kosmischen Prinzipien wieder ausgeglichen werden muss. Der Aussender dieser Eigenschaften wird den Ausgleich irgendwann als Opfer am eigenen Leib erfahren.

Die vollkommene Liebe kann nicht anders, du bist ein anderes DU-Selbst von unseren Ureltern das durch dein Denken wirksam wird. In diesem Sinne ist es nicht Gott, die dein Schicksal, dein Schlamassel und das Durcheinander auf der Erde erschaffen hat. Der Ausgangspunkt allen Lebens erfährt vielmehr, durch das Denken und Fühlen der Menschen, sich selbst. Es ist illusorisch zu denken: „Gott, warum lässt du das Schreckliche auf der Welt zu?", „Womit habe ich das verdient?" oder „Warum tust du mir das an?", wenn ein Mensch nicht bekommt, was er sich wünschte, nicht mehr hat, was er erbat und nicht mehr loswird, was ihn belastet. Der Glaube, dass Gott über das Leben eines Menschen und über den Aufstieg und Untergang eines Landes und einer Kultur bestimmt, geistert in vielen Köpfen herum, jedoch ist das eine Illusion und kann unmöglich wahr sein. PAPS und MAM erkennen lediglich durch das Denken und Fühlen ihrer Ebenbilder sich selbst. Wir Menschen sind ein individualisierter, fantastischer, sichtbar gewordener Gedanke unserer göttlichen Ureltern, mit der gleichen Macht und demselben freien Willen ausgestattet. Gerade weil wir durch unseren freien Willen selber wählen können, haben wir alleine zu entscheiden, was wir in unserm Leben erleben. Durch den freien Willen lenkt das menschliche Bewusstsein die Energie dorthin, wo sie wirken soll.

Sobald du beginnst, dich etwas mehr mit dem ICH BIN zu beschäftigen, wirst du bald ahnen, was für eine grosse Kraft in diesen Schöpferworten steckt. Du kannst nicht lange ICH BIN-Denken, ohne schon bald die Wirkung des ICH BIN- Stoffes in dir zu spüren. Meinen Erfahrungen nach, können auch die ungeübten durch ihr bewusstes Denken, und vor allem durch das Halten der Aufmerksamkeit auf die Gedanken und Gefühle, in wenigen Wochen erfreuliche Ergebnisse bewirken. Wenn du beispielsweise über den Gedanken «ICH BIN die ICH BIN Gegenwart» nachdenkst, erfasse mit Herz und Verstand, was die Worte in ihrem wahren Sinne bedeuten. Versuch dir klar zu machen, dass du in dir die höchste elektrische Schwingung in Schwung bringst, wenn du über das ICH BIN nachdenkst. **E = mc²** geschieht in jeder Sache, mit jedem Ding und jedem Menschen, worauf sich dein Denken und Fühlen richtet, selbst wenn dir das nicht so ganz bewusst ist.

Bevor ich auf das ICH BIN genauer eingehe, beamen wir uns in der Fantasie auf die rein geistige Ebene, dorthinauf, wo das Spiel des Lebens seinen Lauf nahm.

DU – die clevere Seele und deine 13 Körper

Sind wir alle mit unseren Körpern und sämtlichen Eingeweiden oben angekommen? Super, das hat ja prima geklappt! Jetzt wirst du durchleuchtet! Du weisst noch nicht genug über dich. Vorher rufen wir uns den Sinn des Selbsterkennungsspiels nochmals kurz in Erinnerung: Im rein geistigen Zustand (bevor es ein ICH und DU gab) war das Erkennen nicht möglich. Das Licht kann sich nicht selbst erkennen, da alles auf dieser Ebene voller Licht ist. Aber der abenteuerlustige ICH BIN-Geist wollte mehr, nämlich sich selbst erkennen. Um dies zu ermöglichen, brauchte es ein Gegenüber, ein Gegenteil von Licht und Liebe. Vor lauter Liebe und Verlangen knallte es schliesslich und da waren sie, seine Ebenbilder. Als göttliches individualisiertes ICH, ausgestattet mit einem eigenen Bewusstsein, ist dir der Sinn des Spiels völlig klar. Aber mit der Zeit hast du all das komplett vergessen.

Die 7 kosmischen Seelen- und Persönlichkeits-Strahlen

Doch bevor du mit dem Selbsterkennungsspiel im Spiel des Lebens loslegen konntest, mussten weitere wichtige Massnahmen vorgenommen werden. Um dir dies zu veranschaulichen, werde ich deine Fantasie anregen:
Stelle dir Gott als eine Torte vor. Durch den Liebes-Knall ist aus der Torte eine etwas andere Torte geworden. Gott teilte sich aus Liebe in 7 Seins-Aspekte aus denen wir entsprungen sind. Das war die erste Massnahme. Nun konnten die weiteren Massnahmen vorgenommen werden. Stelle dir vor, jedes Tortenstück symbolisiert eine bestimmte Farbe, bestimmte Seins-Aspekte und -Qualitäten des «Mutterkuchens». An dieser Stelle möchte ich dir die 7 göttlichen Tortenstücke kurz vorstellen, damit du die Beispiele im Folgen den besser nachvollziehen kannst:

1.Tortenstück: «Kraft» – enorme Durchsetzungskraft, Führungsqualitäten, weitsichtiges und grossherziges Erfassen universaler Fragen, Diplomatie, Demut, Geduld, Zartheit, Mitgefühl, Toleranz.

2. Tortenstück: «All-Liebe» – Mitgefühl, Nächstenliebe, grosse Liebesfähigkeit, dienend, klarer Verstand und Urteilsvermögen, Geduld, Gelassenheit, Aufrichtigkeit, hohe Vorstellungsvermögen, Intuition.

3. Tortenstück: «Verbindung zwischen Intellekt und Intuition» – enormes Wissen über Heilung, verbindet Getrenntes, Barmherzigkeit, Wärme, Zuverlässigkeit, Geduld, Verantwortungsbewusstsein.

4. Tortenstück: «Mensch-Sein» – grosse Fähigkeit, Menschen miteinander zu verbinden und aufzuklären, heilerische Fähigkeiten, Genauigkeit.

5. Tortenstück: «Kreativität» – Ideenreichtum, Umsetzungskraft, erfinderisch, Ehrlichkeit, Aufrichtigkeit, Gerechtigkeit.

6. Tortenstück: «Mut» – Hingabe, Liebe, Treue, Aufrichtigkeit, Mut, Opferbereitschaft, wahrheitsliebend, Heiterkeit.

7. Tortenstück: «Transformation» – kraftvoll, Stärke, Höflichkeit, Selbstvertrauen, Weisheit, Organisationstalent.

Zu einem der 7 Tortenstücke fühlst du dich besonders hingezogen. Wahrscheinlich, weil du bei der Explosion besonders viele von diesen bestimmte Seins-Aspekten und Qualitäten Gottes abbekommen hast. Du und viele andere Seelen entspringen einem ganz bestimmten Stück der Torte, daher seid ihr so etwas wie «Seelenverwandte». Wenn die Seele ihren physischen Körper verlässt, schwirrt sie auf die geistigen, spirituellen Unterebene ihres Tortenstücks zurück, die ihrem Reifungsgrad entspricht.

Die Qualitäten und Seins-Aspekte dieses Tortenstücks bilden die Basis für deine Leben und diese nimmst du mit als deinen «Seelenstrahl». Einer der 7 kosmischen Strahlen ist also dein Seelenstrahl und bestimmt dein Wesen. All die Seins-Aspekte deines Seelenstrahles will deine Seele im Laufe ihres Daseins als Mensch zum Ausdruck bringen.

Damit dir das in einem menschlichen Körper möglich ist, wählst du dir zusätzlich einen «Persönlichkeitsstrahl» aus, der dich dabei unterstützt, deinen Seelenstrahl als Ich-Persönlichkeit auf der Erde zum Ausdruck zu bringen. Über deinen Persönlichkeitsstrahl drückt sich dein Verstand (Ego) aus und über deinen Seelenstrahl dein wahres Selbst. Beide zusammen im Gleichgewicht zu leben bedeutet, das relative Ich mit dem absoluten ICH BIN in einer ausgewogenen Verbindung auf der Erde zu leben. Den Persönlichkeitsstrahl wechselst du wieder, je nachdem, was für Erfahrungen und Aufgaben du dir für eine neue Inkarnation aussuchst. Dein Seelenstrahl ist der führende Strahl, diesen behältst du in der Regel bei.

Schauen wir uns kurz die Wahl des Persönlichkeitsstrahls genauer an: Stell dir vor, deine Seele entspringt dem Tortenstück «Transformation» (7. Strahl). Als Seele ist es dir ein Anliegen, im Laufe deiner irdischen Leben neue Impulse zu bringen, um das Bewusstsein zu fördern, und verantwortungsbewusst zum Wohle aller Menschen zu dienen.

Nehmen wir an, du hast den Seins-Aspekt «Mut» (6. Strahl) als Persönlichkeitsstrahl ausgewählt. Denn die Qualitäten dieses Strahles unterstützen dich, mutig zu dir selbst zu stehen, gewisse Dinge zu hinterfragen, zu konfrontieren, anzusprechen und zu meistern sowie notwendige Erneuerungen auf der Erde zu erreichen. Deshalb wählst du einen Strahl, der deine menschliche Persönlichkeit dabei unterstützt, deine Seele als Mensch zu sein, damit sie die Erfahrungen und Aufgaben verwirklichen kann.

Menschen, die mit dem Seelenstrahl «Transformation» und dem Persönlichkeitsstrahl «Mut» unterwegs sind, bringen sämtliche Qualitäten mit, um mutig gewisse Dinge anzusprechen, hervorzuheben und anzugehen, damit eine Wandlung im eigenem Bewusstsein und im Massenbewusstsein geschehen kann.

In der Polarität kann es vorkommen, dass du durch die Trübung des Bewusstseins den Persönlichkeitsstrahl in seinen gegenteiligen Qualitäten lebst. Beispielsweise: Mutlosigkeit Blindgläubigkeit, Schwermütigkeit, Selbstsucht, Voreingenommenheit, strenge Förmlichkeit.

Menschen, die den 2. Strahl (All-Liebe) als Seelenstrahl haben, sind mit eine starken Persönlichkeit gewappnet. Sie würden sonst in der Polarität, die das Gegenteil von Liebe ist, untergehen. Sie sind, wie die Seele, die als Jesus ihre letzte Verkörperung durchlebte, das Schwert der Wahrheit und auf der Erde, um die All-Liebe zu vermitteln. Ihr Wesen ist daher sensibel und wahrheitsliebend, und je nach Persönlichkeitsstrahl sehr rebellisch, zielstrebig, willensstark und konsequent. Jesus war so ein mutiger Rebell, denn sein Persönlichkeitsstrahl war der 6. Strahl. Diese Menschen bereiten zusammen mit den anderen Lichtrebellen den Boden vor, damit die Seelen inkarnieren können, die den 7. Strahl als Persönlichkeitsstrahl gewählt haben. Wenn der Boden für diese Seelen bereit ist. Diese inkarnierten Seelen sind nicht zum Aufhalten. Sie brauchen daher Starke und selbstdenkende Eltern, aber die müssen erst geboren werden.

Die 7 kosmischen Strahlen wirken zusammen mit den 7 kosmischen Prinzipien auf jeden einzelnen Menschen sowie auf das Massenbewusstseins ein. Selbst auf die Materie (1. Strahl), auf die Pflanzen (2. Strahl) und die Tiere (3. Strahl). Die ersten 3 Strahlen bildeten den Boden, damit die Seelen durch den 4. Strahl das Menschsein erfahren können. Der 4. Strahl unterstützt jeden einzelnen, ein wahrer Mensch zu werden. Daher deckt dieser Strahl so einiges unmenschliche auf, im Kleinen, wie im Grossen. Der 5. Strahl sorgt für die Umsetzung der kreativen Launen der Natur, er macht die Vielfalt auf Erden möglich. Diese Strahlenqualität unterstützt jeden einzelnen Menschen, ihre Kreativität, Möglichkeiten und vorgenommenen Aufgaben umzusetzen und zu leben, was hin und wieder Mut (6. Strahl) braucht, damit eine Transformation (7. Strahl) stattfinden kann.

Die ganze Menschheit und der ganze Planet sind durch die Einwirkungen der Strahlen in «Bewegung». Die 7 kosmischen Strahlen decken alles auf was nicht auf Liebe aufgebaut ist, damit ein Wandel in allen Bereichen geschehen kann. Manchmal muss etwas erst so richtig wehtun, dass die Bereitschaft für notwendige Veränderungen aufgebracht wird. Eigentlich schade, denn die Möglichkeiten Veränderungen anzugehen, bevor sie so richtig wehtun, wurden immer wieder geboten. «Wer nicht hören will, muss fühlen», sagt ein weises Sprichwort.

Es kommen immer mehr Wahrheiten ans Tageslicht. Auf der ganzen Welt merken die Menschen, dass etwas an dem faul sein muss, was man ihnen weismachen will. Überall kommen Dinge an die Oberfläche, die sie zum Denken anregen oder die Galle zum überschwappen bringen. Aber die wissenden Lichtrebellen erheben nicht ihre Faust und verbreiten Wutwellen, um Himmels willen! Sie wissen, was sie damit wieder anrichten.

Ich finde es sehr hilfreich, den eigenen Seelen- und Persönlichkeitsstrahl zu kennen. Damit du deine Strahlen selbst er-
fühlen kannst, zeige ich dir ein einfaches Spiel: Öffne in Gedanken dein feinstoffliches Herz und denke: „ICH BIN mein
Seelenstrahl." Stell dir vor, du atmest ihn ein. Dein Seelenstrahl zeigt dir auf irgendeine Art und Weise deine Qualitäten und Seins-Aspekte auf. Vielleicht kommen dir die Impulse beim Zähneputzen, vielleicht wirst du auf ein bestimmtes Wort, eine bestimmte Farbe, eine Zahl aufmerksam, oder du gehst auf einmal gewisse Dinge ganz anders
an. Dasselbe machst du mit deinem Persönlichkeitsstrahl.
Selbst wenn du dir nicht sicher bist, welche Strahlen dich
ausmachen, genügt es vollkommen, an die beiden zu denken und dich mit ihnen zu verbinden. Sie unterstützen dich
trotzdem bei all deinen Aufgaben und Verwirklichungen. Die
Qualitäten deiner beiden Strahlen werden immer mehr zum
Vorschein kommen. Neben deinem Seelen- und Persönlichkeitsstrahl unterstützen dich, je nach Lebenssituation, die
anderen kosmischen Strahlen bei deinem Weiterkommen.
Schauen wir uns nun die weiteren Massnahmen an, die notwendig waren, um das Spiel des Lebens überhaupt erfahren
zu können.

Die 13 Körper

Stell dir wieder dein Tortenstück vor. Von Gott bestens ausgerüstet, beamst du dich zum Ausgangstor deines Tortenstücks. Dort werden deine zwölf unsichtbaren Körper vorbereitet. Das ist eine sehr wichtige Massnahme. Diese feinstofflichen Körper machen dein multidimensionales Geist-
wesen aus. Deine 12 Körper, inklusive dein 13. sichtbarer
Körper, besitzen, vielleicht ahnst du es schon, ebenfalls sieben Unterebenen unterteilt und diese wieder in sieben Unterebenen, diese sind abermals usw.

Die 7 bildet die Mitte deiner 13 Körper. Die Körper fünf bis sieben sind so etwas wie Vermittler und Verbindungskörper zwischen deinen unteren Körpern (Physischer-, Energie /Äther-, Emotional-, Mental- und Spiritual-Körper) und den höheren Körpern acht bis zwölf. Im Folgenden stelle ich dir die 13 Körper kurz vor.

Der physische Körper ist je nach Ansicht der 13. oder der 1. Körper. Der Einfachheit betrachten wir hier den physischen Körper als den 1. Körper, und den Energiekörper als 1. Feinstoff-Körper.

Der 1. bzw. 13. Körper ist der sichtbare Ausdruck unserer Seele. Er ist der Körper, in dem schlussendlich die Schwingungen der Gedanken und Gefühle, die im Mentalkörper und Emotionalkörper produziert werden, sichtbar werden.

Der 1. feinstofflicher Körper, der Energiekörper/Ätherkörper, ist der Körper, der den physischen Körper umhüllt und durchdringt, ihn kontrolliert und seinen Zustand bestimmt. Der Energiekörper versorgt den sichtbaren Körper mit dem Stoff der Liebe und ist für die Gesundheit sehr wichtig.

Der 2. feinstoffliche Körper, der Emotionalkörper, ist der Körper der Emotionen. In ihm werden die Gefühle produziert, die den Gedanken entsprechen. Der Emotionalkörper reagiert stark auf Schwingungen, die durch Erinnerungen, Gedanken und andere Einflüsse ausgelöst werden.

Der 3. feinstofflicher Körper, der Mentalkörper, ist der Körper, der die Gedanken, Vorstellungen und Bilder erzeugt. Der Mentalkörper ist nicht dazu gedacht, alles verstehen und lernen zu müssen. Gewisse Dinge kann er nur in Verbundenheit mit dem physischen,- emotionalen,- oder spirituellen Körper verstehen und lernen.

Der 4. feinstofflicher Körper, der Spirituelle Körper, ist deine ICH BIN Gegenwart, dein innerstes Wesen, jener Geistesfunke, welcher dem Höchsten vollkommen gleich ist. Dieser Körper ist die Verbindung zu deinem wahren Selbst und zu der höchsten Gegenwart.

Als **geistige** Wesen brauchen wir die unteren Körper, damit wir als **Seele** in einem **menschlichen Körper** das Selbsterkennungsspiel spielen können. Du wirst erst dann zum Meister/Meisterin, wenn du die unteren Körper in vollkommener Harmonie bringst. Das Selbsterkennungsspiel fordert dich als erstes heraus dich nicht mit deinem Körper, deinen Gedanken und deinen Gefühle zu identifizieren, sondern mit dem ICH BIN-Geist, dein wahres Selbst.
Deine unteren Körper können in der Polarität durch das Vergessen eine Eigendynamik entwickeln und dich als Spielball benutzen, wenn du dich nicht wieder erinnerst, dass du ihre Meisterin beziehungsweise ihr Meister bist. Das bedeutet zu erkennen, dass du nicht der Mentalkörper (Verstand) bist, der im mit allen Tricks versucht dir weiszumachen: „Ich bin hier der Chef!". Deine Aufgabe ist in diesem Fall, dich in Unterscheidungsvermögen zu üben und darauf acht zu geben, dass DU den Verstand benutzt und nicht er dich.

Die **feinstofflichen Körper 5 bis 7** sind Vermittlerkörper zwischen den unteren Körpern und den höheren Körpern. Ihre Aufgabe ist es, die kosmischen Energien zu filtern, damit der physische Körper diese Energie umsetzen und nutzen kann.

Der 8. Körper sorgt dafür, dass der physischen Körper mit Seelenenergie versorgt wird, damit der physische Körper transformiert werden und die höchste Schwingung erreichen kann.

Der 9. Körper ist der Körper der Erweiterung. Er sprengt die Grenzen in deinem Verstand und erweitert das Denk- und Vorstellungsvermögen sowie die (über)natürlichen Sinne.

Im 10. Körper herrscht eine ausbalancierte Einheit zwischen den männlichen und weiblichen Aspekten, denn es ist der Körper ausserhalb der Polarität und hilft, deine innere Frau und deinen inneren Mann im Polaritäts-Chakra ins Gleichgewicht zu bringen.

Der 11. Körper ist der Körper der Selbstheilung und Heilungskraft. Er bezieht sich auf die Vermittlerkörper 5-7, die eine direkte Einwirkung auf das Organ-, Drüsen- und Hormonsystem haben. Der 11. Körper versorgt den Energiekörper, alle feinstofflichen Energieräder (Chakren) sowie den sichtbaren Körper mit dem göttlichen Stoff.

Über den 12. Körper stehst du in ständiger Verbindung zu deinem Ursprung (Tortenstück). Er stärkt das Urvertrauen und die Verbindung zum Ursprung, und steckt voller Weisheit.

Die 13 Körper kannst du dir etwa so vorstellen: Kennst du die berühmte, russische Schachtelpuppe Matroschka? Die grösste Schachtelpuppe besteht aus 13 und die kleinste aus 4 Puppen. Wenn du die grösste Puppe öffnest, ist darin eine weitere Puppe versteckt und wenn du diese Puppe öffnest, ist darin eine noch kleinere Puppe zu finden und darin noch eine kleinere usw. Am Ende ist eine ganz kleine Matroschka-Puppe übrig. Stell dir nun Folgendes vor: Die letzte und kleinste Puppe ist das, was wir Menschen schlussendlich sehen können – der physische Körper. Das Endresultat eines gewaltigen Schöpfungsprozesses. Jetzt stecken wir die kleine Puppe in die nächstgrössere Puppe (Energie- Ätherkörper). Nun ist die Puppe etwas grösser geworden. Alle weiteren Puppen bilden die nächsten feinstofflichen Körper, wie den Emotional-, den Mental-, den Spiritual-Körper, die Vermittlerkörper 5 bis 7, anschliessend die höheren Körper 8 bis 12. Am Ende zeigt sich die Matroschka Puppe in ihrer vollen Grösse.

Kannst du dir vorstellen, wie gross wir tatsächlich sind und dass der 13. Körper nur ein winziger Punkt im grossen Ganzen ist? Und alles Leben von dieser reinen, göttlichen Substanz belebt, durchströmt und beseelt wird, die wir unter Bezeichnungen wie Licht, Geist, Energie, Liebe, Bewusstsein und ICH BIN kennen? Vielleicht hat der eine oder andere Verstand noch etwas Mühe mit der Vorstellung. Das macht aber nichts, wir haben ja keinen Stress.

Übrigens; die wunderschöne, bunt bemalte, russische Puppe heisst nicht zufällig Matroschka. In ihrem Namen ist das Wort «Mutter» bzw. «Matriarchat» zu erkennen, aus dem lateinischen «Madre». Es symbolisiert den weiblichen Aspekt Gottes, die Göttin, die jede Schöpfung sichtbar macht, die Leben schenkt und das Leben nährt.

BIG MAMA und PAPA sorgten also dafür, dass du nicht «fällst» und nicht gleich total schockiert bist, wenn dir durch die Polarität das Gegenteil der superintelligenten Liebe offenbart wird. Mit deiner Schöpferkraft, deinem Seelen- und Persönlichkeitsstrahl und deinen zwölf feinstofflichen Körpern bist du jetzt perfekt ausgerüstet.

Der 13. Körper, wird, sobald es zwischen deinen auserwählten Eltern einen Knall gegeben hat, im Bauch deiner Mutter gebildet.

Bevor du absteigst, wirst du allen Ernstes gefragt, ob du das Spiel der Selbsterkenntnis, das du selbst gewählt hast zu, wirklich leben willst. Tatsächlich schaust du nochmals hin. Du siehst alles Schlechte und Gute, das Laster, das dich packen wird, die Irrtümer, die dich gefangen halten werden und in welchen Illusionen du dich verfangen wirst. Du erkennst die Seelen, mit denen du das Gewählte erfährst. Du siehst, dass du bluten wirst. Du siehst, wie du dich aus der Menschenpein herausentwickelst und als ICH BIN-Mensch denkst. Du siehst, dass dir von anderen, etwas reiferen Mitspielern dabei geholfen wird. Du siehst andere, die tüchtig mithelfen – so wie dieses freundliche Geschöpf, das gerade neben dir steht und dir soeben die lustige Frage gestellt hat, ob du das alles wirklich leben willst. „Natürlich will ich! Was für eine Frage." Du beisst in den Apfel und los geht's.
Vielleicht schlucken wir auch eine Pille. Auf die Idee kam ich nachdem ich den Film «Matrix» gesehen hatte. Im Film werden einem jungen Mann zwei mysteriöse Pillen, eine blaue und eine rote, angeboten. Ich stelle mir die unglaublichsten Dinge vor, wenn ich solche Geschichten höre und sehe. Meine Fantasie geht dann voll mit mir durch.
Stell dir mal in deiner Fantasie diese Geschichte vor: Unterwegs fängt die «Apfelpille» an zu wirken. Mehr und mehr fällst du in einen dämmerigen Zustand, so als würdest du träumen. Alles um dich herum ist so schön lichtvoll und bunt und wunderschöne Klänge begleiten dich. Du weisst noch, wer du bist, doch irgendwie wird der Schleier immer dichter und alles um dich herum wird dunkler.

Von der geistigen Ebene deines Tortenstücks, hinein in deinen Lichtkörper (die Summe all deiner Körper), macht dich, ein Körper nach dem anderen, bei deinem Abstieg immer dichter, je tiefer du in die Polarität eintauchst. Dein spiritueller, dein mentaler, dein emotionaler und dein Energiekörper bilden deine vier letzten feinstofflichen Körper. Diese Körper sind mit den 7 unteren Hauptenergiezentren verbunden. Sie sind deine wichtigsten unsichtbaren Körper und Zentren, um als Seele in einem menschlichen Körper alle Ebenen des Menschenbewusstseins meistern zu können.

Sobald dein 13. Körper nach einer bestimmten Reifungszeit im Bauch deiner Mutter keinen Platz mehr hat, wirst du «hineingeboren» und endgültig mit deinem sichtbaren Körper verbunden. Auf einmal befindest du dich in einem sehr kleinen und zarten Körper, das perfekte Endresultat einer genialen Schöpfungsidee.

Autsch! Schon fühlst du einen kleinen Schmerz auf deinem sichtbaren, zarten Po. Womöglich beklagst du dich laut. Leider nicht deutlich genug für die anderen. Das könnte dich ärgerlich machen. Stell dir weiter vor: Du weisst noch, wer du bist und woher du kommst. Das willst du auch gleich deinen beiden auserwählten Mitspielern klarmachen, um eventuelle Missverständnisse zu vermeiden. Nur, dein kleiner Babykörper ist dazu nicht wirklich im Stande. So ein weicher Babykörper lässt dich gewisse Erfahrungen noch nicht machen. Aber du willst loslegen und deine Erfahrungen sammeln.

Schauen wir uns nun deinen sichtbaren Körper genauer an! Er ist das Endergebnis einer perfekt ausgedachten Schöpfung von PAPS und MAM. Das kann also nicht irgendetwas Zerbrechliches sein, das gleich beim ersten Aufprall kaputtgeht. Ich bin jedes Mal begeistert, wenn ich mir einen Körper ansehe, innen wie aussen. Die unfehlbare Intelligenz, die dahintersteht. Alles am und im Körper wurde bis aufs kleinste Detail perfekt durchdacht. Das Prinzip ist immer das gleiche. Aber die Formen und gewisse Defekte, die dein sichtbarer Körper annehmen kann, hast du gewählt. Wie der Wille, so das Denken. Alles, was du als Seele und als Mensch mit allen Körpern und auf allen drei Ebenen erschaffen hast, war dein Gedanke und deine Wahl. Ich nenne es «Ma Création».

Für jedes neue Leben bekommst du einen nigelnagelneuen sichtbaren Körper. Selbst dann, wenn du ihn selber kaputt machst, sei es auf die schnelle Tour oder auf die langsame. Deinen sichtbaren Körper brauchst du aber um voranzukommen. Dazu musst du ihn einsetzen. Am besten mit der Hilfe deiner anderen Körper.

Der sichtbare Körper wird von deinem unsichtbaren Energiekörper mit kosmischer Energie versorgt. Die kosmische Energie kommt von «oben» (Geist) und von «unten» (Mutter Erde). Sie fliesst ständig durch alle deine Körper hindurch. Der Energiekörper filtert ein allerletztes Mal die kosmische Energie für deinen sichtbaren Körper, damit er keinen Stromschlag erleidet. So ein Geistesblitz könnte dich ohne Filterung glatt umhauen.

Im Energiekörper befinden sich, ähnlich wie beim menschlichen Nervensystem, Millionen «Energiebahnen» (Meridiane), dicke, dünne und ganz feine. An einigen Stellen kreuzen sich die Bahnen und bilden grosse, kleine und ganz kleine Energieräder (Chakren), die alle miteinander verbunden sind. An manchen Bahnen und Energierädern sind im Laufe der Zeit durch dein Denken und Fühlen Dellen, Unterbrechungen und Störungen entstanden.

In die kleinsten Rädchen, die sogenannten Akupunktur-Punkte, stechen gewisse Menschen feine Nadeln hinein oder drücken drauf rum, um die Unterbrechungen, Dellen und Störungen zu beheben. Die Energieräder und Bahnen sind also wichtig, damit die Energie in den Bahnen frei schwingen kann und du an Körper, Geist und Seele gesund bleibst. Die magische Zahl 7 spielt auch in jeder deiner grossen Energieräder wieder mit, sie besitzen ebenfalls sieben Unterebenen und diese sind wieder in sieben Unterebenen unterteilt und diese abermals usw. Mit jedem Erdenleben sammeln sich in den Ebenen deiner Körper und Energierädern die verschiedensten Muster an. Die machen dich schwerer als du sein müsstest.

Wenn du dich in deinem sichtbaren Körper nicht mehr weiterentwickeln kannst, verlässt du ihn. Dabei wirst du immer leichter und leichter, die Spreu trennt sich nun vom Weizen. Alle angesammelte Spreu – die schwersten Gedanken- und Gefühlsenergie-Anteile, bleibt als Energieform auf den unteren geistigen, mentalen Ebenen zurück. Diese Anteile waren zu schwer, um sie mit den anderen Erkenntnissen mitzunehmen. Jede mitgenommene Erkenntnis war eine Erfahrung, durch die du (der edle Weizen) dich als göttliches Wesen erkanntest. Diese Erkenntnisse und Erfahrungen bestimmen deinen Reifegrad. Eine Seele, die im Laufe ihrer menschlichen Verkörperungen durch Erkenntnisse die illusorischen Erscheinungen in der Polarität gemeistert hat, kann dann ihren weiteren Aufstieg ohne menschlichen Körper meistern. Auf der Seelenebene entscheidest du dich, ein neues Leben anzunehmen und steigst wieder in die Illusion hinab. Sobald du in alle deine Körper geschlüpft bist, beginnt das ganze Spiel von vorne: Dämmerschlaf, Baby, Kleinkind, Kind, Teenager usw. In deinem Leben sammelst du Erfahrungen, strebst nach materiellen Werten und verhältst dich auf eine Weise wie die meisten anderen. Wie die meisten glaubst du auch, dass es so richtig ist.

Deine Seele erinnert dich jedoch an dein wahres Ziel. Die Seele ist mit der höchsten ICH BIN-Gegenwart verbunden. Das grosse Energierad (das 7.) über deinem Kopf hat eine Verbindung mit deinem spirituellen- und 12. Körper. Es sendet durch die Verbindung unermüdlich den von der höchsten Liebe empfangenen Geistesblitz an deinen Mentalkörper weiter. In deinem Mentalkörper wohnen dein Verstand, deine Imaginationskraft und dein Denkvermögen. In diesem Körper entstehen deine Gedankengebilde. Das grosse Energierad (das 6.) zwischen deinen Augen ist direkt mit dem Mental- und dem 9. Körper verbunden. In diesem grossen Energierad befinden sich deine Willenskraft, deine Glaubens- und Suggestionskraft sowie deine Ich-Person. Wenn du nicht hinhörst und den Geistesblitz und all die anderen Inputs deiner Seele ignorierst, fühlst du irgendwo im Körper und Gemüt einen Druck. Irgendwann wird dir der Druck ganz schön Dampf machen. Der sichtbare Körper tut dann irgendwo weh und deine Gemütszustände spielen mit dir Ping-Pong.

Gemäss dem Prinzip des Geschlechtes, ist im männlichen Geschlecht das weibliche Prinzip enthalten. Das macht verständlich, dass das Mentale auch fühlen kann. Daher ist beispielsweise «Angst» eine mentale Emotion. Meistens lässt sich ein Mensch von seinem Mentalkörper führen, so läuft eine emotionale Reaktion, zu der er fähig ist, hauptsächlich über den Mentalkörper ab.

Die Gefühle entstehen im Emotionalkörper. Er ist die Verbindung zwischen deinem Herzen und deinem Verstand. Die Gefühle werden durch deine Gedanken, Erinnerungen und

Erfahrungen, durch Düfte, Klänge und andere Reize ausgelöst. Das grosse Energierad (das 3.), das sich um das Zwerchfell herum befindet, ist mit deinem fühlenden Körper direkt verbunden. In diesem Zentrum ist dein «inneres Kind» zu finden, das auch «du» bist. Der Psychoanalytiker Sigmund Freud nannte es das «Unterbewusstsein». In deinem Unterbewusstsein ist alles, was du jemals in deinen Verkörperungen erlebt hast, gespeichert. Das Emotionale unterliegt wie das Mentale, demselben Unterbewusstsein. Die emotionalen Schlussfolgerungen sind oft mächtiger als die mentalen. Wenn du ein Glaubensmuster auflösen willst, funktioniert das nur über den Emotionalkörper. Das Emotionale muss sich daher vom Mentalen unterstützt fühlen. Der Mentalkörper hat die Aufgabe, den Emotionalkörper davon zu überzeugen, dass die gespeicherten illusorischen Glaubensätzen hinderlich sind, dafür die mental erkannten neuen Glaubenssätze sehr hilfreich. Die Gefühle des Emotionalkörpers müssen aber geachtet werden. Das Emotionale muss sich sicher fühlen, dass es trotz den neuen Glaubens-sätzen die du umsetzen willst, für die gegenteiligen Gefühle und Muster geschätzt und geachtet wird, erst dann kann es diese gehenlassen und nach dem neuen Glaubenssatz arbeiten.

Das Zentrum im Emotionalkörper ist die strahlende, innere Sonne (Solarplexus). Über dieses Zentrum nimmst du die Gedanken- und Gefühlsschwingungen anderer auf und glaubst oft, das wären deine eigenen Gefühle. Es wirkt ähnlich wie eine Art Magnet und nimmt die Schwingungen, die von aussen kommen auf und leitet sie in deinen Emotionalkörper hinein. Wenn eine Resonanz vorhanden ist, treffen sie dich, weil du mit ihnen gleichschwingst. Vielleicht regst du dich auf, bellst zurück, fühlst dich schlecht, traurig, aus-

Die echten Gefühle fühlst du in der Hauptzentrale. Nein, nicht in deinem Gehirn. Dein Herzzentrum ist und bleibt die Hauptzentrale. Der Emotionalkörper drückt die echten Gefühle über das Herz aus. Das Herzzentrum ist mit deinem spirituellen Körper verbunden. Der spirituelle Körper bekommt meistens am wenigsten Aufmerksamkeit. Es ist aber der spirituelle Körper, der dem Mentalkörper hilft zu erkennen, dass es mehr zwischen Himmel und Erde gibt. Durch die Verbindung zum spirituellen Körper erkennt der Mentalkörper, dass er ein Teil vom ICH BIN-Geist ist. Doch den Illusionen verfallen, meinst du lange Zeit dein Gehirn zu sein. Meistens behauptet dein Mentalkörper, alles besser zu wissen – das meint er jedenfalls. Deine anderen Körper haben gar keine Chance, sich irgendwie mit ihm zu verbinden, weil das grosse Energierad um deinen Bauchnabel herum Schwierigkeiten hat, die beiden Pole miteinander zu verbinden. Im Polaritäts-Energierad (das 2.) schlummern deine Kreativität und dein Schöpfungspotential, das männliche und das weibliche Prinzip. Nur ist das Dumme; deine innere Frau und dein innerer Mann sind sich meistens überhaupt nicht einig. Die beiden bremsen oder ignorieren sich gegenseitig oder fauchen einander an. Unter solchen Umständen ist es dir nicht möglich, dein Potential und deine Fähigkeiten auszudrücken, geschweige denn zu wissen, dass du so etwas wie «Talente» überhaupt hast. Denn dein grosses Energierad (das 5.) um deinen Hals- und Schulterbereich herum, ist ebenfalls voller Dellen.

Diese Illusionen verhindern, dass du deine Seele als Mensch und dein Potential, das im 2. Energierad darauf wartet, von dir entfacht zu werden, zum Ausdruck bringen kannst. Denn das Urvertrauen in deinem grossen Energierad (das 1.) um deinen Po herum ist total verschüttet und es erscheint dir unheimlich. Da liegt nämlich eine mysteriöse «Schlange»

(Kundalini) eingerollt in einer Höhle drin. Aus diesen Gründen mangelt es dir ab und zu an Mut, Antrieb, Selbstvertrauen und Körperbewusstsein.

Das alles geschieht, weil du dein Führungspotential als Chef und als Chefin vergessen oder anderen überlassen hast. Folglich ist ein ziemliches Durcheinander in deinen Körpern entstanden.

Mit der Zeit wirst du älter, jedoch nicht wirklich reifer, und verlässt nach einer gewissen Zeit deinen Körper. Deine Seele hat jedoch nur ein Ziel, sie will zum stärksten Gefühl, das zu erfahren ist, heranreifen. Auf der Seelenebene – nicht nur auf dieser Ebene, sondern auch als Mensch – wählst du die Entscheidungen, die dich weiser werden lassen. Nichts geschieht ohne Ursache.

Das ganze Spiel beginnt von vorne: Lustige Frage beantworten, Pille schlucken oder in den Apfel beissen, Dämmerschlaf, sachte absteigen, Hinterbliebenes wieder aufsammeln, zu Fleisch und Blut werden und so weiter.

Nun interessieren dich viele Dinge nicht mehr, die noch im vorhergehenden Leben wichtig waren. Materielle Werte verlieren an Wert und an Bedeutung. Du heisst sie zwar willkommen, doch du strebst nach geistigen Werten.

In der ersten Phase deines neuen Lebens läufst du wohl noch einigen Illusionen hinterher. Folglich fahren viele Überraschungen an dir vorbei. Irgendwann hast du genug von den Bauchschmerzen und Wiederholungsschleifen und wirst auf die freihändig fahrenden Mitspielern aufmerksam.

Einige Mitspieler haben die Aufgabe, dir weiszumachen, dass diese Mitspieler zu den «Bekloppten» gehören.

Sie beschäftigen sich mit dem geistigen Wissen aus der «Eden Torte» und erzählen dir Wahrheiten und keine Halbwahrheiten. Doch du willst nicht wirklich hinhören. Klingt auch etwas bekloppt und viel zu einfach, was die da sagen. Ohne es zu merken, hat dein Verstand wieder die Führung übernommen. Aber mit der Zeit wirst du nicht nur älter, sondern auch reifer, sofern du deinen Alltag als tägliches Übungsfeld betrachtest und deine Mitspieler als dein anderes Du-Selbst erkennst. Du brauchst nur hinzuschauen und die Illusionen «Beurteilung», «Verblendung», «Verurteilung», und wie sie alle heissen mögen, beiseitezulassen und auf ihre Früchte zu achten.

Fassen wir nochmals kurz zusammen: Als geistiges Wesen bist du immer und ewig mit der göttlichen Torte verbunden. Der Mentalkörpers leitet den Geistesblitz des Schöpfers der Torte an deinen Emotionalkörper weiter. Dieser Körper fühlt die Bedeutung des Geistesblitzes und sendet das starke Gefühl an deinen Energiekörper. Dein Energiekörper tut sein Bestes, filtert ein letztes Mal und sendet die Signale durch die grössten Energieräder, die einen direkten Zugang zu den dementsprechenden Drüsen im sichtbaren Körper haben. Der Geistesblitz zeigt sich nun in deinem sichtbaren Körper. Du fragst dich wohl wie das vor sich geht? Stell dir das etwa so vor: Der Geistesblitz trifft die Drüsen in deinem Hirn. Eine Birne leuchtet auf. Die Mini-Erleuchtung trifft dein Herz. Du fühlst eindeutig die Wahrheit. Diese Erkenntnis trifft auf dein ganzes Nervensystem. Eine Ausschüttung von Glückshormonen durchflutet dein ganzes System. Vom Gefühl überflutet, beginnen einige Muskeln zu reagieren. Die Muskeln heben deine Hand zum Schwung an und die klatscht dir an die Stirn. Dein ganzer Körper fängt vor Lachen an zu zucken. Dir wurde auf einmal klar: «Herrgott nochmal ICH BIN!» Irgendwann, wenn du dich vom Geistesblitz erholt hast, siehst du auf einmal vieles mit anderen Augen und machst dir über so manches keine Gedanken mehr.

Ich glaube du verstehst nun, warum dich so ein mächtiger Gedanke ungefiltert zu Tode elektrisieren würde. Von den höheren Körpern werde ich ein anderes Mal erzählen. Glaub mir, um aus deinem Schlamassel zu kommen, hast du vorerst genug mit deinen unteren Körpern zu tun. Das Wichtigste aus diesem Kapitel, ist für dich die Tatsache, dass du multidimensional, total vollkommen, genial und clever bist.

Übung macht den Meister

Die Liebe kann nicht anders als das Gegenteil von Liebe in Liebe umzuwandeln. Im Physikunterricht hast du erkannt, dass jedes Atom und jede Zelle deines Körpers aus Licht besteht. Jede Erfahrung, ob sie positiv oder negativ war, ist in diesen Lichtteilchen gespeichert. Durch die bewusste Benutzung der Worte ICH BIN wird jedes Atömchen und jede Zelle, das mit negativem Inhalt geprägt ist, in Liebe umgewandelt. Stell dir das ungefähr so vor: Sobald du deine Aufmerksamkeit auf das ICH BIN in dir richtest, erhöhen sich ständig die Schwingungen deiner Atome, sie gewinnen an Elektrizität, weil alles Energie ist. Diese erhöhte Schwingung wandelt die elektronischen Fehlschwingungen, die in den Atomen gespeichert sind, um. Je verwurzelter du in deinem ICH BIN bist, umso höher schwingst du. In dir schwingt ständig der pure ICH BIN-Stoff. Er sorgt dafür, dass störende Schwingungen nicht mehr in dein Energiefeld eindringen können. Falls du doch eine unerwünschte Schwingung zugelassen hast, polarisierst du sie ganz einfach sofort um. Polarisieren tust du, wenn du deine volle Aufmerksamkeit − sofort und immer wieder − auf die Wirkung deines gewünschten Ziels bzw. Seinszustandes richtest und **hältst**.

Das Polarisieren braucht zwar etwas Übung, also ein Dranbleiben, aber Übung macht ja bekanntlich den Meister. Da es weiter oben in der Polarität bereits welche gibt, die den Meistertitel tragen, müssen wir es denen nur nachmachen. Unsere Brothers and Sisters stehen uns mit Rat und Tat zur Seite. Aus diesem Grund rief ich den «Von Mensch zu Mensch-Spielkreis» ins Leben. In einer kleinen Gruppe polarisieren wir regelmässig unerwünschte Fehlschöpfungen um, und erobern unsere ICH BIN-Kraft zurück. Die Regelmässigkeit stärkt das Vertrauen in unsere eigene ICH BIN-Gegenwart und in Gott. Das treibt uns voran und ermutigt uns, unsere Grossartigkeit anzunehmen und zu leben. Denn wir sind die unbesiegbaren Liebesrebellen, die jede Illusion durchschauen. Das funktioniert wunderbar. Dabei ist es völlig unnötig, zuerst die unangenehmen Gefühle fühlen oder sich an irgendwelche schlimme Ereignisse erinnern zu müssen, um sich von den Illusionen zu befreien. Niemand braucht sich bis zum Gehtnichtmehr in seinen unangenehmen Gefühlen und Erinnerungen zu suhlen, um den Effekt der Heilung und Energierückgewinnung zu steigern. Dadurch wird ja nur wieder unnötig die Aufmerksamkeit auf das Übel gerichtet und gehalten. Es geht auch leichter und vor allem effektiver. Wir sind am Ende jedes Mal völlig liebes-high.

Es fällt auch niemand von der Liebeswelle hinunter. Die mühseligen Versuche, sich wieder aufzurappeln, haben ein Ende. Denn die Spielkreise finden in einer Regelmässigkeit statt, die uns alle wirklich voranbringen und ein Wanken nicht mehr zulassen. Wir sorgen dafür, dass unsere Herzen offen sind und unterstützen uns gegenseitig, das Herz offen zu halten, wenn wir fühlen, dass jemand den hartnäckigsten Illusionen verfällt und das Herz dichtmacht. Das sind die Angst-, Schuld- und Scham-Illusionen, die zu so einem Dichtmachen fähig sind. Die hinterhältigste Illusion ist die «Scheinheiligkeit». Sie steckt mit den anderen drei unter einer Decke und kontrolliert selbst diese drei. Diese mächtige Illusion schafft es, dir die Illusion «Selbstablehnung» genau in dem Augenblick vor die Nase zu halten, wenn du die ehrliche Bereitschaft zeigst, dich oder andere wahrhaftig anzunehmen. In einer kleinen Gruppe sind solche hinterhältigen Attacken zu vermeiden. Wir haben keinen Zeitdruck und die Scham-Illusion wird somit ebenfalls entschärft, denn ein verletztes Herz lässt sich nicht so auf die Schnelle öffnen. Was jedoch ganz schnell geschieht, ist, dass man sich und anderen etwas vormacht.

Ein Mensch kann so etwas von clever sein, dass er kurzerhand (unwissentlich) die Verantwortung für sein Denken der Illusion «Scheinheiligkeit» überlässt. Auf einmal werden sämtliche Verhaltensmuster wie auf Knopfdruck aktiviert. Das hört sich ungefähr so an: „Das habe ich nicht nötig!", „Das betrifft mich nicht.", „So ein Blödsinn.", „Gar nicht wahr. Ich doch nicht." oder: „Oh Gott, ich bin ja so falsch und an allem schuld.", „Ich habe sowas Gutes nicht verdient." Die Illusion «Scheinheiligkeit» bestimmt und kontrolliert automatisch das menschliche Fühlen, Denken und Handeln. Diese hartnäckigen Illusionen würden sonst durch ein wirklich offenes Herz von der Liebeswelle weggespült werden. Die vier Illusionen, Angst, Schuld, Scham und Scheinheiligkeit, bilden zusammen die noch mächtigere Illusion «Selbstverleugnung». In diesem vereinten Multipack ist diese Illusion sogar so etwas von schlau, dass sie viele Menschen glauben lässt, dass ihr Herz offen sei. Daher ist den meisten nicht bewusst, dass sie sich selbst und gegenseitig nur ein offenes Herz und Selbstverantwortung vorgaukeln, um die hinter den Masken gut verborgenen Selbstanteile zu umgehen.

Das menschliche Ego kann ganz schön tricky sein. Dieses Verhalten bezeichne ich als «Liebesfalle». Im Kapitel «Die Liebesfalle» werde ich sie genauer erklären. In dieser Falle, die nicht auf dem Boden der bedingungslosen Liebe aufgebaut ist, laufen die Menschen durch die verschiedensten Falltürchen irrtümlicherweise in ihre eigenen Illusionen hinein. Aber niemand ist verdammt, für immer und ewig in seinen eigenen Fallen zu verweilen. Die Menschen sind durch ihre ICH BIN-Gedankenkraft in der Lage, sich von den selbstauferlegten Fesseln zu lösen, da sie gar nie festgebunden waren. Ausser, sie wollen weiterhin an ihren falschen Schlussfolgerungen festhalten. Das ist ihre freie Entscheidung. Die Konsequenzen werden sie früher oder später wieder einholen und sie ordentlich durcheinanderspülen. Es sei denn, sie konnten in der Zwischenzeit mit ihrem Verstand etwas Wesentliches erkennen und trotz allem immer wieder ihr Herz öffnen und das Erkannte umsetzen.

Dein Verstand braucht dein Herz, damit er Dinge leichter verstehen kann. Dein Herz braucht deinen Verstand, damit dein Verstand die Dinge, die dein Herz weiss, umsetzen kann. Die beiden brauchen bloss miteinander zu arbeiten, auch wenn das Herz die Hauptzentrale ist und bleibt. Wahre Heilung geschieht nur über ein offenes Herz!

Nach meinen Beobachtungen befinden sich einige Mitspieler in einem Herz-Verstand-Konflikt. Entweder sind sie nur im Herzen oder nur im Kopf. «Entweder» «Oder», können aber keine optimalen Ergebnisse liefern. Bestimmte illusorische Gedanken- und Gefühlsgebilde behindern eine ausgewogene Verbindung und Zusammenarbeit zwischen Kopf und Herz. Das ist auch der Grund, warum du noch diese Welle über dich ergehen lassen musstest. Dafür bist du jetzt auf die hartnäckigsten Illusionen vorbereitet. Du konntest sie sogar schon etwas lichten und fällst nicht gleich wieder auf sie herein, wenn einige von ihnen vor deiner Nase baumeln. Denke daran: Das sind nur hinterhältige und trickreiche Illusionen, die wollen, dass du ihnen in eine andere Richtung nachrennst. Diese Richtung ist dir wohlbekannt, sie leiten dich nur in die Irre. Doch du suchst einen Weg, der dich aus diesem frustrierenden Kreislauf hinausführt. Der Weg ist in deinem Innern zu finden. Du brauchst nicht mehr länger zu suchen. Das, was du suchst, ist schon seit eh und je in dir. Aus der Sicht von unseren Brothers and Sisters genügt es zu erkennen, dass du die intelligente, zudem die liebenswerte und erst noch die über alles leuchtende und – nicht zu vergessen – die äusserst willensstarke und mutige Seele bist. Das ist alles. Und doch scheint das die grösste Herausforderung für einen Menschen zu sein, der genau diese illusorische «Trennung» von der höchsten Gegenwart als die allergrösste Illusion zu durchschauen hat.

Damit dir bewusster wird, mit was für einer Kraft du übst, versuch dir Folgendes immer wieder klar zu machen:
Die Formel $E = mc^2$ trägt zwei gegensätzlichen Prinzipien in sich. Ein Prinzip zeigt sich im männlichen Lichtteil, das gegensätzliche im weiblichen. Selbst ein Ausserirdischer wie Mr. Spook trägt beide Prinzipien in sich. In der dichtesten Form der Polarität sind diese liebenswerten Lichtteilchen in geteilten Geschlechtern zu erkennen, in Frau und Mann.
Wenn nun das wunderbare, männlich-schwingende Lichtteilchen aus einer Kettenreaktion von Ursache und Wirkung heraus fehl zu denken beginnt, reagiert das weiblich-schwingende Lichtteilchen entsprechend auf diese gedanklichen Fehlschwingungen. Folglich erschafft es auch die Resultate die diesen Fehlschwingungen entsprechen. Bei sämtlichen Fehlschwingungen fordern die 7 Prinzipien wieder das Gleichgewicht ein.
Nach dieser Erinnerungswelle ist dir klarer geworden, womit wir üben. Du übst sozusagen mit Dynamit, mit deiner gewaltigen Schöpferkraft. Deswegen wirst du, Wellchen für Wellchen, zum Liebesrebellen ausgerüstet, damit du jede Fehlschwingung augenblicklich erkennst und in Liebe umwandeln kannst. Und um anderen zu helfen, ihre eigenen mentalen, emotionalen und physischen Schwingungen in den verschiedensten Dichtegraden besser zu verstehen und anzunehmen.

Die Revolution der Liebe schwingt nun in den praktischen Teil über. In den folgenden Kapiteln stelle ich dir sehr wirkungsvolle Denk- und einige Umpolarisierungsspiele vor, die dich der Bedeutung der Worte ICH BIN näherbringen.

Denkspiele

Dieses Sprichwort wurde mir um die Ohren gehauen, als ich einmal verzweifelt in meinem blubbernden Brei sass, mein Hirn nicht benutzte und auf ein Wunder hoffte. Das Wunder kam in Form dieser Weisheit. Jedenfalls verstand ich durch das oben zitierte Sprichwort, in welchen Lebenssituationen ich es gewohnt war, gedacht zu werden, zu denken, was andere wollen, das ich denke und warum ich es zuliess, nicht selbst zu denken.

Übrigens: Neurowissenschaftler stellten fest, dass die meisten Menschen nur zehn Prozent ihres Gehirns benutzen. Tatsächlich wird es sogar immer weniger statt mehr. Viele Mitspieler halten meistens einen Teil ihres Gehirns als «kleines Ding» (Handy) in ihrer Hand und drücken mit den Fingern darauf herum. Die kleinen Dinger rufen ständig nach Aufmerksamkeit und bieten Ablenkung. Einmal scrollen und schon sind sie stundenlang beschäftigt. So nebenbei stehlen sie noch mehr Denkvermögen und vor allem ihre wahre Freiheit. Die digitalen Nebenwirkungen wurden lange Zeit verleugnet und verdrängt. Heute wünschen sich immer mehr Leute «Handy-Freiheit», zu sehr bestimmt das kleine Ding bereits ihr Leben. Ich bin froh, dass ich nie auf den faulen Apfel hereingefallen bin und mich vom gesellschaftlichen Druck nicht zwingen liess, mein Gehirn gegen dieses kleine Ding auszutauschen.

Die Menschen beschäftigen sich schon mit ihren Gedanken, jedoch richten sie ihre Aufmerksamkeit und ihre Blicke hauptsächlich auf die negativen Gedanken Und Dinge und geben die entsprechenden Gefühle in sie hinein. Dadurch kreieren sie sich andauernd ihre Realität. Obwohl sie sich genau nach dem Gegenteil sehen. Das Ersehnte kann aber nicht eintreten, weil das Ersehnte nicht mit ihren Gedanken und Gefühlen übereinstimmt, da die Aufmerksamkeit in die falsche Richtung gelenkt wird. So wie ich Mr. Spook kenne, würde er trockenen sagen: „Ein unlogisches Verhalten." Aber was Mr. Spook wegen seiner rationalen Art zu denken nicht erkennt, weil ihm der weibliche Aspekt völlig suspekt vorkommt, ist, dass Frau und Mann durch Beherrschung ihrer Gefühle, sich zu ICH BIN- Denkerinnen und -Denkern verwandeln können. Dafür braucht es eine gewisse ...? Was denkst du? Du meinst Gedankenkontrolle? Das ist viel zu anstrengend. Gedankenhygiene? Klingt nach «Ich bin unrein». Ich finde diese Ausdrücke unpassend. Aus diesem Grund wandelte ich sie für mich in «Denkspiele» um. Das klingt doch jetzt viel einfacher. Auf diese Art und Weise zu denken, ist alles andere als mühsame und mit Disziplin verbundene Arbeit sondern «die Leichtigkeit des Seins».

Die Denkspiele kommen zum Einsatz, wenn dir andere Du-Selbste deine vergessenen, verdrängten und verleugneten dunklen Seiten spiegeln und vor dir ausleben. Egal, ob sie leibhaftig vor dir stehen, gestorben sind oder du über sie liest. Dein Alltag bietet dir nonstop Übungsmöglichkeiten an, um Widersprüche in Einklang zu bringen. Selbst in Situationen, die dir Kopfzerbrechen und Magenschmerzen bereiten, in denen du dich gefangen und ausgeliefert fühlst, funktionieren die Denkspiele. In solchen Situationen denkst du so etwas wie: „Das ist meine Erfindung, um die Spannung auf meinem Selbsterkennungstrip zu steigern. Mein Gott, BIN ICH genial!"

Wetten, das funktioniert auch bei dir? Du kannst doch denken, oder? Natürlich kannst du denken, wirf mal einen Blick auf dein Leben. Das Einzige, was du zu tun brauchst, ist zu denken, zu fühlen und zu atmen. Das tust du bereits die ganze Zeit. Kannst du dir vorstellen, wie einfach das nun sein wird? Nicht so ganz? Aber kannst du dir vorstellen, dich an deine positiven Seinszustände zu gewöhnen, schon nur, weil der Mensch ein «Gewohnheitstier» ist? Ätsch, reingelegt! Also, keine Ausreden mehr. Ausser du willst jetzt dieses Buch zuklappen und dein Leben so weiterführen, wie du es bis jetzt geführt hast. War ja bis jetzt auch nicht so schlecht. Es ist wie immer eine Frage des «Wollens» und nicht eine Frage von «Ich will» und «Wäre schon schön». Willst du das «Wollen wollen» üben? Natürlich willst du. Was für eine Frage.

Zuerst eine kleine Auffrischung: Die grösste Illusion ist zu glauben, dass du deine Gedanken und Gefühle bist. Das kann ich gar nicht oft genug wiederholen! Was auch nicht oft genug wiederholt werden kann, ist, dass du ein Teil der vollkommenen Liebe bist, welche dich belebt und durch dein Bewusstsein in Gang gesetzt wird. Dir diese Wahrheit einzutrichtern gelingt dir, indem du dich gedanklich mit dieser Tatsache beschäftigst. Es ist leicht zu denken und zu sagen: „ICH BIN die ICH BIN-Gegenwart", und zu beobachten, was für Gefühle auftauchen. Dabei holst du deine Fantasie zu Hilfe. In deiner Fantasie hast du eine Vorstellung darüber, wie sich dieser ICH BIN-Zustand anfühlen könnte, wenn du so tust, als ob du es wüsstest oder nur einen Hauch von Ahnung hättest. Diese Vorstellung aktiviert automatisch die entsprechenden Gefühle.
Um zu vermeiden, dass eine gewisse Menge negative Gedankenenergie ins Weltall hinaus und wieder zurück zum

Aussender geschleudert wird, braucht es eine mentale Selbstbeherrschung. Die notwendige Selbstbeherrschung eignest du dir durch fantasievolle Denkspiele an. Unsere Brothers and Sisters sind total beherrscht, trotzdem verfügen sie über einen göttlichen Humor und strahlen eine bedingungslose Liebe aus, die mich manchmal fast umwirft.

Eine gewisse Selbstverantwortung ist auch nötig. Die Selbstverantwortung liegt darin, darauf zu achten, wie du auf deine Gedanken «reagierst». Das bedeutet, für welche Seite in dir du dich entscheidest. Willst du weiterhin als Opfer auf deine negativen Gedanken und Gefühle reagieren und noch mehr leiden, oder als ICH BIN-Mensch reagieren? Entscheidest du dich für deine wild schreienden, unwahren Gedanken oder für deine feine Stimme in dir, die dir über dein Ohr, vielleicht durch ein anderes Organ, wie Bauch oder Herz, die Wahrheit über dich sagt? Das ist alles und erleichtert so vieles. Es ist deine Wahl und deine Entscheidung, welcher Seite in dir du dich zuwendest und welcher du deine Aufmerksamkeit schenkst. Du hast immer die freie Wahl dich zu entscheiden, ob du weiterhin festhalten oder die Illusion durchschauen willst.

Deine Verantwortung liegt nun darin, dich **jedes Mal** für dein wahres Selbst **zu entscheiden** und **zu akzeptieren**, dass du diese Gedanken, Gefühle und Muster hast und diese noch da sind. **Durchschaue** deine schlechten Gedanken, Gefühle und entstandenen Identitäten als **Illusion**, als eine Unwahrheit über dich.

Wenn dich eine Illusion verwirren will, indem sie dich glauben lässt, dass du deine negativen Gedanken und Gefühle bist, so hast du jetzt ein grossartiges Spielzeug in deinem Kopf, mit dem du sämtliche Illusionen, von der grössten bis zur winzigsten, humorvoll durchschaust.

In meiner Fantasie ist eine Illusion eine «Karotte» oder «Rübe» und die ganz kleinen sind «Babykarotten». Die Rüben wollen, dass ich ihnen wie ein Esel in eine bestimmte Richtung hinterherrenne. Mithilfe meiner fantasiereichen Denkspiele durchschaue ich die verwirrenden und beängstigenden Täuschungen als harmlose Karotten, die vor meiner Nase hängen. Meine Dramen und Illusionen aus dieser Sichtweise zu betrachten, macht für mich vieles im Leben leichter anzunehmen und umzusetzen.

Werde ich von den übelsten negativen Gedanken und Gefühlen überschwemmt, so überspülen mich in meiner Fantasie nur die hartnäckigen Angst-, Scham-, Schuld- und Scheinheiligkeit -Rüben, welche die gefürchteten Vier sind , die Gangster-Gang «Selbstverleugnung».

Die Gang will die Kontrolle behalten, damit ich in meiner Falle stecken bleibe. In meiner Fantasie bin ich aber die unbesiegbare Liebesrebellin und schaffe es jedes Mal mir mit Hilfe der Imaginationskraft meinem wahren Selbst bewusster zu werden und meine Aufmerksamkeit auf das ICH BIN in mir zu halten. Ich weiss, dass ich den vier Gangster-Rüben nicht hoffnungslos ausgeliefert bin und sie Schicht für Schicht besiegen kann, bis keine mehr übrig sind.

«Der mutigste Akt ist immer noch der,
für sich selbst zu denken. Laut!»
Coco Chanel

Wenn ich also bemerke, das ich negative Gedanken nachgehe, sage ich zu den üblen Rüben: „Ja, ja, schon gut, ICH habe euch gesehen und gehört. ICH weiss, wer ICH wirklich BIN. Ihr hingegen seid nur eine Illusion und nicht die Wirklichkeit. Danke, ihr habt eure Sache gut gemacht. Ich bin voll auf euch reingefallen. Aber jetzt ist Schluss und fege euch hinweg."

Mein Verstand bleibt fest auf mein Inneres gerichtet, dabei atme ich tief ein und aus. Manchmal muss ich öfters tief ein- und ausatmen. Ich verlange von meinem Verstand, sich nicht mehr länger mit dem Übel zu beschäftigen. Hin und wieder rufe ich genauso laut zurück, vor allem dann, wenn einige von ihnen meinen, sie müssten etwas wilder in meinem Kopf herumschreien. Ich sage klar und bestimmt zu diesen trügerischen Karotten: „ICH habe euch gesehen und gehört. Ihr braucht nicht so zu brüllen. Falls ihr es immer noch nicht kapiert habt – ICH BIN HIER DIE CHEFIN! Jetzt wird nach meiner Pfeife getanzt!"

In wenigen Minuten schwinge ich wieder in meiner Mitte.

„Ja, ICH habe euch gesehen und gehört" bedeutet: Anzuerkennen das du die illusorischen Rüben durch dein Denken und Fühlen irgendwann einmal selbst erschaffen und dir dabei diesen Schlamassel kreiert hast.

„ICH weiss jetzt, ICH BIN in Wirklichkeit o.k." bedeutet: Dich trotz deinen Miss-Schöpfungen selbst anzunehmen.

Das ist die Zauberformel, auf der jede Heilung beruht. Problemanerkennung, sich jedoch nicht mit dem Übel beschäftigen, weil es dadurch genährt wird, und Selbstannahme. **Ohne diese Formel kann keine Heilung geschehen.**

Egal, welche negativen Gedanken und Gefühle dich verwirren, selbst wenn sich die vier mächtigen Gangster-Rüben vor dir aufblähen und dir die bedrohlichsten, gemeinsten und schrecklichsten Sachen über dich, die Welt und andere Leute ins Ohr brüllen; die Gangsterrüben stehen nur so aufgebläht vor deiner Nase, weil du deine Aufmerksamkeit voll auf sie richtest. Deine Aufmerksamkeit ist der Dünger für deine Rüben und Karotten. Ohne diesen Dünger würden sie verhungern. Je weniger Düngerenergie sie von dir bekommen, desto weniger werden sie zu deiner Realität. Sage zu den vier Rüben: „Ja, ICH habe euch gesehen und gehört, auch wenn ihr eine von mir erschaffene Illusion seid. ICH bleibe das Selbstvertrauen. ICH BIN völlig o.k."

Mache dir jedes Mal klar, dass du nicht die Gedanken und Gefühlen bist. Sie entstehen aus einem Teil deiner Geistigkeit, der sich in der Polarität befindet, aber nicht aus dir selbst.

In negative Gedanken und Gefühle zu verfallen, ist sehr verlockend, wenn sich nicht gleich die erwünschten Ergebnisse oder ersehnten Fortschritte zeigen. Es ist eine Herausforderung diesen Gedanken und Gefühlen nicht nachzugeben. Und genau hier zeigt sich ein weiterer Grund, warum so viele Menschen wieder aufgeben. Sie lassen sich zu schnell von ihren negativen Gedanken und Gefühlen K.O. schlagen. Wenn zudem noch das Wetter schlecht ist oder der Mond in einer bestimmten Phase steht, bleiben viele Menschen an diesem Haken hängen. In solchen Phasen spielst du deine Denkspiele und hältst in deinem Bewusstsein das fest, was du wirklich willst. Das ist wichtig, das Erdachte wäre schon erschienen, wenn der bringende Stoff der Liebe, nicht ständig durch die negativen Gedanken und Gefühle unterbrochen werden würde. Jedoch wirst du dich gleich besser fühlen, wenn du deine Aufmerksamkeit wieder auf das ICH BIN in dir richtest. Durch dieses Verhalten bringst du keine weiteren unerwünschten Kettenreaktionen von Ursache und Wirkungen in Schwung.

Ein weiteres Denkspiel heisst: «Was wollte ich schon wieder erfahren zu sein?» Wenn ich dieses Ratespiel spiele, erinnere ich mich wieder daran, welchen Seins-Aspekt meine Seele als Mensch erfahren wollte. Das Spiel funktioniert am besten, wenn ich vor lauter Stress vergesse, wer ich bin, mich über eine Situation beklage, wenn ich mich über die Menschen aufrege, mich bedroht fühle, sie beschuldige und verurteile. In solchen Situationen frage ich mich in Gedanken selbst: „Welchen Aspekt der superintelligenten Liebe wollte ich erfahren zu sein? Gerade jetzt, in dieser Situation?" Ich erinnere mich an meinen Humor. Ach ja, ICH BIN ja die Gelassenheit und die Anerkennung. Wie konnte ich das bloss vergessen? Ich danke meinen unangenehmen Schöpfungen, denn durch sie erkenne ich mein Licht und durch sie erkenne ich auch das Licht in meinen Mitspielern. Danach fühle ich mich wieder viel besser. Mit dieser Art zu denken, lösten sich selbst die verrücktesten und hartnäckigsten Geschichten mit der Zeit auf.

Mit meinen Denkspielen durchleuchtete ich Situationen, die mich immer wieder einholten und packten, bis ich kapierte, an welchen Illusionen ich mich ständig aufhängte. Illusionen wie «Bedürftigkeit», «Gefallen wollen», «Abhängigkeit» und einige andere in der Art, liessen mich immer wieder dieselben unangenehmen Wiederholungsschleifen durchleben. Die Wiederholungsschleifen wären längst nicht mehr nötig gewesen, wenn ich in der Zwischenzeit etwas Wesentliches erkannt hätte und aus der Karottensuppe «Ich armes Opfer» rausgeschwommen wäre. Aber nein, ich kochte daraus wieder verzweifelt meine eigene Suppe und ertrank fast darin. Ich wäre auch schneller aus meiner unerwünschten Situation herausgekommen, wenn ich gewissen Karottentörtchen wie «Ich bin gerne in diesen Rollen» abgeschworen hätte. Doch ich konnte auch diesen verführerischen Törtchen nicht widerstehen und bekam natürlich wieder Bauch- und Herzschmerzen. Es ist übrigens sehr hilfreich, darauf zu achten, welche Situationen und Themen sich wiederholen. Sie zeigen dir, welchen Illusionen du noch nachrennst und warum du an ihnen hängst.

In den schweren und scheinbar ausweglosen Phasen in meinem Leben spielte ich meine ICH BIN-Denkspiele und überstand diese Phasen mit Humor. Was andere Mitspieler sehr verwunderte. Egal, wo ich war, in welche Situation ich mich selbst brachte, egal, wen oder was mir begegnete, ich hielt mich an meine ICH BIN-Denkspiele, die mich in wenigen Minuten wieder zuversichtlich und sanft fühlen liessen.

«Wer wagt selbst zu denken, der wird auch selbst handeln.»
Bettina von Armin

Sobald du von dir denkst „Ich bin schlecht", „Das bilde ich mir alles nur ein" oder du dich miserabel fühlst, dann weisst du nun, dass diese Gedanken und Gefühle Illusionen über dich sind. Als ICH BIN-Mensch sagst du zu dir selbst: „Ja, ICH habe dich gehört, du alberne Schöpfung von mir. ICH weiss jetzt, dass ICH okay bin."

Wenn du ein «Ziehen» in dir fühlst und drauf und dran bist, dich mit irgendwelchen Süchten und Ablenkungen zu beruhigen, zu trösten oder zu belohnen, denke: „Ja, ICH fühle und höre euch. ICH weiss jetzt, dass ihr eine Illusion seid und keinen Einfluss mehr auf mich habt."

Willst du ein Ziel erreichen und deine Zweifel hindern dich daran, deine bequeme Zone zu überschreiten, denk deine Denkspiele und tue so, als ob du wüsstest, wie sich das anfühlt, wenn du dein Ziel erreichst. Fühlst du dich traurig, wütend oder schlecht, so erlaube dir diesen Zustand und begebe dich in deine ICH BIN-Gegenwart, bevor du diese Gefühle gegen dich und gegen andere richtest, nur so lösen sich schlechte Gefühle wieder auf.

Mach dir diese Art zu denken zu deiner Gewohnheit. Denke ICH BIN-Denkspiele, wenn du dich gut fühlst und erst recht, wenn dich deine negativen Gedanken wieder anbrüllen und herumwirbeln. Denke die Denkspiele, wenn du dich in unangenehmen Situationen befindest und wenn dich Situationen immer noch beschäftigen. Fühle jedes Mal die Worte ICH BIN in deinem Herzen. Je intensiver, desto besser. Du wirst staunen, wie schnell die Denkspiele zur Gewohnheit werden.

Bade mit all deinen Zellen in deinen echten Gedanken und Gefühlen. Tue alles, was dir gefällt, dich nährt und dich beseelt, um mit deinen echten Gefühlen in Verbindung zu bleiben. Erinnere dich, wie gut wir darin sind, unser Licht zu verleugnen und auf eine unglaublich clever Art und Weise Hindernisse zu erfinden. Erinnere dich an das, was du kannst, was du schon alles erreicht hast und woraus du stark geworden bist. Es gibt so viel Schönes und Gutes in dir, an dir und um dich herum. Sehe im Alltäglichen das Wunderbare. Jeder, der sich die Fähigkeit erhält, Schönes zu erkennen, wird nie alt werden. Richte deine Aufmerksamkeit bewusst auf die schönen Dinge. Dadurch nährst du das Gute mit den nötigen good, good, good, good Vibrations, die unsere Welt so dringend braucht, damit die dichten Schwingungen in Schwingungen der Liebe umgewandelt werden können.

Wir Menschen reflektieren das ganze mikrokosmische Universum. Ob du hinschauen willst oder nicht, ob du aus deinen Karotten versuchst, eine Suppe zu kochen, einen Saft zu pressen oder Törtchen zu backen. Hören wir doch mit dem Unsinn auf, sich selbst und anderen etwas vorzumachen, uns gegenseitig zu beurteilen, zu verurteilen und zu bekämpfen. Stattdessen lächeln wir uns an. Das gelingt uns durchaus, wenn wir erkennen, dass alle Veränderungen, Änderungen der Polarisation (Schwingungsänderungen) sind, verstehen wir die eigenen Gemütszustände und die eines anderen viel besser, und sind fähig diese Schwingungen bei sich selbst und bei anderen zu ändern. Gott sei Dank hört die Schwingung nie auf zu schwingen. Deshalb ist es dir wieder möglich höher zu schwingen, selbst wenn du mal in einem Tief schwingst. Sobald du schärfer auf deine Gedanken und Ausdrücke achtest und dich in deine ICH BIN-Gegenwart begibst, schwingst du automatisch wieder höher.

Das Denken soll die schwerste Arbeit sein, die es gibt? Lieber Henry, ich glaube nicht, dass es so schwer ist, zu denken: „ICH BIN die ICH BIN-Gegenwart."
Ich hoffe, Henry bekommt mit, was hier abgeht.

Das ICH BIN ist die stärkste Aussage über dich. Eine geballte Ladung Energie flitzt durch Raum und Zeit. Es ist deine Schöpferenergie, die hinaus ins Universum und wieder zurück in die Materie trifft und dir die entsprechenden Früchte und Resultate liefert. Das ICH BIN-Denken und -Fühlen kann unangenehme Nebenwirkungen verursachen, wenn du den Sinn dieser Worte nicht wirklich mit Herz und Verstand verstehst. Es ist für dich wichtig zu erkennen, was du tust, wenn du gedankenlos Ausdrücke über jemanden und über dich selbst denkst und äusserst. Die Auswirkungen werden dich erneut rauf und runter schwingen. So hast du wieder zu kämpfen, weil deine Kritik, Ablehnungen und Verurteilungen an dich und an andere, dich selber treffen werden. Bedenke, dass du dich durch dein Bewusstsein an den negativen Geschehnissen der Welt beteiligst, wenn du deine Aufmerksamkeit auf die Dinge gerichtet hältst und glaubst, was dir vorgegaukelt wird. Nur dadurch werden diese Zustände auf der Erde stabil gehalten. Und jedes «Ich kann nicht», «Ich bin nicht», «Ich habe nicht» lässt dich augenblicklich tiefer schwingen. Jeder negativer Gedanke setzt den gleichen Schöpfungsablauf in Gang. Das ICH BIN-Denken kann dir daher ziemlich schnell unvorstellbar Gutes bringen.

Es gibt noch mehr, was du über den Sinn, die Bedeutung und Wirkung des göttlichen Stoffes wissen musst, bevor es ans Umpolarisieren geht.

Das Verlangen nach dem gewünschten Stoff

Gott ist immer gegenwärtig und wünscht sich von dir durch deinen Geist benutzt zu werden, damit er dir das Verlangte bringen kann. Er macht das aber nur, wenn du bewusst verlangst. Das Verlangen ruft aber bei einigen Menschen eine Art Schock hervor wie: „Ich darf doch von Gott nicht verlangen, was er zu tun und mir zu bringen hat. Das ist doch allerhand, das ist ja … Blasphemie!"
ICH erhebe Einspruch, euer Ehren! Die Benutzung des göttlichen Stoffes, ist dein und eines jeden Rechts.
Für manchen Verstand ist die Illusion leichter zu verstehen als dieses Gesetz. Jedoch ist die bewusste Lenkung von **E** in Richtung von dem, was du verlangst, der Weg zur Erfüllung. Die Lenkung der Energie ist mit dem Verlangen gekoppelt, sie können nur als Team das Gewollte erfüllen. Ein Mensch muss den Willen haben, das Erdachte zu erreichen, oder wieder gesund zu werden. Wenn das Verlangen zu schwach ist, das Steuerrad selbst zu lenken, wirst du gelenkt.
Damit du ein wahres Verständnis über das Verlangen erhältst, vertreiben wir die irrtümliche Vorstellung, indem du das Verlangen aus folgendem Blickwinkel betrachtest: Ein guter Chef und eine gute Chefin gibt klare Anweisungen und verlangt, dass sie erfüllt werden. Sie treffen den Ton, denn sie befehlen ihren Mitarbeitern mit Herz und Verstand, was sie sehr beliebt macht. Bei ihnen gibt es kein Durcheinander, sie haben heiter und entschlossen das Steuer in der Hand. Sie empfinden klare Anweisungen zu geben nicht als eine mühsame Angelegenheit, sondern eine freudige Sache, ja sogar eine beruhigende Beschäftigung. Selbst wenn sie aus irgendwelchen Gründen eine Herausforderung auffordert ihren Horizont und ihr Liebesvermögen zu erweitern.

Die ICH BIN-Menschen, haben auch das treibende Verlangen nach Wahrheit und wollen in ihrem Leben weiterkommen. Das Verlangen nach Wahrheit bedeutet: Das ICH BIN, das in der Seele eines jeden Menschen wohnt, hat das mächtige Verlangen, sich selber zu erkennen und zu verwirklichen. Aus diesem Verlangen heraus, ist ja das Selbsterkennungsspiel entstanden. Was aber mit diesem Verlangen auch gemeint ist, dass es illusorisch ist zu glauben, dass Erdachtes erscheinen wird, wenn sieben Tage lang bewusst ICH BIN gedacht wird und in der nächsten Woche nur hin und wieder oder das bewusste Denken völlig vergessen wird. Eine dauerhafte verlangende Haltung einzunehmen ist schon wesentlich, damit sich dein Schöpfungsgedanke, der bereits auf den unsichtbaren Ebenen existiert, in deiner Welt zeigen kann.

Dieses Verlangen bedeutet nicht erhaben und fordernd von Gott das Erwünschte zu verlangen. So ein selbstsüchtiges Verhalten stört den Liebesstrom bei der Verwirklichung. Vielmehr hat dieses Verlangen mit der unaufhörlichen Bereitschaft zu tun, dem göttlichen Stoff zu vertrauen, sich ihm hinzugeben, bis aus dem Vertrauen eine unerschütterliche Überzeugung in die Kraft der höchsten Gegenwart geworden ist. Das bedeutet, das Verlangen zu haben, sämtlichen Pessimismus, Skepsis, Ängste, Ungläubigkeit, negative Gedanken, Gefühle und andere Hindernisse aus deinen Körpern zu entlassen. Sowie das Vertrauen zu haben, dass dir der göttliche Stoff dabei hilft, mit dem Wissen, dass es Gott ist, der heilt und hilft und nicht du, bzw. eine Heilmethode, Technik oder ein Gegenstand. Eine verlangende Haltung bedeutet, eine demütige Überzeugung zu haben, dass der Stoff der Liebe alles ist.

Das ICH BIN kann alles

Es gibt nichts, was nicht durch das ICH BIN zu erreichen ist. Ausser, du hat es schon einmal in einem Leben erfahren und erlebt und brauchst es deshalb nicht nochmals zu erleben. Das ist ein Grund sein, warum sich etwas nicht in dem Masse erfüllt, wie man es sich erdachte. Dann ist es Zeit für eine Erweiterung deines Bewusstseins. Deinen Verstand und dein Herz kannst du jederzeit erweitern, indem du folgende drei gute Dinge beachtest: Erkennen, Anerkennen und Anwenden! Damit meine ich; den Sinn deiner eigenen ICH BIN-Gegenwart erkennen. PAPS und MAM in dir, als die alleinige Gegenwart anerkennen, die wirken und bringen. Und das dritte ist, die bewusste Anwendung ihrer Kraft.

Das anwenden der Kraft bedeutet unter anderem: Du musst selber entschlossen und voller Verlangen bestimmen, was der Liebes-Stoff für dich bringen soll. Du hast einen freien Willen, daher gibst du deinem Denken beliebige Eigenschaften und Werte, die du wünschst und für richtig hältst. Ich schütze und pflege beispielsweise täglich meine Pflanzen, indem ich sage: „ICH BIN der Stoff, der meine Pflanzen schützt und mit allen guten Dingen bereichert, die sie brauchen und der sämtliche Schädlinge und Krankheiten fernhält." Meine Pflanzen danken es mir mit prächtigem Wachstum. Du kannst durch dein ICH BIN-Denken alles mit dem Stoff der Liebe «aufpimpen», also etwas von gut in besser bis hin zur Vollkommenheit umwandeln.

Das ICH BIN ermöglicht dir, alles in deiner Welt in Licht und Liebe zu hüllen und dadurch zu schützen und zu stärken. Du kannst mit dem Stoff der Liebe deinen Körper, dein Gemüt, dein Zuhause, dein Auto, jeden Gegenstand, eine Gegend, ein Vorhaben, deine Mitmenschen, die Welt und natürlich dich selbst mit dem Stoff der Liebe laden und schützen. Das ist sehr vorteilhaft, falls du vorhast, den direktesten Weg zu gehen. Nach den Erfahrungen von unseren Brothers and Sisters muss sich ein Mensch bewusst schützen, wenn er die Abkürzung nehmen will. Ihre Erfahrung entspringt nicht der Angst. Für sie ist es eine Anerkennung der beschützenden Gegenwart. Sie verstanden, dass, wenn sie ihren Schutz ständig aufrechterhalten, sie dadurch wach und aktiv bleiben und somit auch einiges an Übel in ihrem Umfeld vermeiden.

Der Schutz ist die göttliche Liebe selbst, die jeden einzelnen Menschen umhüllt. Nur ist diese Schutzhülle durch die Trübung des menschlichen Bewusstseins immer dünner geworden. Den Schutz wieder aufzubauen und ihn aufrecht zu erhalten, ist daher ein Muss. Aller guten Dinge sind 3! Stell dir dreimal täglich vor, wie dich ein goldener Elektronen-Mantel durchdringt und umgibt, denke oder sage beispielsweise: „ICH BIN die Intelligenz, die meine natürliche Hülle vollkommen renoviert und aufbaut. ICH stehe in DEINEM schützenden Licht, das mich mit DEINER Weisheit und Liebe erfüllt." Präge deinem schützenden Mantel beliebige Eigenschaften und Werte auf. Nach meiner Erfahrung, braucht es schon einige Wochen bis Monate, bis die Schutzhülle voll aufgebaut ist. Du wirst es fühlen, wenn die Renovierungsarbeit beendet ist. Ist Werk vollbracht, wirst du für die Weisheit von PAPS und MAM noch empfänglicher, sofern du den Schutz täglich aufrechterhältst.

Ein Grundgedanke, den ich zu meinem Schutz mehrmals am Tag denke ist: „ICH BIN das goldene schützende Licht über meinen Verstand, meinen Körper und mein Gemüt, mein Zuhause, meine Familie, meine Katze, meine Welt und mein Geschäft. ICH BIN die reine Stoff der Liebe, der die Menschen in den Stoff einhüllt, wenn sie in mein Heim kommen und wenn sie gehen.".

Wenn du einen Menschen, ein Ding oder sonst etwas in Licht hüllst, stärkt es das Licht im Empfänger, gleichzeitig stärkt es deinen eigenen Schutz.

Ich sage entschlossen: „ICH BIN die ICH BIN-Gegenwart, ICH verlange, dass in meinen vier Wänden und in meiner Umgebung Licht, Liebe und Frieden herrscht. Alles, was der Liebe nicht gleich ist, wird ausgelöscht. Keine Störungen werden geduldet und keine können das Licht durchdringen. ICH BIN das schützende Licht in allen Bereichen meiner Gegenwart und in meiner Welt."

Mit diesen Gedanken anerkenne ich die göttliche Liebe und weiss, Gott herrscht auch in meinem Reich.

Damit du die Harmonie erfährst, brauchst du dein Denken, Fühlen und deinen Körper in Harmonie zu bringen. Die vollkommene Liebe hilft dir dabei als Liebeslevel. Am Liebeslevel erkennst du jederzeit, welche Art von Liebe in dir gerade wirkt. Wenn du eine Fehlschwingung fühlst, egal, ob gegenüber dich selbst, anderen Menschen gegenüber oder eines Zustandes, Sache, Ortes, oder wenn du irgendwelchen Begierden, Leidenschaften und anderen Dinge frönst, so ist dein illusorisches Denken, Fühlen und Tun gerade am Wirken. Deine Verantwortung ist es, möglichst schnell wieder in den goldenen Bereich zu schwingen, indem du das ICH BIN in allem und in jedem siehst. Menschen, die sich darauf achten, lassen sich von ihren wilden Gedanken und Gefühlen nicht mehr herumwirbeln. Sie beherrschen sich und denken und reden nichts Schlechtes über Dinge und Menschen, die ihnen missfallen. So reissen sie die illusorischen Karotten mit den Wurzeln aus. Sie bewahren sich eine ruhige innere Haltung gegenüber allem, was ihnen begegnet. Diese Haltung einzunehmen, ist der direkteste Weg, um sich in Selbstbeherrschung zu üben.

Am Liebeslevel merkst du auch, wann du in deiner Mitte schwingst. Wenn das ICH BIN-Denken bei dir Gefühle und Gedanken auslöst wie „Wow, das ist ja nicht zum Aushalten, so grossartig und geliebt fühle ich mich.", so weisst du, dass du dich fast auf dem obersten Level befindest und alles richtig machst. Ganz bestimmt! Wenn aber Gedanken auftauchen, die dir sagen: „Jetzt bin ich übergeschnappt. Hör sofort auf damit!", so weisst du, dass dein illusorisches Denken und Fühlen die Oberhand hat und du auf den unteren Level schwingst.

Es ist also völlig in Ordnung, wenn du voller Verlangen ICH BIN-Denkspiele denkst und starke Gefühle in sie hinein gibst, um dich wieder auf den von Gott gewünschten Level zu schwingen und zu halten.

Du darfst dich wirklich darauf verlassen, dass in der Sekunde, wo du ICH BIN denkst, und fühlst, dass du es tust, das ICH BIN sämtliche Fehlschöpfungen auslöscht und dir bringt, worauf du dein Bewusstsein gerichtet hältst. Es ist unser Geburtsrecht, jeder darf das Recht benutzen. Das ist der Wille von PAPS und MAM! Dieses Recht zu beanspruchen, ist der direkteste Weg zurück zum Mutterkuchen.

Wenn ich etwas erreichen will und starke Ängste und Zweifel mein Vorhaben stören, bleibe ich trotz allem fest in meinem ICH BIN und richte meine Gedanken mit aller Kraft auf mein Ziel. Ich denke in solchen Momenten: „ICH BIN die tapfere Seele. Selbst wenn ich fast vor Angst und Zweifel durchknalle, bleibe ich in meinem Bewusstsein verwurzelt. ICH weiss, dass jetzt die Liebe alle Fehlschöpfungen, ihre Ursache und Wirkung wegspült und mir bringt, worauf ich mein Denken lenke."

Die Gedanken lösen die entsprechenden Gefühle aus und lassen mich gleich ruhiger werden. Entschlossen halte ich den gewünschten Zustand in meinem Bewusstsein fest. Die Angst- und Zweifel-Gedanken werden sich nicht durchsetzen. Tauchen diese auf, spiele ich sofort meine Denkspiele. Wenn mein Verstand nicht gerade mit anderen Dingen beschäftigt ist, denke, sage oder singe ICH BIN-Gedanken. Ich erhalte dadurch den Fluss, der mir das Erdachte bringen wird. Die guten Erfahrungen beindruckten meinem Verstand. Er rebellierte entsprechend weniger wenn ich mich an grössere Herausforderungen wagte.

Diese Art zu denken ist nicht anstrengend, falls du das vielleicht gerade denken solltest. Negativ zu denken ist auch nicht anstrengender, nur fühlt man sich dabei schlecht und man verliert erst noch eine Menge c^2. Das ist viel anstrengender. Für mich ist das bewusste ICH BIN-Denken eine Gewohnheitssache. Menschen gewöhnen sich erstaunlich schnell an etwas, das ihnen guttut. Diejenigen, die weit fortgeschritten sind, die sich angewöhnt haben, den Stoff täglich mehrmals zu benutzen, sind in der Lage, durch das ICH BIN Dinge aus dem Liebesstoff hervorzubringen und zu bewirken, die für einen Normaldenkenden kaum vorstellbar sind. Sie sind Meister und Meisterin der Elemente und der Materie und halten beispielsweise ihr Zuhause sauber, ohne dabei selbst Hand anzulegen. Sie vollbringen wahre Wunder, nur weil sie von diesem Stoff völlig begeistert sind, ihn schätzen, anerkennen und vor allem benutzen. Du wirst selber feststellen, dass sich mit der Zeit in deinem Heim weniger Staub und Schmutz niederlässt, wenn du täglich den Schutz aufrechterhältst.

Das ICH BIN kann alles, es findet für dich sogar verlorene Dinge. Falls du mal etwas nicht mehr findest, hast du ja noch ein 3. Auge, durch das der Geist das Unauffindbare erblickt. Um das 3. Auge zu aktivieren, denke beispielsweise Folgendes: „ICH BIN das allsehende Auge, die das Verlorene findet."

Sei jedoch nicht enttäuscht, wenn etwas unauffindbar bleibt, alles hat seinen Grund und seine Wirkung. Dazu eine kleine Geschichte:

Ich suchte einmal verzweifelt nach meiner Kette. Die Kette war mir nicht so wichtig, aber den Anhänger wollte ich wiederhaben. Ich hatte es erst vor kurzem geschenkt bekommen und konnte das hübsche Schmuckstück nur einmal, für ein paar wenige Stunden, um den Hals tragen. Die Kette mit Anhänger kam jedoch nicht mehr zum Vorschein. Ich wollte wissen warum, bevor ich begann die Kraft des Stoffes in Frage zu stellen. Vielleicht musste durch diesen Verlust etwas ausgeglichen werden. Wenn das so wäre, so ist mir, ganz einfach gesagt, recht geschehen. Der Verlust war aber kein Ausgleich, sondern vielmehr Glück, denn der Anhänger wurde vor langer Zeit mit «bad Vibes» versehen. Die Wache und der Schutz der ICH BIN Gegenwart zeigten ihre intelligente Wirkung. Den Schutz aufrechtzuerhalten, ist aus vielen Gründen sehr sinnvoll.

Das ICH BIN ist pure Energie! Es ist deine persönliche Tankstelle, die dich keinen müden Rappen kostet. PAPS und MAM tanken dich in wenigen Minuten mit erquickendem Elektronen-Stoff auf, bis du «Full of Love» bist. Falls du mal schlapp machst und irrtümlich glaubst, für das Weitergehen und Dranbleiben keine Kraft zu haben, hier dein täglicher Energydrink: „ICH BIN der aufputschende Stoff, der mein Gemüt und meinen Körper beflügelt und erhellt. ICH fülle mich mit dem Stoff der Liebe auf, der mir Gleichmut, Vertrauen und Durchhaltekraft schenkt."

Das Vertrauen in die ICH BIN Gegenwart

Das Vertrauen in Gott ist wie ein Pflänzchen, das wächst. Das Vertrauen wächst schneller, wenn du anerkennst, dass du das Recht hast, das ICH BIN zu beanspruchen. Es ist das Geschenk Gotte an uns. Wie wertvoll das Geschenk ist, wirst du erkennen, sofern du es täglich benutzt. Ich kann dir aus Erfahrung versichern, dass, wenn du dein Geschenk auspackst und die Bedienungsanleitung liest – die liest du übrigens gerade in diesem Buch – und es clever gebraucht, dir bewusst wird, wie bedingungslos wir Menschen von PAPS und MAM geliebt werden. Deine Ansichten über Gott werden sich völlig verändern. Die Erfahrungen mit deinem Geschenk lassen deine Liebe zu Gott wachsen und unendliche Dankbarkeit für ihn empfinden. Mit der Zeit glaubst du nicht nur, dass du bedingungslos geliebt wirst, sondern du weisst es. Du fühlst es dermassen, dass du dich jedes Mal fast auflösen könntest. Wenn ich mich am Auflösen bin, hört sich eine ICH BIN-Anerkennung bei mir etwa so an: „Lieber Gott, ICH fühle so viel Liebe für DICH, dass ICH fast explodiere. ICH danke Dir für die Vollmacht, den Stoff zu benutzen. ICH BIN das wachsende Vertrauen in DICH, ICH übergebe DIR die Vollmacht, mir das zu erfüllen, auf was sich mein Verlangen richtet. ICH anerkenne DEINE Macht und überlasse DIR die Führung."
Vertrauen bedeutet: In deiner eigenen ICH BIN-Gegenwart verwurzelt zu sein und anzuerkennen, dass du zwar die Vollmacht hast, aber die Macht Gott überlässt. Und im Wissen zu leben, dass er das Erdachte bringt und unerschütterlich in diesem Wissen verankert zu bleiben. Denke daran: Wenn du ICH BIN denkst, ist nicht deine Ich-Persönlichkeit gemeint, obwohl du Gott gleichgestellt bist. Es ist nicht deine eigene Kraft, die du beanspruchst, sondern die des allermächtigsten, die du durch deine Gedankenkraft in Gang

bringst. Das ist ein Unterschied. Aus diesem Grund wünscht sich das Oberbewusstsein für uns so sehr, dass wir unser Denken und Fühlen in Einklang bringen, damit wir uns wieder mit ihr EINS fühlen können.

Ich erlebe es immer wieder; solange ich an meinem ICH BIN angedockt bleibe, kann eine unangenehme Situation noch so heiss sein. Ich gehe gelassener durch den brodelnden Brei und überstehe ihn durch mein unbesiegbares ICH BIN.

Bewusst das ICH BIN zu sein, erhöht fortwährend deine Schwingungen, denn sie löscht zugleich die negativ geprägten Vibrationen, die in den verborgensten Schichten deiner Atömchen gespeichert sind. So nebenbei wirst du ein leuchtendes Wesen mit wachsendem Vertrauen. Das geschieht jedoch nur, wenn du dein Geschenk beanspruchst und dir selber durch deine Erfahrungen diese Tatsache beweist.

Nehmen wir an, du beginnst an den ICH BIN-Stoff zu glauben. Stell dir vor, du glaubst nicht nur an den Stoff, sondern wendest ihn auch an und machst dabei erstaunliche Erfahrungen. Was denkst du bewirken die Erfahrungen? Genau! Der Glaube, das Vertrauen zu haben, es sei wahr, wird zur Überzeugung. Die Überzeugung wandelt sich in Wissen um und das Wissen vertieft den Glauben ICH BIN der Stoff. Viele Menschen wünschen sich etwas aus dem Stoff der Liebe, das kann Erfolg, Gesundheit, Liebe und Glück sein. Da sie jedoch der Illusion verfallen sind, sie wären der Schöpfer und die Schöpferin, erhalten sie oft nicht die gewünschten Resultate, und wenn, brechen sie zusammen. Die erhaltenen Sachen gehen wieder verloren, wenn das menschliche Bewusstsein nicht wirklich in Harmonie mit der alles durchschauenden, und nicht zu veräppelten, ICH BIN-Gegenwart ist. Beginnen die Menschen anzuerkennen, dass es – mal anders gesagt – Manitu ist, der das Gewünschte bringt, und sie den göttliche Stoff benutzen dürfen (müssen), im Vertrauen, dass ER ihnen den gewünschten Stoff bringt, werden die ICH-gewordenen kleinen Götter und Göttinnen mehr als das Verlangte erleben. Zum Beispiel Einsicht, Weisheit, Mitgefühl und Humor, kurz gesagt, alles was die vollkommene Liebe ist, bis sie das höchste Gefühl der Gefühle, die bedingungslose Liebe, erreichen.

Wache ICH BIN-Menschen halten sich immer vor Augen, dass sie lediglich die Träger der **L**-Substanz sind und dass dieser Stoff in Wahrheit der Boss von Zeit und Raum ist. Aber sie verlangen vom göttlichen Stoff, dass sämtliche menschliche Begrenzungen in ihrem System ausgelöscht werden.

Wie du deine ICH BIN Kraft stärkst

Damit du das Verlangte erlebst ist es sinnvoll, die eigene Kraft zu stärken. Mit «die eigene Kraft stärken» meine ich, deine Gott gegebene mentale Denkkraft und Liebespower zu stärken, um die göttliche Energie gezielt zu lenken.

Deine Kraft stärkst du, indem du über das ICH BIN nachsinnst und fühlst, dass du es tust, damit meine ich: Du bist mit deinem Herzen dabei. Das bedeutet: Nicht nur ICH BIN-Denken, sondern es auch fühlen. Beobachte dazu deinen Körper und fühle, was du in deinem Körper wahrnimmst. Der Liebes-Stoff beginnt sofort zu wirken. Wenn aber eine fiese Rübe in den Kanal hineinflutscht und den Liebesstrom abwürgt, wird der Fluss fehlgeleitet. Die Rübe hat jedoch keine Chance, wenn du die Aufmerksamkeit auf das ICH BIN in dir gerichtet hältst und verlangend sagst: „ICH BIN die Kraft, die genau diese Rübe ausmerzt!"

Gott wird das mit Freude für dich erledigen. Du brauchst ihm jetzt nur die Chance zu geben, ihn in dir wirken zu lassen. Jedes Mal, wenn du bewusst ICH BIN denkst, wächst deine eigene Kraft. Je stärker deine ICH BIN-Kraft ist, desto schneller wirst du die göttliche Kraft in dir lenken und das Erdachte heranziehen.

Um ihre eigene Kraft zu stärken, bauten unsere Brothers and Sister, als sie selbst meilenweit von ihrem Meistergürtel entfernt waren, ihren Schutz auf. Sie stellten sich mehrmals täglich bewusst in die Obhut Gottes und hielten dadurch den Schutz aufrecht. Beispielsweise so: „ICH BIN die Ausdehnung meiner mächtigen Gegenwart. ICH fühle die Kraft in mir und weiss, dass jetzt alles Übel umgewandelt wird, das meinem ICH BIN im Wege steht solange, bis Gott die absolute Oberhand behält."

Menschen, die den direktesten Weg wählten, unterlassen es nie ihren Körper und ihr Gemüt, ihr Zuhause, ihr Denken und Fühlen und ihre Welt mit Schutz und Liebe aufzuladen. Das Aufrechterhalten ihres Schutzes bereitet ihnen keine Mühe, sie denken nicht: „Och, heute habe ich keine Lust." oder „Die Zeit erlaubt es mir nicht." Sie finden immer Zeit und tun es einfach, egal zu welcher Zeit. Selbst wenn sie müde sind. Denn, sobald sie es tun, ist alle Müdigkeit futsch. Hinterher sind sie völlig ruhig und liebes-high, und schlafen gegebenenfalls friedlich ein.

Das zweite Stärkungsmittel, das für diese Menschen zur unerlässlichen Gewohnheit wurde, war das tägliche «ICH BIN die vollkommene Gesundheit in diesem Körper»-Denken, damit ihr Körper im Gleichgewicht und in schlanker Form bleibt bzw. kommt. Als drittes, zur Beherrschung ihres Verstands, übten sie sich täglich darin, ihre Aufmerksamkeit auf das ICH BIN und auf das Verlangte zu halten. Egal, was es war, selbst wenn es sich um grosse Sachen handelte.

Diese 3 Dinge stärken deine Kraft, jedoch nur, wenn du es tust. Du kannst ja öfters mal deine Aufmerksamkeit auf das ICH BIN in dir richten, statt dich mit dem kleinen Ding in deiner Hand zu beschäftigen, dass dich genau von dieser Tat ablenken will. Stell dir lieber vor, wie sich das anfühlt, selbst zu denken und zu fühlen, das zu tun, was du wirklich willst. Wie es ist, keine Rückschläge mehr zu erleben und Disharmonie mit anderen Menschen zu erfahren. Vom Erfolg gesegnet zu werden und sämtliche Herausforderungen mit Bravour zu meistern. Falls eine mächtige Armee von Rüben und Karotten über dich herfallen will, fegst du sie mit der violetten Flamme hinweg. Die violette Flamme ist ein zusätzliches Geschenk von PAPS und MAM und für hartnäckige Fälle gedacht. Im Dschungel der Illusionen ist das mächtige

Flammenschwert für einen verirrten Menschen äusserst wertvoll. Die Macht des Feuerschwerts ist nicht zu unterschätzen, es zerstört und durchtrennt alles, was sich deinem ICH BIN in den Weg stellt. Das Hinzuziehen der violetten Flamme ist zu Beginn deiner Kraftzurückeroberung sehr hilfreich. Sich täglich, zusätzlich zu den 3 Dingen, bewusst für einige Minuten in die Flamme zu setzen und zu denken: „ICH BIN die allesaufzehrende Flamme, die sämtliche Fehlgedanken und Schöpfungen in meinem ganzen System umwandelt.", lässt dich mit Meilenstiefeln an den Füssen vorankommen.

Wie du siehst, brauchst es nicht viel, um die eigene Kraft zu stärken. Der Zeitaufwand hält sich auch in Grenzen, wenn man bedenkt, wie viele ICH BIN-Gedanken gedacht und gefühlt werden können, allein schon in den 2 bis 3 Minuten während dem Zähneputzen. Gedanken sind sekundenschnell gedacht. Du wirst fühlen, wie deine Kraft stärker wird, und wenn du beharrlich dranbleibst, erlebst du in wenigen Wochen und erst recht in einigen Monaten erstaunliche Ergebnisse. Die grossen Sachen werden nicht mehr so unmöglich und unerreichbar erscheinen. Denn in der Zwischenzeit ist deine ICH BIN-Kraft stärker geworden und du hast erfreuliche Erfahrungen gemacht, die zur Überzeugung wurden.
Ich schalte mal den Lautsprecher in meinem Kopf an, damit du hörst, mit was für ICH BIN-Denkspiele ich meinen Verstand beschäftige:

„ICH BIN die clever Seele und verlange alles Wissen, das mich erkennen und verstehen lässt."

„ICH BIN das vollste Vertrauen in die ICH BIN-Gegenwart.

Auch wenn ich das Gefühl habe, mich lächerlich zu machen und ich glaube, dass ich nie etwas auf die Reihe bekommen werde, bleibe ICH das Vertrauen in die höchste Liebe."

„ICH denke immerzu ICH BIN, ICH BIN, ICH BIN, ICH BIN und weiss, dass jetzt der Stoff der Liebe in mir tätig ist. Alles kommt gut und alles ist gut. ICH vertraue der Kraft in mir."

„Lieber Verstand, ICH weiss, dass du mich nur beschützen willst. Aber ICH BIN hier die CHEFIN! Zusammen löschen wir den Fehlauftrag im ganzen System. Dazu nehmen wir die violette Flamme ICH BIN frei von all den Fehlschöpfungen."

„ICH tue es, auch wenn Zweifel da sind, bleibt meine Aufmerksamkeit auf mein ICH BIN gerichtet. ICH weiss, dass sich dabei der Zweifel Schicht für Schicht auflöst. Selbst dann, wenn sich der Zweifel nochmals mächtig aufbäumt."

„ICH BIN die sieghafte Intelligenz. ICH verlange von der Intelligenz, alle meine ICH BIN Aufträge vollkommen sichtbar zu machen. ICH BIN die violette Flamme, die sämtliche Fehlschwingungen, die von mir selbst ausgegangen sind, mitsamt ihren Ursachen und Wirkungen auslöscht!"

Was dich aus der Ruhe bringen könnte

Als ich einmal dringendst eine neue Wohnung brauchte, fragte ein Bekannter von mir verwundert, warum ich noch kein neues Zuhause gefunden habe. Ich müsste doch längst ein neues Zuhause haben, schliesslich wende ich ja das ICH BIN an. Ich war meinerseits erstaunt über diese Frage, weil ich davon ausging, dass er immer wieder über das ICH BIN nachgedacht hatte und nicht nur als unerfahrenes Wissen im Mentalkörper angesammelt ist. Vor ein paar Jahren hätte mich die Bemerkung verunsichert und als Versagerin fühlen lassen. Der Leistungs- und Perfektionsdruck sowie der Irrtum, der gepredigt wird, ist überall anzutreffen. Man könnte meinen, das ICH BIN wäre ein Leistungssport. Aber was nutzt das angelesene Wissen, wenn das Wissen nicht durch Selbsterfahrung zum wahren Wissen (Weisheit) wird? Es wird viel Unweisheit vermittelt. Meistens von Menschen, welche die Halbwahrheiten von anderen Leuten übernommen haben, ohne zuvor selbst darüber nachgedacht und ihre eigenen Erfahrungen gemacht zu haben. Sie glauben, dass die Wahrheit etwas mit der Zahl der Leute, die von ihr überzeugt ist, zu tun hat, oder mit dem Status der Leute, welche sie predigen. Würden sie selbst denken, fühlen und erfahren, würden sie die Wahrheit von der Halbwahrheit unterscheiden können und keinen Irrtum weiterverbreiten. Die vielen Halbwahrheiten, die in diesen Bereichen vermittelt werden, sind schon verwirrend. Da lohnt es sich seiner ICH BIN-Gegenwart bewusster zu werden und auf sein eigenes Gefühl zu hören. Oder gleich den direktesten Weg nehmen und einen Brother bzw. eine Sister Fragen, die es selbst erfahren haben.

Mittlerweile weiss ich; bleib gelassen, wenn sich Dinge nicht in der Zeit erfüllen, die du dir gesetzt hast, jemand anders gesetzt hat oder für richtig hält. Schenke der Zeit keine allzu grosse Beachtung und Wichtigkeit. Die Zeit ist eine Illusion! Gib dem ICH BIN die freie Zeit, damit deine Gedanken sichtbar werden können. Manche Ziele und Wünsche erfordern einen längeren Verdichtungsprozess. Jede Schöpfung durchgeht 13 Phasen. Die 13 Schöpfungsphasen kannst du dir als Entwicklungs- oder Reifungsprozess vorstellen, den ein Mensch durchmacht, wenn er von hier (Ausgangspunkt seiner Schöpfung bzw. Schöpfungsidee) nach dort (Meistereben bzw. endgültige Manifestation) geht. Die Menschen haben jede Schwingungsphase zu durchgehen und zu meistern. Auch wenn ich über die 13 Phasen der Manifestation ein Buch schreiben könnte, stelle ich sie dir im Kapitel «Die 13 Schöpfungsphasen» kurz vor. Es lohnt sich zu erkennen, in welcher Phase man schlapp macht oder hängen bleibt, wenn man sich etwas sehnlichst herbeierdenkt.

Das Erdachte verzögert sich unnötig durch solche verwirrenden Behauptungen, Erwartungshaltungen und Erwartungsdruck. Erwarte nicht von dir, sofort ein Meister oder eine Meisterin zu sein, selbst wenn das andere von dir erwarten. Mit etwas Übung und Vertrauen, wird das Gewünschte eine kürzere Wartezeit mit sich bringen. Irgendwann wird das Erdachte gleich in Erscheinung treten. Menschen, die mit der Anwendung des Stoffes schon sehr vertraut sind, können das! Sie erschaffen durch ihre mentale Kraft sekundenschnell eine erdachte Sache aus der Substanz der Liebe.

Einige kennen die sofortige Manifestation unter der Bezeichnung «Simsalabim» oder was etwas schwieriger zum Aussprechen ist, «Präzipitation». Da geht präzise ein Gedanke sekundenschnell den ganzen Schöpfungsvorgang der Dreiheit durch und – é voila - erhalten die sehr geübten das Erdachte plötzlich in ihrer sichtbaren Welt. Jeder Schöpfungsvorgang ist nichts anders als Präzipitation, nur in verschiedener Art.

Unterlasse es, deinen Zielen eine Zeitfrist zu geben. Mach deinen Kopf frei von diesem begrenzenden, menschlichen Denken. Gott ist die Intelligenz! Was das alles bedeutet, wird oft unterschätzt. Lass dich von den Erwartungen und Behauptungen anderer Menschen nicht beirren, die nicht wirklich über die Worte ICH BIN nachdenken, auch wenn sie glauben zu wissen oder meinen zu wissen, wie man es richtig macht. Bleibe dir treu und geh deinen Weg.

Übrigens: Ich habe meine Wohnung noch in der Zeit, die mir blieb, erhalten. Sie ist idealer als ich von Gott verlangte. In dieser Zeit der Wohnungssuche lernte ich zu verlangen, da mir das Wasser bis zu den Nasenlöchern stand. Man kann in sehr kurzer Zeit lernen und verstehen, aber auch nur wenn man danach verlangt.

Ich erinnere mich gut an eine Erkenntnis, die ein Birnchen zum Leuchten brachte, als ich über die Intelligenz nachdachte. Von diesem Birnchen möchte ich dir erzählen. Hm? Weiss gar nicht wo anfangen. So ein Erlebnis rüber zubringen ist gar nicht so einfach. Das ging alles so schnell. Ebenso, wie eine Glühbirne, die angemacht wird. Die Mini-Erleuchtung sagte mir ungefähr so etwas ins Ohr; „Vertrau mir. Ich mach das für dich. Wie immer. Schon vergessen?" In Sekundenschnelle purzelten viele Gedanken durch meinen Kopf. Mein erster Gedanke war: „Ich muss ja gar nicht so viel machen." Mein zweiter: „Ich bin nicht allein."

Das ging alles so schnell ab. Ich kann nur eine kleine Zusammenfassung erzählen von dem, was da so alles in meinem Kopf abging. Ich weiss noch, wie ich dachte: „Ich bin die clevere Seele." Und dann: „Also warum mach ich mir eigentlich so einen Stress?". Ich musste lachen und dachte: „Die Gedanken von mir sind noch keine Formen. Sie sind nur Energie. Keine Ahnung, was genau aus ihnen entstehen könnte. Egal, ob ich von meinen Kreationen beglückt war oder nicht, bei all meinen Schöpfungen habe ich nie die Einzelheiten genauestens durchdacht und durchfühlt. Nicht einmal bei meinen genialsten Schöpfungen. Das wurde mir so richtig klar. Und diesmal, dachte ich mir, wird es auch so sein. Ich brauche nur meine Aufmerksamkeit verlangend auf das Erdachte zu richten – komme was wolle – starke Gefühle in sie hineinzugeben und in meinem ICH BIN zu bleiben. Kein mühsames visualisieren und manifestieren, wie es sein, wo es sein und wann es sein muss. Ich lass mich von Gott, der mich über alles liebt, überraschen. Am Ende kommt es besser heraus als gedacht. Schlussendlich führt mich die Intelligenz auf den direktesten Weg ans Ziel.

Rede so wenig wie möglich mit Menschen über deine Projekte und Vorhaben, selbst wenn du dabei fast platzt. Ausser es sind Menschen, die keinen Zweifel an der Erfüllung deiner Ziele haben. Ansonsten können die Vorstellungen und Erwartungen einiger Menschen dein Streben, deine Projekte und dein Vorhaben stören, dich verunsichern und hinunterziehen, wenn du dich nicht fest an dein ICH BIN hältst. Falls du den Drang verspürst, von deinen erstaunlichen und erfreulichen Erlebnissen zu erzählen, versuch dich trotzdem zu beherrschen. Denke an das Zusammenwirken der 7 kosmischen Spielregeln, daher «Schweigen ist Gold, Reden ist Silber». Für die meisten Menschen erscheinen deine Erfahrungen unglaublich, schlimmstenfalls machen sie sich über dich und das Erzählte lustig. Die Bemerkungen und Behauptungen anderer lassen dich auf einmal zweifeln und stören den heilenden Liebesstrom bei der Erfüllung. Sich zu rechtfertigen bringt nur Kräfteverlust. Lerne zu schweigen, um keine Kraft zu verlieren und Zeit zu verplempern.

Es gibt Menschen, die ihre Meisterschaft errungen haben und den Meistergürtel auch gleich wieder losgeworden sind. Sie missbrauchten ihre Kraft, indem sie darüber erzählten, und indem sie ihre unglaublichen Fähigkeiten vor anderen zur Schau stellten. Die Menschen auf dem Weg zur Meisterschaft, geschweige ein Meister und eine Meisterin, kommen niemals auf die Idee, ihr Können und Wissen zu demonstrieren oder andere überzeugen zu wollen. Sie haben nicht das Gefühl, dass sie etwas Besseres und Besonderes sind. Menschen, die die Erkenntnisse über das ICH BIN kennen und bewusst anwenden, besprechen auch nicht bestimmte Erfahrungen miteinander. Sie lernten zu schweigen, da sie wissen, dass sie durch das Reden und Diskutieren ihre Kraft und ihr Licht verschleudern. Es kommt ihnen auch nicht in den Sinn, die Fortschritte, Fähigkeiten und Offenbarungen eines anderen zu beurteilen oder zu missgönnen. Sie wissen genau, was sie dadurch wieder auslösen. Ihnen ist klar, dass jeder das erhält, was seinem Reifegrad entspricht.

All das können ebenfalls Gründe sein, warum gewünschte Dinge nicht in Erscheinung treten und jemand von der Liebeswelle fällt. Menschen, die den Sinn der Worte ICH BIN erkennen, lassen sich nicht mehr von solchen Sachen verwirren. Sie lassen sich nicht von gewissen Menschen beeinflussen, selbst wenn sie noch so wundertätig erscheinen. Es sei denn, sie fallen aus freiem Willen hinein. Ein guter Grund das ICH BIN-Bewusstsein zu schärfen, um den Weizen vom Spreu zu unterscheiden. Selbst wenn sie sich aus ihrem Schlamassel erheben wollen und jemand sie mit störenden Gedankenschwingungen bewirft, können sie nicht mehr verwirrt und beeinflusst werden, sofern sie in ihrem ICH BIN verwurzelt sind und ihr Denken und Fühlen in Harmonie mit der höchsten Liebe bleibt, und sie sämtliche Resonanzflächen in ihren Körpern neutralisieren. Die Dinge werden sich durch dieses meisterliche Verhalten zu ihren Gunsten lösen. Nach den 7 kosmischen Spielregeln muss sich der Absender selbst mit seinen ausgesendeten Gedankenenergien auseinandersetzen. Um das nochmals zu verdeutlichen, folgt eine kleine Auffrischungswelle:

Ein Mensch, der jemanden oder etwas kritisiert, verurteilt, herumklatscht, bemitleidet, der Angst um jemanden hat, oder bei jemandem etwas ändern will, missbraucht das ICH BIN und sendet gegen all das, worauf er sein Denken, Fühlen und seine Worte richtet, Tsunamiwellen aus. Bleibt der Empfänger unerschütterlich in seinem ICH BIN verankert, schlagen die ausgesendeten Wellen mit den gleichen Eigenschaften, die ihnen der Absender zuvor gegeben hat, auf den Aussender selbst zurück. Der Täter fühlt sich auf einmal als Opfer, denn die zurückschlagenden Wellen klatschen ihn an die Wand.

Falls jemand gegen dich negative Gedankenwellen aussendet, sage beispielsweise: „ICH BIN der Schutz, der alles störende beseitigt! Nichts kann mich und meine Welt treffen."

Die ICH BIN-Menschen, die merken, wenn sie einen Fehler begangen haben, verlangen nach Weisheit, damit ihnen der Fehler nicht nochmals passiert. Für Gott gibt es eh nichts zu vergeben. Er liebt dich über alles, egal, wie viele Fehlentscheidungen du getroffen hast. Er lässt dir die Weisheit zuströmen, ohne dich zuerst zurechtzuweisen.

Goldige Zukunftsaussichten

Die Bedeutung der Worte ICH BIN zu verstehen, ist vor allem für die Zukunft erstrebenswert, damit ein äusserst übler, schleichender Einfluss durchbrochen werden kann.

Wir Menschen befinden uns in der Polarität. In der Polarität ist in jedem Menschen Gutes so wie Böses. Dennoch ist das Böse eine Illusion. Das weise Sprichwort: «Es gibt kein Gut oder Böse, unser Denken macht es so.», verdeutlicht diese Wahrheit. Es sind nur Ausdrücke für die Pole derselben Sache. Auch wenn Gut und Böse in der Polarität das gleiche Ding ist, ist es eine Frage des Bewusstseins, welcher Seite man sich zuwendet und dadurch stärkt. Je nachdem, wie ein Mensch denkt und fühlt, überwiegt in ihm das Gute oder das Böse. Erinnere dich aber daran, dass es keinen absoluten Massstab gibt, der genau festlegt, wann das Böse endet und wann das Gute beginnt. Steigen wir den Massstab hinauf, kommen wir der höchsten Liebe näher. Je weiter wir absteigen, umso weniger finden wir Liebe, weil die Schwingungen mehr und mehr in Hass übergehen.

Erinnerst du dich an das Prinzip der Resonanz? Gut! So leuchtet dir ein, dass sich auch die zurückgelassenen dunklen Schwingungsanteile der «bösen» Menschen von den negativen Gedanken und Gefühlen der lebenden Menschen sehr angezogen fühlen, die auf der gleichen oder ähnlichen Wellenlänge denken und den gleichen Begierden frönen. Gleich und Gleich gesellt sich gerne, egal, ob mit oder ohne feste Masse.

Die Menschen auf der Erde öffnen jedoch unwissentlich durch Angst-, Hass- und Wut-Gedanken und -Gefühle, und durch Leidenschaften wie Macht, triebhafte Sexualität, Süchte und andere Ich-bezogene Interessen und Aktivitäten, die Pforten zu den niedrigsten geistigen Ebenen der Polarität, selbst wenn es nur zur Unterhaltung geschieht. Durch diese Türen docken sich die herangezogenen Energieformen an die gleichen oder ähnlich schwingenden Menschen und nähren durch sie ihre eigenen Triebe, Leidenschaften und negativen Gedanken- und Gefühlsenergien. In meinem Beruf erlebe ich immer wieder solche Anhaftungen. Sie sind oft ein Grund, warum es einem Mensch schwerfällt, sich von bestimmten Lastern, Süchten, Verhaltensmustern, Gedanken und unheimlichen Stimmen zu lösen.

Wenn die Menschen sehen könnten, was sie beim Ansehen und Lesen von gewissen Nachrichten, Filmen, Serien, Game-Spielen und an Halloween so alles an dunklen Energieformen aus den geistigen Ebenen in die Welt einladen und nähren, würden sie ihre Aufmerksamkeit mehr auf das Gute richten. Das Prinzip der Entsprechung verdeutlicht, dass zwischen den 7 kosmischen Prinzipien und dem schöpferischen Bewusstsein eines Menschen immer eine Übereinstimmung herrscht. Folglich stimmen die Gesetze auch mit dem kollektiven Denken und Fühlen überein. Es ist das menschliche Bewusstsein der breiten der Masse, das den Boden für solche dunklen Energieformen ermöglicht. Kannst du dir vorstellen, was für bedenkliche Gedanken- und Gefühlsschwingungen entstehen und wirken, wenn jeden Abend zu bestimmten Zeiten eine Masse von Menschen vor dem Fernseher lümmelt? Das ist ein Ritual, das jeden Abend von Millionen von Menschen freiwillig vollzogen wird. Die Serien und Filme werden nicht zufällig regelmässig zu bestimmten Zeiten ausgestrahlt. Alles was in einer Regelmässigkeit gedacht und gefühlt wird, manifestiert sich schneller, als der Gedanken- und Gefühls-Cocktail, der nur hin und wieder ausgesendet wird. Die Menschen ziehen sich dadurch unwissentlich den Stoff der niedrigsten geistigen Ebenen in ihr

Gehirn rein, der für eine schleichende Gewöhnung sorgt, bis sie nicht mehr von ihren Leidenschaften loskommen. Die Menschen erzeugen automatisch die entsprechenden Gedanken und Gefühle, die zur Realität werden. Es ist ihre Entscheidung. Sie entscheiden sich freiwillig ihrem Verstand zu erlauben, den Fokus auf das zu richten und zu halten, was ihnen ständig aus irgendwelchen Quellen vorgegaukelt wird. Wenn aber dadurch die schlimmen Zustände auf der wunderschönen Erde weiterhin stabil gehalten wird, erleben sie in Zukunft menschenunwürdige Science-Fiction, die sie sich heute bereites massenweise im Kino und in TV-Serien ansehen. Sie schauen sich heute mit Leidenschaft und mit tiefem Empfinden ihren zukünftigen Horrortrip an.

Es ist eine Frage des Bewusstseins, worauf die Aufmerksamkeit gerichtet und gehalten wird. Wir können uns jederzeit entscheiden, da nicht mehr hinzusehen, mitzumachen und nachzumachen und dabei mitzuwirken, dass ein Boden entsteht, der auf Liebe aufgebaut ist. Es liegt an jedem Einzelnen, diesen üblen Einfluss aufzuhalten und nicht darauf zu warten, dass andere damit beginnen. Je weniger die Aufmerksamkeit auf die gehirnwaschenden Illusionen gerichtet wird, umso besser. Durch diese Ausrichtung werden wir weniger Übel anziehen und erleben.

Es ist bedeutsam zu erkennen, was man sich durch sein negatives Denken und Fühlen anziehen kann. Da ist es schon mal zu seinem eigenen Schutz wichtig, gewisse Neigungen, Gewohnheiten und Charaktermerkmale abzulegen. Denn solange jemand im Kreislauf der Verkörperung gebunden ist, wird er mit den gleichen Neigungen etc. wiedergeboren werden. Diese empfindet ein Mensch schon früh in seinem Leben als schwere Last. Was folglich geschieht, ist, dass ein behafteter Mensch, im nächsten oder übernächsten Leben, selbst zu einem Menschen mit dem entsprechend dunklen Bewusstsein geworden ist. Solche Menschen sind immer häufiger anzutreffen.

Es ist möglich, sich gedanklich auf eine höhere Wellenlänge zu heben und sich auf ihr zu halten, um da rauszukommen. Im Kapitel «Von Anhaftung und Verhaftung in wahre Freiheit» erfährst du, wie.

Es gibt keinen Grund, dich durch dieses Wissen einschüchtern zu lassen, und auch keinen dich vor dem Bösen zu fürchten. Es sei denn, du duldest diese Schwingungen oder du hast selbst die entsprechenden Vibes in dir. Es gibt niemanden, und sei er noch so gut, der nichts Böses aufgenommen und verursacht hat und gänzlich davon frei ist. Falls du irgendwann einmal solche Frequenzen verursacht hast, gibt es für dich nur anzuerkennen, anzunehmen und auszugleichen.

Auf den höheren Ebenen der Polarität existieren grosse Seelen, die freiwillig in die physische Welt kommen, um den schleichenden Einfluss zu brechen. Sie werden meisten in weiblicher Gestalt geboren. Doch wird es den weiblichen Helfern durch die jahrtausendlange Unterdrückung des weiblichen Geschlechts schwer gemacht, ihre Aufgabe zu erfüllen. Den machtvollen, weiblichen Aspekt versucht das männliche Geschlecht nicht nur in sich selbst zu unterdrücken sondern auch im Aussen. Die Ebenen der Polarität, wo sich zurzeit die Menschheit befindet, werden hauptsächlich vom männlichen Denken beherrscht. Dieses Bewusstsein bestimmt den Zustand, den wir hier erleben. Das mental ausgerichtete Bewusstsein der Gesellschaft schwingt auf einer eher kriegerischen Ebene. Diese Ebene entspricht dem menschlichen Verhalten. Die weiblichen Aspekte sind jedoch in dieser Welt notwendig, sie sind für die persönliche und globale Entwicklung wichtig. Folglich, ist letztendlich alles eine Frage des Bewusstseins.

Es gibt nichts zu negieren! Die Lösung besteht nicht darin, das Böse abzulehnen oder mit Licht besiegen zu wollen. Solange jemand das denkt und tut, hat er die 7 kosmischen Spielregeln nicht so ganz verstanden. Denn seine Bewusstsein ist darauf gerichtet, das Böse besiegen zu wollen und nicht auf das Wahre, das Absolute. Gemäss dem Prinzip der Entsprechung wissen wir, dass dadurch das Böse genährt wird. Das wohlgenährte Böse sagt: „Vielen Dank." und benutzt das Licht für seine dunklen Zwecke. Nur das Böse denkt und handelt so, es glaubt nicht nur, sondern es ist überzeugt, das Gute besiegen zu können.
Die Liebe kommt niemals auf die Idee, das Böse bekämpfen zu wollen. Die Dunkelheit wurde aus der höchsten Liebe geboren. Das Selbsterkennungsspiel hätte ohne das Gegenteil von Licht überhaupt keinen Sinn gehabt. Gott hat aber trotzdem mit dem Bösen nichts zu schaffen. Die Menschen selbst sind es, die solche schlimmen Zustände durch ihr Bewusstsein herbeiführen. Gott beschäftigt sich nicht mit dem Bösen. Er erfährt vielmehr, durch das individuelle Denken und Fühlen seiner siebten Schöpfung, sich selbst. Gott kann nicht so denken. Diese Gedanken können nur von einem in die Irre geführten Menschen entspringen, der sich zurzeit auf den Ebenen der Polarität befindet, wo so ein Denken möglich ist. Gott ist vollkommen und will Vollkommenheit bringen. Jedoch wird er hauptsächlich vom menschlichen Denken und Fühlen in die andere Richtung geleitet. Daher ist alles, was in der Welt unvollkommen erscheint, wie Krankheit, das auch als Böse angesehen wird, durch dieses fehlgeleitete Denken entstanden. Die sogenannten «Gutmenschen» negieren den dunklen Teil in sich und ziehen es somit wieder

in ihre (unsere) Welt. Manche fühlen sich womöglich schuldig, weil sie die Welt und die Menschheit nicht retten können.

Es ist von beglückender Wichtigkeit, das ICH BIN zu sein. Jedes Licht ist gefragt, es braucht unbedingt mehr Nächstenliebe und Mitgefühl, damit alles in der Welt lichtvoller wird. In Momenten, in denen dir das nicht gelingt, hältst du inne, atmest tief ein und wieder aus und denkst: „ICH BIN", und schon bist du in deiner Gegenwart.
Es sind die Worte der Liebe, die in jedem Herzen zu finden und zu beanspruchen sind. Öffne dein Herz, damit das ICH BIN jede irritierte Zelle umwandelt. Denke und sage: „ICH BIN das volle Erfassen der Bedeutung der ICH BIN-Gegenwart. Während ich dieses Buch lese, wandelt mich der Stoff der Liebe in einen hellwachen Menschen um."
Die Wirksamkeit der Worte ICH BIN musst du dir selber beweisen, sonst bedeutet sie dir nicht viel. Die Erfahrungen anderer beweisen gar nichts. Du wirst deine eigenen erfreulichen Erfahrungen und Beweise erleben. Sie werden dich ermutigen, das ICH BIN zu beanspruchen und zu sein. Die erstaunlichen Erlebnisse helfen deinem Verstand, sich auf die Intelligenz Gottes zu stützen und das illusorische Denken zu unterlassen. Deine erlebten Erfahrungen, die dir niemand nehmen kann, lassen für dich das ICH BIN-Denken und -Fühlen zur Normalität werden. Das bedeutet unter anderem, das Erkannte umzusetzen und sich selbst treu zu bleiben, egal, was andere denken und sagen. Das wachsende Verständnis vom Prinzip des Lebens lassen die ICH BIN-Menschen gewisse Dinge nicht mehr machen, die ihnen und der Umwelt nicht guttun. Die Erweiterung ihres Bewusstseins macht sie gegen schädliche Einflüsse immun. Ihr Gewissen lässt bestimmte Aktivitäten, Einstellungen und Handlungen

nicht mehr zu. Die stetige Schwingungserhöhung sensibilisiert sie, so dass sie Dinge von alleine nicht mehr tun. Es durchflutet sie keine Schamwelle, wenn sie beispielsweise zugeben, Bücher wie dieses hier zu lesen oder sich als Vegetarier outen. Es ist für sie normal und selbstverständlich, so zu denken, zu fühlen, zu reden und zu handeln. Das ICH BIN macht sie mutiger, frecher und konsequenter.

Durch deine ICH BIN-Gedanken sorgst du für eine gute Gesundheit in der Zukunft vor. Die Gesundheit ist ein Aspekt der vollkommenen Liebe. In der Polarität erfahren wir das Gegenteil. Hinzu kommt das Prinzip des Rhythmus, denn die Gesundheit ist eine rhythmische Schwingung, die einem vorangegangenen Schwingungsgrad von Krankheit folgt. Die Krankheit hat ein Mensch in diesem Leben oder in einer seiner letzten Leben erfahren. Was hier ebenfalls verstanden werden soll, ist, dass du nicht «bestraft» wirst.
Für uns bedeutet die Erkenntnis: Wir sind in der Lage, durch den Fokus darauf richten, das wir in Zukunft gesund sein werden und bleiben, wenn wir im Hier und Jetzt für eine Balance sorgen. Folglich erleben wir durch dieses Verhalten in unserem nächsten Leben eine gute und stabile Gesundheit. Eine gute Gesundheit ist also kein Zufall. Eine weise Lebensführung gelingt niemandem durch Zufall. Menschen, die sich in vergangenen Inkarnationen mit dem Prinzip des Lebens beschäftigten und ihr Bewusstsein erweiterten, sind von Anfang an in ihrer neuen Inkarnation weisere Menschen und schreiten in ihrem ICH BIN fort.
Jeder hat die Möglichkeit in der Gegenwart, durch ICH BIN-Gedanken weise Entscheidungen für die Zukunft zu treffen, wie: „ICH BIN die Intelligenz, die sich an die Weisheit erinnert, wenn ich wiedergeboren werde. Am besten werde ICH gleich in eine wache und tätige ICH BIN Familie inkarnieren."

Der Stoff steht allen zur Verfügung

Nach meinen Erfahrungen wollen die Menschen schon mehr über den ICH BIN Stoff erfahren und den Stoff auch gerne anwenden. Nur erscheinen die Lehren über das ICH BIN so esoterisch. Meistens wird das ICH BIN auf eine Art vermittelt, dass viele das Gefühl bekommen, nicht gut genug zu sein. Der Glaube, nicht würdig und rein genug zu sein, ist weitverbreitet und steuert automatisch sämtliche Verhaltensmuster. Viele Menschen denken folglich Dinge, die jede Chance, ihrem ICH BIN näherzukommen, negieren.
Gott sei Dank wurde ich mit einem rebellischen Wesen geboren. „Das darf doch nicht sein, dass dieses Recht nur für bestimmte Leute gedacht ist.", dachte ich. Ich verliess mich in meinem Leben, so gut es mir gewisse irritierte Lichtteilchen erlaubten, auf mein eigenes Gefühl. Und mein Gefühl lügt nie. Deins übrigens auch nicht. Das wahre Gefühl ist die Liebe und kann unmöglich lügen. Mein Emotionalkörper konnte auch denken, da im weiblichen Aspekt der männliche am Wirken ist. Mein Verstand war derselben Meinung. Zusammen riefen sie aus: „Das ist vollkommen unlogisch! Es entspricht nicht der bedingungslosen, vollkommenen Liebe."
Die Seele spürt, ob das, was sie in sich aufnimmt, mit ihrem eigenen Sein verträglich ist. Dein Gefühl warnt dich, es ist immer ehrlich! Selbst wenn dir dein Verstand und andere Menschen versuchen, dir etwas anderes einzureden und vorzuspielen.

Das ICH BIN ist nicht nur für gewisse Menschen bestimmt. PAPS und MAM haben keine besonderen und weniger besondere Ebenbilder erschaffen. Niemand muss bereits heilig, rein, würdig oder perfekt sein, damit er von Gott geliebt und erhört wird. Jeder der Gott von Herzen sucht, wird ihn finden, nämlich in seinem Inneren.

Der Glaube «perfekt sein zu müssen» hält so manche Menschen in der Perfektionismus-Falle fest, ein weiteres Falltürchen der Liebesfalle, die nicht auf den Boden der bedingungslosen Liebe aufgebaut ist. Wir werden schliesslich zu Perfektion und Leistung gedrillt. Wir werden so lange auf Fehler aufmerksam gemacht, bis wir nur noch Fehler sehen und uns sogar an den Fehlern von anderen Menschen orientieren. Alles und jedes muss perfekt sein oder zumindest so erscheinen. Mit bedenklichen Auswirkungen! Der gesellschaftliche Perfecktionsdruck führt zu sozialen Zwängen, Entsolidarisierung und Diskrimminierungen von bestimmten unperfeckten Menschen, bis zur genätischen Selektion, damit in Zukunft nur noch perfekte Menschen geboren werden. Aber Spass bei Seite. Ich gebe wieder mein Bestes und schreibe Fehlerlos. Leider glauben viele Menschen, dass sie völlig lasterfrei und perfekt sein müssen, um ihr Potenzial und ihre Fähigkeiten leben zu dürfen oder um anderen Menschen zu dienen. Menschen, die in dieser Falle sitzen, plagen sich mit Selbstvorwürfen, wie „Ich es nicht wert, Ich kann das nicht sein und tun solange ich so fehlerhaft bin."

Die Erwartungen an sich selbst und von anderen, nähren Illusionen wie «Selbstverleugnung», «Minderwertigkeit» und «Scheinheiligkeit» und andere üble Rüben. Die Gesellschaft erwartet aber das perfekte Image und den Heiligenstatus. Um von der Gesellschaft anerkannt zu werden, stülpen sich einige ein illusorisches Image über, obwohl sie sich gerne so zeigen würden wie sie sind. Wie viele andere Menschen auch, leiden sie unter ihren Masken. Wie die anderen auch, versuchen sie verzweifelt an jeder aufgeplatzten Stelle ihres Images herumzuflicken, um diesem Erwartungsdruck und dem illusorischen Bild der Gesellschaft gerecht zu werden.

Dem Bild vom anerkannten Heiler, Medium, Lehrer und Therapeuten rennen so einige nach. Mit dem eingeprägten Heiligenbild im Kopf, glauben einige Menschen irrtümlicherweise, dass nur die anerkannten keine Scharlatane und Schauspieler sind, und dass die anerkannten Besonderes sind. Bei den Hoffnungssuchenden begraben aufsteigende Minderwertigkeitsgefühle den Wunsch, das eigene Potential zu entdecken. Denn man muss ja schon fast heilig sein, um an einem Selbsterfahrungskurs teilnehmen zu dürfen. Es wird oft ermahnt, dass die Teilnehmer drei Wochen vor Kursbeginn keinen Kaffee und keinen Alkohol trinken und nicht rauchen dürfen. Sogar andere asketische Praktiken vorgeschrieben bekommen, um so rein wie möglich zu sein (zu erscheinen). Nur wenige wagen es, die Menschen in den gut getarnten Karottenkostümen zu hinterfragen. Schliesslich sind sie anerkannt und repräsentieren die oberste Spitze, die es in der Esoterik-Szene oder sonst irgendwo zu erreichen gibt.

Viele Menschen werden durch diesen Irrtum zu einem gespielten Opfer. Es gibt Leute, die glauben, dass jemand, der beispielsweise die Aura eines anderen sieht, Löffel verbiegt, vielleicht zusätzlich einen Doktortitel besitzt oder Bestseller geschrieben hat, ein «wissender und spiritueller Mensch» ist, der es gut mit ihnen meint. Diese Fähigkeiten bestimmen jedoch nicht das menschliche Bewusstsein. Überall lauern Menschen, die das ICH BIN für ihre eigenen, meist Ich-bezogenen Wünsche anwenden, die mehr mit ihrem persönlichen Wohlstand und Status zu tun haben.

Nach meinen Beobachtungen vermitteln einige an der Spitze den Suchenden vielmehr das Gefühl „Ich bin doch ein kleines Würmchen", und diese Gefühle nähren die bereits tiefsitzenden Glaubensmuster wie „Mit mir stimmt doch etwas nicht.", und „Ich bin also doch nicht gut genug. Ich muss irgendetwas falsch machen. Ich hänge immer noch in diesem Muster.", und andere wohlgenährte Überzeugungen. Einige an der Spitze sorgen meinen Beobachtungen nach dafür, dass der Irrtum stabil bleibt. Es wird zwar meditiert und über das Erkannte geredet und philosophiert jedoch wird kaum etwas getan. Stattdessen wird mit den Ängsten, Sehnsüchten, Hoffnungen und der Unwissenheit der suchenden Menschen gespielt, um sich an ihnen zu bereichern. So manche sind davon überzeugt, für ihre Spiritualität einen hohen Preis verlangen zu dürfen. Was nichts kostet, ist auch nichts wert, rechtfertigen sie ihren Preis. Eine geniale Karotte, die da erschaffen wurde. Darauf fallen viele herein. Nur geraden sie durch dieses Denken mit den 7 kosmischen Naturkräften in Konflikt. Diese Halbweisen werden früher oder später vom Schwung des Pendels auf die Ebenen zurückgeworfen, wo sie noch frei von diesen egobezogenen Verhaltensmustern gewesen sind. Je nachdem, fallen sie ganz schön tief zurück. Eine Menschseele, die sich noch im Kreislauf von Tod und Wiedergeburt befindet, muss auf ihrem Rückweg ins Licht den Ausgleich erleben, was lange dauern kann.

Wieder ein guter Grund, sich seiner ICH BIN-Gegenwart bewusster zu werden. Es ist nur zu deinem eigenen Schutz.

Albert Einstein sagte weise: Das menschliche und spirituelle Bewusstsein bestimmt vielmehr ein gewisses Mass an ICH BIN Schwingung. Das heisst in welchem Grad, und in welchem Sinn, ein Mensch zur Befreiung vom Ego gelangt ist. Dementsprechend werden die Früchte sein. Jesus Christ Superstar sprach einmal klare Worte:

«An den Taten werdet ihr sie erkennen.»
Matthäus Evangelium Kapitel 7

Aber Jesus und die anderen Meisterspieler der Oberliga kümmern sich nicht um solche Egospielchen. Schliesslich wissen sie, wie die Menschen in ihren verschiedenen Entwicklungsstufen bzw. Bewusstseinsschwingungsgraden ticken. Sie lieben uns bedingungslos und unterstützen uns darin, unserem Meistertitel näher zu kommen.

Du brauchst also keinesfalls perfekt zu sein, geschweige irgendwelche Praktiken zu beherrschen. Es funktioniert auch so! So wie du gerade eben bist, isst, denkst fühlst und tust. Wo auch immer du in deiner Entwicklung stehst, egal, in welcher Lebenssituation du dich befindest, und welche bitteren und beschämenden Erlebnisse du hinter dir hast; bei mir bist du willkommen, so wie du bist. Denn – jetzt folgt eine Erinnerungs-Welle – wir sind bereits das ICH BIN und tun es bereits die ganze Zeit in den verschiedensten Schwingungsgraden. Wir denken auch nicht die ganze Zeit «gepriesen seist du.», schon eher «Oh Gott, scheisse!» und andere ähnliche Ausdrücke. Die Fähigkeit das ICH BIN zu beanspruchen ist trotzdem da, wenn nicht der Verstand ständig dazwischen quatschen würde. Gott und ebenso unsere Brothers and Sisters sind sofort da, wenn du sie rufst. Selbst wenn du gerade eine Kaffeetasse in der Hand hältst, weiss was ich rauchst, zu elektronischer Musik abtanzt, Süssigkeiten am Laufmeter vernaschst, synthetische Blusen trägst, kein Vegetarier bist und sonst einige andere Macken hast; sie alle werden dich deswegen und aus irgendwelchen anderen Gründen niemals meiden, diskriminieren, mit dir nichts zu tun haben wollen oder dich mit Liebesentzug bestrafen. Dieses Verhalten entspricht nicht der vollkommenen Liebe und dem Bewusstsein der Brothers and Sisters. Auf diesen hohen Bewusstseinsebenen kann ein Wesen nur bedingungslos lieben, sonst könnten sie nicht auf diesen Ebenen sein. Du wirst nicht nur über alle Massen geliebt, du musst sogar geliebt werden! Das geschieht jedoch bedingungslos.

Durch die Schwingungserhöhung, wirst du von selbst die Finger von gewissen Dingen lassen und nicht mehr tun. Warum das so ist, erfährst du im Kapitel «Die positive Nebenwirkungen».

Vielleicht bist du ja so eine Seele mit selbst erfahrenem Wissen, die aber diesem erwarteten Bild nicht entspricht, und die auch keine Lust hat, sich für dieses «anerkannte Bild» zu vermarkten. Niemand ist perfekt. Selbst dann noch nicht, wenn man die ersten Stufen der Meisterschaft erreicht hat. Komm, zeig dich! Die desillusionierten Menschen brauchen in Zukunft letztendlich so authentische Menschen wie dich.

«Was ein Mensch für seine Gemeinschaft wert ist, hängt in erster Linie davon ab, inwieweit sein Fühlen, Denken und Handeln auf die Förderung des Daseins anderer Menschen gerichtet ist.» Albert Einstein

Die Liebesfalle

Einstein trifft den Nagel auf den Kopf. Dazu schauen wir die Liebesfalle genauer an, die so manche Leute vom Entschluss, den direktesten Weg zu gehen, abzulenken vermag oder sie in die astralen Täuschungen fallen lässt.

Die Liebesfalle hat nichts mit vollkommener Liebe zu tun. Sie ist lediglich als solche getarnt. Die Falle ist aus der Erfindung «Selbstverleugnung» heraus entstanden.

In meiner Fantasie umfasst die Liebesfalle die selbstgewählten Hindernisse, Herausforderungen und sämtliche Illusionen, auf die ein Mensch hereingefallen ist. Manchmal merkt er gar nicht, dass er in seiner eigenen Falle sitzt. Die gefürchteten Vier, sind in meiner Vorstellung die hartnäckigen Illusionen Angst, Schuld, Scham und Scheinheiligkeit, die jeden Versuch, sich aus der Falle zu befreien, mit allen möglichen Spielchen zu verhindern versuchen.

Wir sind sehr erfinderisch, wenn es um die Selbstverleugnungs-Illusion geht. Alle deine Illusionen sind genauso schlau wie du, schliesslich bist du die göttliche Intelligenz in Person und hast sie erschaffen.

Dass die Liebesfalle so gut funktioniert, liegt am Menschen. Sie bekommt von ihnen viel Aufmerksamkeit. Die Gedanken werden auf die verschiedensten Falltürchen der Liebesfalle gerichtet. Zudem wird die Aufmerksamkeit von einigen Leuten geschickt auf die Liebesfalle gelenkt.

Durch die Liebesfalle verwickeln sich einige in hinderlichen Verwicklungsgeschichten. In der Liebesfalle heuchelt man den Leuten gerne vor, gut, artig, korrekt, fromm, ordentlich und fleissig zu sein. Sie glauben, dass sie aus diesem Grund andere kritisieren, verurteilen und bekämpfen dürfen und es auch nicht nötig haben, sich selbst zu reflektieren, da sie glauben, zu den Guten und Gerechten zu gehören. Schliesslich leben sie ein Leben nach den Spielregeln der Gesellschaft (und nach einer Religion), die ein Leben im Himmelreich versprechen. An vielen Orten, in bestimmten Ländern, Städten und Waschküchen, schlagen sie sich deswegen gegenseitig die Köpfe ein, im Glauben (im Namen der Religion), so etwas und einiges andere mehr tun zu dürfen.

«Es ist fast unmöglich, die Fackel der Wahrheit durchs Gedränge zu tragen, ohne jemandem den Bart zu versenge».
Georg Christoph Lichtenberg

Es gibt Leute, die überzeugt sind, aus Liebe zu handeln. Nur hat diese Liebe meistens nicht sehr viel mit der bedingungslosen Liebe zu tun, sondern vielmehr mit Selbstsucht.
Aus der Ich-bezogenen Liebe heraus verlangen einige Menschen, dass sich ein anderer für sie in eine bestimmte Richtung entwickelt und deswegen etwas unbedingt begreifen, tun und verstehen soll. Manche haben sogar die irrsinnige Vorstellung, die Fehlschwingungen, beispielsweise materielle Mangelzustände, eines anderen transformieren zu können. Solche Verhaltensmuster sorgen dafür, dass ihr eigenes Ego befriedigt und zufriedengestellt wird. Sie fühlen sich angenommen und bestätigt, denn der andere tut, was sie so gerne wollen. Oft steckt die Gangster-Rübe «Angst» dahinter. Die Angst davor, verlassen zu werden, die Kontrolle oder Macht zu verlieren, den anderen oder etwas nicht mehr zu haben und etwas nicht zu bekommen. Manchen fällt es schwer ihre eigenen Mängel einzugestehen. Aber auch nur, weil die Gangster-Rüben «Scham» und «Selbstverleugnung» diese Muster in den mentalen und emotionalen Bereichen

clever verdrängen.

Andere wiederum können sich sehr verbiegen und krank werden, wenn sie diese Form von Liebe zulassen. In solchen Fällen lassen sie sich von Illusionen wie «Gefallen wollen (müssen)», «Abhängigkeit», «Bedürftigkeit» und «Opfer» einwickeln. Einige verfallen den Angst-Illusionen, ein anderer könnte sich etwas Schlimmes antun, noch mehr leiden oder sterben, wenn sie Nein sagen und nicht mehr mitspielen wollen. Die gut genährten Gangster-Rüben «Schuld» und «Angst» verhindern durch «Abhängigkeit», oder «bis das der Tod euch scheidet», die Umsetzung der gewonnenen Erkenntnisse.

Es gibt Leute, die aus der Ich-bezogenen Liebe heraus einen anderen Menschen mit Geschenken überhäufen oder (auf ihre Art) bei der Problemlösung helfen wollen. Sie stellen sich dabei selbst hinten an, wimmeln jede Art von Dankbarkeit und Gegenleistung ab, lassen ein «Nein, danke» nicht zu und opfern sich mächtig auf. Das Ungleichgewicht fühlt sich jedoch komisch an. Erst recht, wenn wahrgenommen wird, dass bei diesem sich aufopfernden Menschen der Versuch dahintersteht, die eigenen Bedürfnisse gestillt zu bekommen.

Dieses Gutmenschverhalten kommt zum Vorschein, um nicht selbst in den Spiegel schauen zu müssen. Sich die eigenen Schattenseiten einzugestehen, ist manchmal eine harte Nuss und die wird gerne hinter Masken versteckt und von den Gangster-Rüben trickreich kontrolliert und geschützt. Die manipulierende Liebe kann sehr unangenehm sein. Aus falscher Höflichkeit und aus der Angst heraus, ehrlich zu sein, fehlt vielen gut erzogenen Leuten der Mut, klare Grenzen zu setzen. Diejenigen, die den Sinn des ICH BIN Stoffes kennen, wissen, dass, solange sie andere beurteilen, kritisieren, kontrollieren und bevormunden, sich um andere Sorgen machen, sich aufopfern oder Angst um jemanden haben, sie nicht nur sich selbst mit schweren Schwingungen bewerfen, sondern auch diese Menschen. Ihnen ist klar, dass sie alles, was sie in einem anderen sehen oder befürchten zu sehen, und auf das sie ihre Aufmerksamkeit richten, nicht nur in ihre eigene Erfahrung zwingen sondern auch in die Erfahrung ihres Gegenübers. Genauso wie das, was sie ihnen wünschen, wenn das aus aufrichtiger Liebe geschieht und nicht aus einem Pflichtgefühle heraus. Von diesen Erfahrungen haben sie genug. Die Menschen sind schliesslich lernfähig. Es ist ihnen bewusst, dass jeder für sich selbst verantwortlich ist. Sie haben es sich abgewöhnt, sich Sorgen zu machen, sich um jemanden zu ängstigen, zu kritisieren oder andere überzeugen zu wollen. Stattdessen richten sie ihre Aufmerksamkeit auf das ICH BIN im Menschen. Sie sehen in jedem und überall die **L**-Substanz und was **L** so ALLES ist. Mit sanften Gedankenschwingungen gehen sie durch die Welt und berühren alles und jeden mit dem Stoff der Liebe.

Die positiven Nebenwirkungen

Wenn jemand vom ICH BIN Liebes-Virus angesteckt wird, hat der liebesbesessene Virus nur eins im Sinn: Er will sämtliche Fehlschwingung im ganzen System in Liebe umwandeln. Dabei übergeht er keine einzige Ebene des physischen, emotionalen, mentalen und spirituellen Körpers. Alles, was auf diesen Ebenen, aufgrund einer Reihe von fehlschwingenden Kettenreaktionen, gespeichert ist, wird in Liebe umgewandelt. Es sei denn, jemand will an seinen falschen Schlussfolgerungen festhalten. Die Liebe berücksichtigt jeden freien Willen. Die Umwandlung bewirkt, dass dein ganzes System eine Schwingungsänderung erfährt, also eine Polarisation. Dein System beginnt höher zu schwingen. So eine Polarisation fühlt sich manchmal etwas komisch an. Denn der Liebes-Virus scheint erstmal alles durcheinander zu machen, bevor er ordentlich umwandeln kann. Bei der Umpolarisierung können auf einmal körperliche Beschwerden und Gemütszustände verstärkt auftreten. Vielleicht auch Situationen und Probleme auftauchen, die du vorher nicht hattest. Das kann frustrierend sein. Sämtliche «Ich bin ein Versager»-Programme laufen wie auf Knopfdruck ab, wenn solche unbewusste, völlig verdrängte und komische Dinge hochkommen, und wenn etwas nicht gleich in Erfüllung geht.

Es kommt also vor, dass hin und wieder etwas auftaucht, von dem du keine Ahnung hattest, dass es überhaupt da ist, was jedoch angeschaut und angenommen werden will. Das sollte für dich kein Grund zum Aufgeben sein. Selbst die geübten Denker und Denkerinnen fragen sich oftmals, woran es liegt, dass sie nicht in ihrem ICH BIN entschlossen verankert bleiben und an der höchsten Gegenwart festhalten können.

Nach den Erfahrungen von unseren Brothers and Sisters brauchen sie sich nur weiterhin zu bemühen, ihr Ego zu zerlegen, statt in Panik zu geraten oder Gott zu kritisieren. Damit erschaffen sie sich erneut den Wahnsinn. Was tatsächlich geschieht, ist: In den tieferen Schichten werden die gut versteckten, uralten Fehlkreationen aufgedeckt. Diese begangenen Fehlschöpfungen wollen auch berichtigt werden. Daher, egal was hochkommt, nimm es gleichmütig an. Es gelingt dir nicht sie zu ändern, denn es sind die Folgen aus vergangenen Leben, die du unter anderem vielleicht auszubaden hast. Es ist irrsinnig deine Aufmerksamkeit auf sie zu richten. Durch dieses Verhalten bist du nur wieder die bewusste Ursache für die schicksalhaften Folgen deines nächsten Lebens. Bringe lieber Gleichmut und Gelassenheit auf, damit du die täglichen Herausforderungen meistern kannst. Alles, was durch das ICH BIN aufgedeckt wird, sollte dich mehr freuen als beunruhigen. Du hast die Kraft, umzudenken. Wenn du die göttliche Kraft benutzt und mit dieser Kraft tief in deinen illusorischen Brei eintauchst, wirst du dich, wie Phönix aus der Asche, aus der Pampe erheben. Denke beispielsweise: „ICH BIN der Stoff, der genau diese Irrtümer, störenden Verbindungen und Fehlschöpfungen, ihre Ursache und Wirkung, mit dem violetten Flammenstrahl beseitigt! ICH BIN in Frieden mit mir selbst, mit allen Beteiligten sowie mit meiner Vergangenheit. ICH vergebe und vergesse."

PAPS und MAM setzten alles daran, deine Körper von den verwilderten Karotten freizujäten, damit du in deinem ICH BIN verwurzelt bleibst und unter ihrer schützenden Obhut weiter gedeihst.

Sei nicht enttäuscht, wenn ein Egoteilchen auftaucht, von dem du geglaubt hast, es sei für immer weg. Jedes „Ich bin nicht" lässt dich wieder tiefer schwingen und hält dich in diesem Zustand, falls du dich entscheidest, den illusorischen Gefühlen und Gedanken nachzugeben. Sei dankbar, wenn eine Schicht auftaucht. Sie zeigt dir, inwieweit du dich noch mit diesen Dingen in Resonanz befindest und auf sie reagierst. Irgendwann berühren sie dich nicht mehr. Es ist eine schöne Erfahrung, festzustellen, dass man nicht mehr auf die Palme gestiegen ist oder sonst wie reagiert hat. Bleib einfach dran und schäle dieses Egoteilchen wieder ein Stückchen mehr von dir ab.

Die tiefgelegenen Ich-bezogenen Teilchen haben es so an sich, dass sie Schichtweise auftauchen, bis sie ganz weg sind. Das hat etwas mit dem Bewusstsein zu tun. Ein Mensch braucht seine Zeit, um die Dinge, die hochkommen, umzupolarisieren. Dadurch hat er wieder etwas begriffen und ist reifer geworden. Reif genug, um die nächste Schicht zu erkennen, zu verstehen und anzupacken. Die wird ihm sein Alltag und sein Körper in irgendeiner Form präsentieren und spiegeln. In dieser Hinsicht braucht sich niemand Sorgen zu machen, Wellen kommen von alleine wieder zurück. Die Seele, in der das ICH BIN lebt, kennt den Weg zum Ziel und führt dich zu den Illusionen, die zu durchschauen sind, um das Ziel zu erreichen. Es braucht dein persönliches Zutun nicht. Deine Seele macht das für dich. Du darfst entspannt und gelassen deine Aufmerksamkeit auf das Gewünschte halten. Das ICH BIN führt dich zu den Menschen, an Orte und in Situationen, die dir dabei helfen, reifer zu werden. Schlussendlich führt Gott dich ans Ziel.

Gott ist nichts anderes als die Tätigkeit der 7 kosmischen Prinzipien. Wie das Prinzip des Rhythmus auch noch mitwirkt, erkläre ich dir an diesem Beispiel: Wenn du einen Samen in die Erde steckst, ist am nächsten Tag noch kein Gänseblümchen sichtbar, denn alles braucht seinen Reifungs- bzw. Entwicklungsprozess. Der Verwelkungsprozess geht auch nicht von heute auf morgen vonstatten. Genauso fordert ein Heilungs- oder Schöpfungsprozess manchmal eine Engelsgeduld. Die Ungeduld ist eine weitere Falle, die so viele ins Wanken bringt oder zu einem zu schnellen Aufgeben bewegt. Erkenne daher immer wieder, dass gerade der Reifungs-, Entwicklungs-, Umpolarisierungs- bzw. Heilungsprozess am Wirken ist. Nichts wirst du gleich loswerden, erreichen, erhalten und sein.

Wenn also der Stoff der Liebe dein Ego in tausend Stücke zerlegt, erkenne, dass du trotz allem völlig in Ordnung bist und von PAPS und MAM geliebt wirst, auch wenn erstmal alles durcheinandergerät und nicht gleich die gewünschten und ersehnten Resultate in Erscheinung treten. Die Erfüllung ist davon abhängig, wie sehr du die Wirklichkeit von PAPS und MAM annehmen kannst und von der Intensivität der Gefühle.

Es ist eine Illusion, zu glauben, dass sich ein Mensch immer gut fühlen, alles immer gut laufen und perfekt sein muss. Erinnere dich; diese Dinge entstehen in der Polarität. Es ist sinnvoller, sich gleich in die ICH BIN-Gegenwart zu begeben, statt Probleme lösen zu wollen. Probleme lösen zu wollen, macht keinen Sinn. Das Problem beim Probleme-Lösen ist, dass, wenn ein Problem gelöst ist, gleich das nächste ansteht. Ein Problem kommt selten allein. Aus der Sicht von unserer Brothers and Sisters ist das Probleme-Lösen reine Zeitverschwendung. Sie haben ja so ihre Erfahrungen als Mensch gemacht. Ihre Erkenntnis war, dass die Lösung der Probleme darin besteht, diese Fehlschöpfungen in die Hände Gottes zu legen und seinem Verstand beizubringen, dass sie sich von selbst auflösen.

Es dauerte ein bisschen, bis ich dieser Erkenntnis vertrauen konnte. „So einfach geht das nicht.", war mein Gedanke. Jedoch lade ich durch das Probleme-lösen-müssen all die Dinge wieder in meine Welt ein. So ein Mist! Irgendwann mal stand mir das Wasser bis unter die Nasenlöcher, da hatte ich gar keine andere Wahl mehr, als dem ICH BIN-Stoff zu vertrauen. Diese Erfahrung hatte eine positive Auswirkung. Mein Vertrauen in Gott wurde dadurch stärker.

Es kann tatsächlich so leicht sein. Es ist einfacher, gleich bewusst ICH BIN zu denken. Das setzt die Kraft frei, die sämtliche Probleme löst, bevor sie auftauchen. Ein Grundgedanke, von mir, ist: „ICH gebe dir diese Sache in deine Hände. ICH WEISS, dass DU die Intelligenz BIST, die das Problem erledigt."

So wird sich das Verlangte zeigen. Wenn jedoch etwas, das du lange und beharrlich verlangt hast, immer noch nicht eingetreten ist, ist es reiner Kräfteverlust, enttäuscht zu sein. Du brauchst nur genügend Vertrauen zu entwickeln, die für eine Erfüllung erforderlich ist. Die Vorstellung, das Vertrauen in Gott zu vertiefen, ohne das mir das Wasser wieder bis unter die Nasenlöcher stehen muss, spornte mich an, dieses Vertrauen zu entwickeln.

In deinem Alltag könnte die neue Art von Probleme-Lösen etwa so vor sich gehen: „Ja, ICH hadere in diesem Moment an DEINER Kraft. Dafür brüllt mir der Zweifel mächtig ins Ohr. Da ICH aber meine ICH BIN-Macht erkenne, gebe ICH DIR jetzt all meine Fehlschöpfungen zurück. ICH weiss, dass ICH sie vollkommen zurückbekomme. ICH halte sie und mich selbst immer in diesem vollkommenen Zustand fest."

Schreib dir das hinter die Ohren: Selbst wenn du Angst und Zweifel in dir fühlst, werden sie nicht stärker, weil deine Aufmerksamkeit auf das ICH BIN in dir hältst. Der Zweifel und die Angst werden dadurch nicht mächtiger werden. Ihnen wird jedes Mal die Macht genommen. Halte dein Denken so oft wie möglich in die gewünschte Richtung, in guten wie in schlechten Zeiten. Vor allem die schlechten sind durch diese Haltung um einiges leichter zu überstehen. Die ständige Beanspruchung des ICH BIN-Stoffes bringt dich Stufe für Stufe vorwärts, trotz irgendwelchen illusorischen Gedanken und Gefühlen, solange du mehrheitlich am ICH BIN festhältst. Das Dranbleiben stärkt die eigene Kraft, die göttliche Kraft zu lenken.

ICH BIN-Gedanken sind unfehlbar, sie entsprechen deinem Bewusstsein und erfüllen all das, worauf sich dein Fokus am stärksten richtet. Das ICH BIN ist dein bestes Mittel, um die eventuellen Nebenwirkungen gut zu überstehen. Erinnere dich: Du bist das schöpferische Bewusstsein, dass der Schwingung eine Bestimmung, einen Auftrag, gibt. Diese Bestimmung stimmt mit den 7 kosmischen Spielregeln überein. Sämtliches, was nicht übereinstimmt, kannst du in Harmonie bringen. Richte dazu deine Aufmerksamkeit auf das ICH BIN in dir und mach deinem Verstand klar, das in dem Moment, in dem du ihn mit ICH BIN-Denkspielen beschäftigst, der Stoff der Liebe am Werk ist und die Zweifel zum Verschwinden bringt.

Was auch als positive Nebenwirkung anzuschauen ist, wenn dir auf einmal klar wird, dass es besser ist, die Finger von gewissen Lebensmitteln zu lassen und bestimmte Gewohnheiten aufzugeben. Diese Erkenntnis sollte dich jubeln lassen, denn deine Schwingungen haben sich mächtig erhöht. Es ist das ICH BIN in dir, die dich antreibt. Wenn du beginnst, den göttlichen Stoff bewusst anzuwenden, erhöht die Intelligenz immerzu deine Schwingungen und bringt dich dazu, die Dinge bleiben zu lassen, die auf einer gewissen Ebene mit der höchsten Intelligenz nicht mehr übereinstimmen. Das ist doch ein Grund zum Jubeln. Du erkennst, dass das Verlangen, den Schritt zu wagen, plötzlich in dir erwacht.

Das ist ein weiterer Grund, warum ich jeden Tag bewusst mein Zuhause, meine Welt und meine 13 Körper mit allem Drum und Dran mit reinem Liebesstoff auflade und schütze. Auf diese Weise erhöht der göttliche Stoff fortwährend meine Schwingung. Diese Erhöhung hält die fehlgeleiteten Gedanken und Gefühle, ungesunde Gewohnheiten und andere Fehlschwingungen fern, denn diese Dinge entsprechen nicht der vollkommenen Liebe. Sie verlieren an Kraft, dafür gewinnst du an Willens- und Durchhaltekraft.

Den Sinn der Worte ICH BIN werden wir bis zum Ende dieses Buches zusammen üben. Es braucht nur etwas Übung. Aber nicht einmal das Üben ist mühselig. Im Gegenteil! Es ist so einfach, dass es dir schwerfällt, zu glauben, dass es tatsächlich so leicht gehen kann. Du brauchst nicht wie ein Hund zu leiden und das Kreuz zu tragen, wie irrtümlich geglaubt wird. Ausser du willst leiden und an deinem Leiden festhalten.

Telepathische Kommunikation

Das Bewusstsein bestimmt die Schwingung und somit den Schwung des himmlischen Hammers. Es ist hoffnungslos sich einzubilden, diesem Gesetz zu entkommen. Wir sind aber in der Lage, den Beat des Hammers in einem gewissen Grad zu umgehen. Einen Meister beim Üben hinzuzuziehen, ist daher sehr empfehlenswert. Sie wissen genau, in welcher Pein wir uns winden. Sie erlebten, so wie wir, denselben Schmerz als sie noch die ähnlichen und gleichen Bewusstseinsebenen einnahmen. Nur zu gut wissen sie, was in jedem einzelnen abgeht und worin er verfangen ist. Sie erkannten auch, dass es gar nicht nötig gewesen wäre, so lange in der Pein zu sitzen. Das versuchen sie uns mit all ihrer Liebe weiszumachen. Sie helfen uns bereits seit ewiger Zeit, nur bekommen wir das nicht immer so mit, wie wir es uns vorstellen oder gerne haben wollen, denn sie wirken bewusst im Verborgenen. Wir würden einen Meister und eine Meisterin in menschlicher Gestalt nicht erkennen, selbst wenn so jemand gleich nebenan wohnen würde.

Sie berücksichtigen stets den Willen Gottes. Es ist also sinnlos von ihnen zu erwarten, dass sie dir sagen, was du zu tun oder zu lassen hast. Sie würden nie auf den Gedanken kommen, dir etwas zu verbieten. Die Meister lassen es nicht zu, dass du dich von ihnen abhängig machst und dein Gehirn nicht benutzt. Sie zwingen und überreden dich zu nichts und verlangen auch nicht von dir, dass du ihnen wie ein folgsames Schaf gehorchst. Du darfst auch ganz normal mit ihnen sprechen. Unsere Brothers and Sisters sprechen zu dir auch ganz normal. Sie sorgen dafür, dass sich deine Schwingungen in einem rhythmischen Zeitmass erhöhen, so dass es für dich erträglich ist, deine Egoteilchen umzuwandeln. Niemals würden sie dir schaden wollen. Sie wissen genau, was ihnen blüht. Ein Rückfall aus solcher Höhe ist sehr unangenehm und der Weg zurück ins Licht dauert ziemlich lange.

Wenn ich etwas wissen will, rufe ich einen Brother oder eine Sister ganz einfach an. Jeder kann das, egal, wie alt sie sind! Für dein wahres Selbst sind metaphysische Fähigkeiten normal. Mit etwas Übung ist diese Fähigkeit aufzuwecken. Wir brauchen nur zu erkennen, dass wir bereits die Fähigkeit sind und in unserem alltäglichen Leben diesen göttlichen Aspekt mit unserem Verstand zu verbinden. Bewusst telepathisch zu kommunizieren ist nichts anderes als das ICH BIN-Denken und -Fühlen. Das Gesetz der Schwingung und des Geschlechts ermöglicht die unterschiedlichen Erscheinungsformen der «Telepathie», der Gedankenübertragung. Telepathie ist eine Form der geistigen Beeinflussung.
Es ist dir jederzeit möglich, einem Meister zu rufen. Wenn du das wünschst, denk beispielsweise: „Hallo, ICH BIN bereit dich bewusst näher kennenzulernen."
Da sie sich auf den höheren Bewusstseinsebenen befinden, verlangsamen sie ihre Schwingungen, damit du keinen Elektroschock erleidest. Sie sind für dich zwar unsichtbar, aber wahrnehmbar. Dein Brother bzw. deine Sister wird dir helfen, dass du ihre/seine Gegenwart auf irgendeine Art und Weise, die dir entspricht, wahrnehmen wirst. Sei aber nicht enttäuscht, wenn du sie nicht mit deinen Augen zu sehen bekommst. Erst irgendwann, wenn du fortgeschritten genug bist, darfst du dich auf diese Begegnung gefasst machen.

Die Meister kommunizieren mit dir über Gedanken und Empfindungen. Wir kennen diese Art der Kommunikation unter der Bezeichnung «Telepathische Kommunikation» oder «Gedankenübertragung». Diese Fähigkeit besitzen alle Menschen, sie ist uns allen ausnahmslos angeboren. Es erklärt, warum sich Liebende ohne ein Wort zu sprechen verstehen und warum eine Mutter bzw. eine Frau weiss, was mit ihrem Kind bzw. Mann wirklich los ist.

Ein anderes Beispiel ist die «Tier-Kommunikation», die immer alltäglicher wird. Die Kommunikation mit Tieren ist ähnlich, wie die Kommunikation mit einem Brother und mit einer Sister. Der Unterschied liegt nur im Schwingungsgrad. Die Kommunikation ist, wie so alles im Universum und auf der Erde, in verschiedenen Schwingungsgraden anzutreffen. Die höchste Kunst der telepathischen Kommunikation ist die bewusste Kommunikation mit deiner Seele, in der Gott wohnt und mit unseren Brothers and Sisters. Die Kommunikation mit deiner Seele, lässt dich erkennen, wie weise und clever du in Wirklichkeit bist.

Telepathischen Kommunikation ist die Fähigkeit, bewusst Gedanken und Empfindungen auszusenden und zu empfangen. Dabei befindest du dich nicht in Trance. In diesem Zustand bekommst du selbst nichts mit, weil du nicht mit deinem wachen Bewusstsein dabei bist. Aus der Sicht von unseren Brothers and Sisters ist der Trancezustand nicht vorteilhaft, weil es darum geht, dass die telepathische Kommunikation bewusst geschieht. Wir wenden diese Form von Kommunikation bereits an, nur meistens unbewusst. Es ist nun Zeit, dass wir diese Fähigkeit bewusst anwenden beziehungsweise erkennen, dass wir diese natürliche Fähigkeit sind. Nach den Erfahrungen von Vywamus, ist für uns die telepathische Kommunikation ein Entwicklungsbeschleuniger. Er empfiehlt, diese Fähigkeit vielmehr als Werkzeug für die eigene Entwicklung aufzufassen. Es geht auf dem direktesten Weg nicht darum, dir diese Fähigkeiten aneignen zu müssen, um von dir selbst und anderen zu sagen zu können ein spiritueller und weiser Mensch zu sein. Auch nicht, damit andere dich für weise und spirituell halten, oder um als solcher anerkannt zu werden. Wenn du nach diesen Fähigkeiten verlangst, wird das Gegenteil bewirkt. Mit jeder Selbsterkennungserfahrung und jeder Desillusionierung treten die natürlichen Fähigkeiten von alleine hervor, das verschüttet brachlag. Alles hat seine Ursache! Du schwingst dich ganz von selbst in einem ausgeglichenen Rhythmus von einer Schwingungsebene in die nächst höheren Seinsebenen der Polarität hinauf. Dabei wird dir stets das offenbart, was deinem Reifungsgrad entspricht.

Telepathisch Kommunikation ist etwas alltägliches, beispielsweise, wenn dich eine Person anruft oder du ihr begegnest, nachdem du an sie gedacht hast. Wenn du das seltsame Gefühl nicht loswirst, dass es jemandem, der dir nahe steht, nicht gut geht oder etwas zugestossen sein muss. Oder wenn du die dicke Luft im Raum wahrnimmst, weil da etwas nicht stimmt. Diese Gefühle kennen wir unter dem Begriff «Intuition», die Sprache der Seele. Im Laufe deines irdischen Daseins sammelten sich aufgrund der negativen Erfahrungen so einige Glaubens- und Gefühlsmuster in deinen Körpern an, die das Vertrauen in deine Intuition schrumpfen liessen. Zwischen deinem Verstand und Herz herrscht oft ein Durcheinander. Konfus hast du dich womöglich schon gefragt: „Sagt das jetzt mein Herz oder mein Verstand?"
Vielleicht fällt es dir auch manchmal schwer, die Antworten von deinem Herzen bzw. deinem Verstand anzunehmen oder sie einzugestehen.

Über sein Herz hat jeder Mensch Zugriff zu einer speziellen Verbindung, die ihn an die höchste Quelle anschliesst und ihm alle seine Fragen beantwortet. Die Verbindung ist feiner als Elektrizität, du stellst sie durch deine Gedanken her: „ICH

BIN die ICH-Gegenwart", und schon bist du online. In diesem Zustand bist du bewusst Seele und zugleich eine kosmische Telefonlinie. Diese Leitung ist auch der «Kanal», durch den der Stoff der höchste Liebe wirkt. Ein weiterer guter Grund bewusst das ICH BIN zu sein, denn durch dieses Bewusstsein lebst du als Mensch deine Seele und viel mehr Seelenenergie durchdringt deinen physischen Körper.

Ich rufe die Meister an, da sie für mich die einzigen sind, die meine Fragen ehrlich beantworten und den Sinn über das ICH BIN vermitteln können. Alle Brothers and Sisters verfügen über eine messerscharfe Klarheit. Trotz dieser ernüchternden Klarheit sind sie sehr liebevoll. Ein Mensch kommt durch diese Mischung selbst auf den Trichter, um gewisse Dinge zu erkennen und zu ändern.

Es ist reine Zeitverschwendung, sich mit Energieformen, wie beispielsweise mit Verstorbenen, zu unterhalten. In der heutigen Esoterikszene, die aus der Sicht von unseren Brothers and Sisters einen bitteren Beigeschmack bekommen hat, vermitteln Leute Botschaften von Verstorbenen aus dem Jenseits. Einige Menschen besuchen solche Veranstaltungen, in der Hoffnung, eine Mitteilung von einem verstorbenen Verwandten oder Bekannten zu bekommen. Vielleicht auch in der Erwartung, dass ihnen gesagt wird, was sie zu tun und zu lassen haben. Und manchmal aus «We love to entertain you»-Gründen. Es scheint für einige sehr unterhaltsam zu sein, zu sehen, wie unterschiedlich die Medien (Vermittler) einen Verstorbenen beschreiben und ihre Mitteilungen vermitteln. Je genauer, desto sensationeller und desto anerkannter und berühmter ist dann auch das Medium.

Aber mal ehrlich, nur weil die Lieben und Verwandten auf der anderen Seite sind, heisst das noch lange nicht, dass die

Hinübergegangenen allwissend und allsehend sind. Die meisten Hinübergegangenen wurden bis zu ihrem letzten Atemzug in vielen Bereichen ihres Lebens von den 7 kosmischen Spielregeln hin und her gespült. Die Mitteilungen stammen auch nicht direkt von der Seele. Es sind die zurückgelassenen Gedankenformen der Verstorbenen, logischerweise all die Glaubensgebilde, Irrtümer und Unwissenheit aus sämtlichen Leben, bis hin zu der letzten Verkörperung. Sie sind wie auf einer Computerfestplatte gespeichert und können jederzeit abgerufen werden. Die Seele des Verstorbenen ist weitergegangen. Die feinstofflich Sehenden und Fühlenden nehmen lediglich eine Art «ätherisches Doppel Intuition» der Seele aus der letzten Verkörperung als Frau, Mann oder Kind sowie die zurückgelassenen Gedankenformen wahr, die sich auf den entsprechenden feinstofflichen Ebenen befinden.

Die Seele, so superintelligent wie sie ist, schwirrt nicht irgendwo im Jenseits herum und wartet, bis sie mal jemand um eine Botschaft fragt. Die Seele nimmt die geistigen, spirituellen Ebenen ihres Tortenstücks ein, die ihrer Reifungsstufe entspricht. Wahrhaftige Hilfe, die uns Menschen wirklich erkennen lässt und weiterbringt, erhalten wir direkt von der eigenen Seele und von Gott. Natürlich auch von unseren Brothers and Sisters, die das Leben begriffen und gemeistert haben.

Dass es ein Leben nach dem Tod gibt und wir so lange auf die Erde kommen, bis wir keinen menschlichen Körper mehr brauchen, muss nicht ständig in Demonstrationen bewiesen werden. Es wird Zeit, dass dieses Wissen nicht nur in der buddhistischen Schule gelehrt wird. Aber genau dieses Wissen stellt viele heilige Schriften in Frage. Man müsste zugeben, dass jeder Mensch die gleichen Chancen hat, sich geistigen Gehirnschmalz anzueignen und die Hochgeborenen genauso den 7 kosmischen Spielregeln des Lebens unterworfen sind wie alle und alles im Universum. Das passt nicht jedem in seinen Heiligenschein. Einige Angst-mach-Spiele würden nicht mehr wirken, wenn die Menschen wüssten, dass sie schon öfters zu Fleisch und Blut wurden und solange wiederkommen, bis sie dem Kreislauf der Verkörperungen entwachsen sind. Schliesslich lassen sich gute Geschäfte mit dem Tod und mit den Ängsten und Hoffnungen der Menschen machen. Man muss sie nur in den Illusionen halten und sie ständig dahingehend beeinflussen, das sie denken, fühlen und glauben, was andere zu ihren eigenen Gunsten wollen.

Nach meinen Beobachtungen bewirkt das Ungleichgewicht im spirituellen Bereich, dass das menschliche und spirituelle Bewusstsein weiterhin in den Kinderpantoffeln zwischen den entsprechenden Ebenen der Polarität hin und her schwingt und sich nicht wirklich weiterentwickeln kann (darf). So kann es sein, dass beispielsweise ein Sofa bald auf einer höheren Bewusstseinsebene schwingt als ein menschliches Bewusstsein.

Kontakte mit Energieformen aus dem Jenseits können ausserdem unangenehme Nebenwirkungen verursachen, wie es Goethes «Zauberlehrling», auf den Punkt brachte: „Die Geister, die ich rief, werd ich nun nicht los." Es gelten überall die gleichen Prinzipien: Die zurückgelassenen Selbstanteile der Verstorbenen, die körperlos herumgeistern, und andere dunkle Bewusstseinsformen, fühlen sich von lebenden Menschen angezogen, die den gleichen und ähnlichen Dingen frönen. Das bedeutet, gleich und gleich ziehen sich an. Bestimmte Nebenwirkungen zeigen sich auch am sichtbaren Körper und am Gemüt. Beispielsweise leidet auf einmal ein

Mensch unter den gleichen körperlichen Symptomen oder unter denselben Gemütszuständen wie der Verstorbene.

Nach den Erfahrungen von unseren Brothers and Sisters gibt es nur eine Ebene der Dreiheit, wo sich sämtliche Fehlschöpfungen und dunkle Energieformen aufhalten. Das sind die astralen Ebenen, die niedrigsten Ebnen der geistigen, mentalen Welt. Vielleicht kannst du dir vorstellen, dass sich auf den astralen Ebenen so einiges angesammelt hat. Von diesen Ebenen ist nicht viel Weisheit zu erwarten, denn sie hat nichts mit der geistigen, spirituellen Welt zu tun, wie irrtümlich geglaubt wird. Auf den Ebenen, wo die Weisheit herrscht, tummeln sich keine dunklen Energieformen, Verstorbene und ungelöste Selbstanteilen herum.
PAPS und MAM befinden sich auf den rein geistigen, spirituellen Ebenen, auf den unteren Ebenen befinden sich die Menschen (Meister), welche die höchsten Stufen des Lebens einnehmen. Die Weisheit, die auf die physischen Ebenen strömt und die Menschen empfangen, fliesst lediglich durch die astralen Ebenen hindurch. Die Intelligenz, sowie die anderen weisen Wesen und Geschöpfe, benutzt zu diesem Zweck ihren alles durchdringenden, mächtigen Liebesstrahl, der einen unbesiegbaren Kanal bildet, damit alles Gute von oben ungehindert durch die astralen Ebenen hindurchströmen kann.

Die Spiritualität, die heute vermittelt und praktiziert wird, bezieht sich aus der Sicht der aufgestiegenen Meister bis zu 95% auf die astralen Ebenen. Auf der Erde herrscht im spirituellen Bereich der gleiche Mainstream wie in anderen Bereichen, das gleiche Konsumverhalten – Massenveranstaltungen, rein und wieder raus, In und wieder Out. Anders ausgedrückt, das kollektive menschliche spirituelle Bewusstsein entspricht vielmehr den Bewusstseinsebenen der astralen Welt. Dennoch ist es aus der Sicht der Meister möglich, dass jeder in der Lage ist, auch auf der Erde wahre Spiritualität zu entwickeln und zu leben.

Wahrscheinlich ist das einer der Hauptgründe, warum die Existenz von unseren Brothers and Sisters bezweifelt, verdrängt und abgelehnt wird. Die Meister erleben die gleiche Ablehnung wie ein Mensch, der die Wahrheit sagt, nur sind sie nicht beleidigt oder sonst irgendwie eingeschnappt, da sie die unteren Körper nicht mehr haben. Viele Leute ertragen die Wahrheit nicht. Trotzdem muss die Wahrheit gesagt werden. Ein Meister kann die Wahrheit noch so liebevoll und klar vermitteln, die Wahrheit haut einem trotzdem meist um und wird gerne bestritten oder passend zurechtgebogen.

Menschen, die sich (unwissentlich) als Kanal für die astralen Ebenen zur Verfügungen stellen, sorgen durch ihr Einverständnis dafür, dass die Tore zu den astralen Ebenen offen bleiben. Es wird wahrlich jede offene Tür benutzt, um das menschliche Bewusstsein klein zu halten. Ein Kanal für diese Sphären sein zu wollen, bringt nur unnötigen Kräfteverlust und führt zu vorzeitiger Alterung. Für die Brothers and Sisters bedeutet wahrhaft gelebte Spiritualität, im Alltag sein ICH BIN-Denken und -Fühlen in Harmonie zu bringen. Sobald wir beginnen diese beiden Aspekte zu verbinden und sie in angemessener Beziehung zueinander halten, könnte sich bereits in wenigen Jahren so einiges Unvorstellbares zum Guten verändert haben.

Falls du gerne einen Meister rufen willst (man weiss ja nie), zeige ich dir, wie ich das mache: Meine Aufmerksamkeit ist auf das ICH BIN gerichtet und die ist natürlich in der Hauptzentrale zu finden – in meinem Herzen. Ich fühle, wie sich mein ICH BIN-Licht nach allen Seiten hin ausdehnt. Das Licht erhöht augenblicklich meine Schwingungen. Ich denke: „ICH BIN die ICH BIN-Gegenwart."

In diesem Zustand bin ich voll und ganz Seele, meine ICH BIN-Gegenwart und rufe direkt einen Meister an. Das ist wie wenn du jemanden anrufen willst, du wählst die direkte Nummer und bist mit der gewünschten Person verbunden. Ohne die bewusste Lenkung der Telefonleitung ist die Leitung sonst offen für sämtliche Energieformen, was unangenehme Nebenwirkungen verursachen kann.

Über die ICH BIN-Leitung rufe ich entweder Jesus, Saint Germain, Vywamus, Cantor, Lady Nada oder gleich Gott an. Sie alle begleiten mich bereits seit meiner Kindheit. Sie begleiten und unterstützen alle Menschen, ob es ihnen bewusst ist oder nicht.

Mein Anruf hört sich je nach Situation ganz unterschiedlich an. In dringenden Momenten hört sich das so an: „Hiiilfeee!" Dieser Gedanke multipliziert mit sich selbst hat eine unglaubliche Lichtgeschwindigkeit drauf, je nachdem, mit welcher Kraft sie ins Universum geschleudert wird. Das ICH BIN wirkt schneller als das Heben deiner Hand.

Die Gedankenenergie geht stets dorthin, worauf sich deine Aufmerksamkeit richtet. Meine Gedanken sind an einen Meister gerichtet. In dem Moment ist er oder sie auch da. Egal, wo ich mich gerade befinde, sie sind augenblicklich anwesend.

Lady Nada und Jesus rufe ich, wenn meine Selbst- und Nächstenliebe gefragt ist, der Mut, zu mir selbst zu stehen und mutig mit dem Schwert der Wahrheit Dinge anzusprechen. Saint Germain und Vywamus rufe ich, um Fehlschwingungen umzuwandeln, die mich begrenzen. Cantor rufe ich in sämtlichen Heilungsdingen an. Wie ich unsere Brothers and Sisters sonst noch anrufe, wirst du in Beispielen erfahren und mit mir zusammen üben. Wobei eine Anrufung eigentlich keine Übung braucht.

Das Selbst-Zurückeroberungs-Spiel

Bevor wir anfangen ist es wichtig, dass du deine Aufmerksamkeit jedes Mal auf deine Füsse richtest und den Boden unter deinen Fusssohlen fühlst. Das ist nicht oft genug zu wiederholen! Man droht ab einem bestimmten Schwingungsmass zu kippen, wenn man nicht genügend Boden unter den Füssen hat. Wir wollen ja eventuelle unangenehme Nebenwirkungen vermeiden.

Dich erden kannst du immer, egal, ob du liegst, dich in der Luft befindest oder sich der Boden unter dir fortbewegt. Bewegen tut sich der Boden sowieso, weil die Materie eine Energie von niederen Schwingungen ist, die sich verdichtet hat und Schwingung ruht nie. Falls deine Schwingungen einmal so hoch zu schwingen beginnen, dass dabei das grosse feinstoffliche Zentrum zwischen deinen physischen Augen, das 3. Auge, angeknipst wird, bist du für deine gute Erdung besonders dankbar. Es kann dir etwas schwindlig werden, wenn alles um dich herum zu schwingen beginnt und du mit deinen physischen Augen die unglaublichsten Farben wahrnimmst. Geschweige denn von deiner Erkenntnis, dass die sogenannte Materie nicht das Wahre ist, aber dennoch Wirklichkeit ist, weil die Materie, der niedrigste Schwingungspol, und Gott, der höchste Pol, entgegengesetzte Pole der Wahrheit sind.

Man weiss auch nie, was auf einmal für Potenziale und Fähigkeiten auftauchen, die nur darauf gewartet haben, endlich freigesetzt zu werden.

Durch die bewusste Erdverbindung werden all die gespeicherten Erfahrungen und Glaubensätze in deinen Körpern, die ein neues Bewusstsein zu Mutter Erde behindern, so nebenbei umgewandelt. Ausserdem stärkt ein guter Erdkontakt die eigene ICH BIN-Kraft. Ein guter Erdkontakt, ist wesentlich. Mutter Erde hilft dir, deine zukünftigen Schöpfungen auf der Erde zu erleben und nicht irgendwo auf den unsichtbaren Ebenen. Aus diesen Gründen wirst du sorgfältig in den Erdungsakt eingeführt. Ich zeige dir den Akt zuerst in seiner ausführlichen Form, anschliessend stelle ich dir den schnellen Akt vor. Wobei der schnelle Erdungsakt dieselbe Wirkung hat, da Gedanken eine geballte Schnelligkeit draufhaben.

Dein Herz an Mutters Erde Herz andocken geht übrigens über die Füsse. Genauer gesagt, über die beiden feinstofflichen Zentren, die deine Füsse umschwingen. In dem Augenblick, in dem du denkst: „ICH aktiviere meine Fuss-Chakren", werden sie aktiv. Selbst wenn Zweifel und Misstrauen auftauchen, werden sie aktiv und dehnen sich aus. Du entlarvst nämlich den Zweifel als Illusion! Werde dir jedes Mal wieder klar, dass du nicht identisch mit deinen Gedanken und Gefühlen bist. Zweifel und Misstrauen gehören zu der üblen Karottensorte, von der man Bauchweh und Herzschmerzen bekommt. Auf diese Sorte kommen wir später nochmals zurück.

Egal, welche Illusionen auftauchen, bleib einfach auf bei dein wahres Selbst. In Gedanken richtest du nun deine Aufmerksamkeit auf dein Herz. In diesem Moment dehnt sich dein Herz aus. Dabei tauchen Gefühle wie Geborgenheit auf oder du fühlst eine angenehme Wärme. Vielleicht fühlst du auch nichts. Trotzdem machst du alles richtig und alles läuft wie am Schnürchen. Ganz sicher!

Atme entspannt in deinen Bauch hinein und wieder aus. Stell dir vor, wie goldene Wurzeln aus deinen Fuss-Chakren wachsen oder goldene Lichtstrahlen aus ihnen hinausgehen. Deiner Fantasie sind keine Grenzen gesetzt. Zur Inspiration folgen einige ICH BIN-Gedanken zur Stärkung deiner Erdung.

„ICH BIN EINS mit Mutter Erde."

„ICH grabe meine Wurzeln tief in DEIN Herz hinein. ICH lasse mich in DEINEN Schoss fallen und kuschle mich ein. ICH BIN gern bei DIR, auch wenn es mich hin und wieder von dir weg-zieht."

„ICH BIN aktiviere den Energiekreislauf zwischen mir und der Erde. Alles, was ICH mir von Herzen erdenke, erlebe ICH auf den irdischen Ebenen."

„ICH BIN frei von all den Vorstellungen, die es mir nicht er-lauben, mich der Erde zu nähern. ICH BIN bereit, Mutter Erde mit anderen Augen zu sehen, und mich mit ihr zu ver-binden. ICH BIN in Frieden mit meiner Vergangenheit."

In diesem Zustand verweilst du so lange du Lust hast. Deine Füsse können sich riesig und wie an den Boden angesaugt anfühlen.

Nun zeige ich dir, wie ich den schnellen Erdungsakt voll-ziehe. Ich sage: „Fuss-Chakren auf! Die Spot-Lights raus!" und füge ein „Wom!" hinzu. Anschliessend sage ich: „Herz auf!" Meistens folgt hinterher ein „Yeah". Und schon BIN ICH EINS mit Mutter Erde. So einfach funktioniert das Ganze. Bei mir jedenfalls funktioniert es und bei anderen ebenfalls. Aber jetzt geht's den üblen Karotten an die Gurgel. Die übelsten Sorten tauchen immer wieder auf und wollen dich mit allen Mitteln von deinem ICH BIN abhalten. Aber weil sie im Grunde genommen eine Erschaffung von dir sind, ent-standen aus einer Reihe von Kettenreaktionen von Ursache und Wirkung, kannst du deine Schöpferenergie aus sämtli-chen Illusionen und Fehlschöpfungen herausholen, bis du sie endgültig besiegt hast. Gleichzeitig eroberst du dich dabei selbst zurück. Das üben wir jetzt miteinander.

Stell dir vor, du vollziehst gerade den Erdungsakt. Alles läuft wie am Schnürchen. Doch auf einmal taucht da eine fiese Karotte auf, die behauptet: „So ein Quatsch! Das funktioniert nie. Das bildest du dir alles nur ein." Aber du versuchst diese Gedanken nicht wieder zu verdrängen. Je mehr du versuchst, die negativen Gedanken und Gefühle zu stoppen, desto lauter werden sie. Aus diesem Kreislauf willst du heraus. Statt sie zu verdrängen, atmest du erstmal tief ein und aus. Mach dir klar, dass diese Gedanken nur Illusionen sind, auch wenn sie noch so hartnäckig erscheinen. Denke und sage: „Ja, ICH habe euch gesehen und gehört. ICH weiss, wer ICH wirklich BIN. ICH BIN Selbstvertrauen."
Deine Verantwortung ist es nun, die Bedeutung der Worte in deinem Herzen zu fühlen. Anerkenne, dass die wilden Gedanken eine Erschaffung von dir sind. Dein Schlamassel und die Menschen, die dich spiegeln, sind deine «Kreationen». Sie sind Auswirkungen deiner Entscheidungen, die du getroffen hast, als du mal eine Frau und ein Mann oder mal ein Täter und ein Opfer warst. Deswegen liebst du dich von ganzem Herzen und nimmst deine gespiegelten Du-Selbst-Seiten an. Werde dir durch sie bewusst, wie grossartig du im Erschaffen bist. Du bist sogar so grossartig im Erschaffen, dass du voll auf die eigenen Illusionen hereingefallen bist, um dich ja nicht wieder zu erinnern, dass du die geniale ICH BIN-Gegenwart bist und so eine unfehlbare Schöpferkraft hast. Man muss die Dinge auch mal von einer anderen Seite betrachten! Mit deiner Fantasie ist das möglich. Diese neue Erkenntnis lässt dich erkennen, wie clever dein ICH BIN ist.

Jetzt bist du bereit, deine ICH BIN-Kraft zurückzuerobern. In deiner Fantasie holst du dir deine Schöpferenergie zurück, indem du wie Superman oder Wonderwomen deine Energie mit aller Liebeskraft wieder in dich hineinsaugst. Deiner Fantasie sind keine Grenzen gesetzt, um deine Macht wieder zurückzugewinnen. Atme tief ein und aus. Deine Schöpferenergie strömt tatsächlich zu dir zurück. Schliesslich gehört sie dir. Du wirst fühlen, wie die Vollmacht zu dir zurückfliesst und dein ICH BIN wächst. Das fühlt sich grossartig an.

Falls weitere Gedanken auftauchen, die dir sagen: „Du darfst nicht noch mehr wachsen und grossartig sein!", „Du bist zu schuldig und überhaupt, du hast das nicht verdient." oder: „Ich werde bestimmt dafür bestraft.", so durchschaust du diese üblen Karotten als Illusionen und holst dir aus ihnen immer wieder deine Schöpferenergie heraus.

Mit jeder zurückeroberten Energie erhöhen sich deine Schwingungen, die dich besser fühlen lassen. Jetzt brauchst du dich nur an diesen ICH BIN-Zustand zu gewöhnen. Du musst wissen, dass die grossartigen ICH BIN-Gedanken und -Gefühle für dich wahr werden. Genauso, wie deine schlechten Gedanken und Gefühle für dich in den entsprechenden Formen wahr werden. Es ist der gleiche Schöpfungsvorgang, einfach anders herum. Nur verweilen die meisten Menschen gerne in ihren negativen Gedanken und Schlussfolgerungen, selbst wenn ihnen die Zustände nicht gefallen und sie verrückt machen. Diese Schöpfungen führen sie jedoch wieder in die Irre und in denselben unangenehmen Kreislauf von Ursache und Wirkung.

Es gibt wirklich keine Zufälle. Es gibt immer für alles einen Grund. Damit müssen wir uns abfinden. Deswegen ist es gut, sich öfters mal für wenige Minuten in seinem ICH BIN zu suhlen. Das ist alles reine Gewohnheitssache, du hast selbst festgestellt, dass der Mensch ein Gewohnheitstier ist. Alte Gewohnheiten aufgeben, kannst nur du selbst. Das gelingt dir mit der Zeit, wenn du dir angewöhnst, dich selbst zu beruhigen. Du beruhigst dich von alleine, sobald du dich durch deine Gedankenkraft in diese Richtung polarisierst.

Ich zeige dir, wie ich das in meinem Alltag mache: Wenn ich merke, das sich komische Gedanken und Gefühle in meinem System ausbreiten, richte ich meine Aufmerksamkeit auf mein Herz und denke: „Es sind nur aufgeblähte Rüben. Das sind meine eigenen genialen Erfindungen. ICH BIN ja sowas von intelligent. Dafür liebe ICH mich. ICH BIN dankbar für alles. ICH hole mir jetzt meine Energie zurück."

Dabei fühle ich, dass ich es tue. In wenigen Gedankenschritten, also schnell, ist der Selbsteroberungsakt vollzogen. Ein einfaches Gedankenspiel mit unvorstellbaren Auswirkungen.

Aus jeder Fehlschöpfung, auch wenn sie noch so verrückt oder unmöglich zu bewältigen erscheint, kannst du deine Schöpferenergie zurückgewinnen. Ich mache das mit Humor: „ICH habe dich erschaffen, dich, du menschliche Création. Aber ICH erkenne mich nicht mehr in dir, denn in meiner Welt herrscht die Liebe. Deshalb nehme ich dir die Macht und wandle dich in Liebe um."

Anschliessend hole ich mir sogar mit meinen physischen Armen, mit einer schwungvollen Armbewegung, meine Schöpferenergie zurück. Die Energie strömt zu mir zurück und löst nicht selten angenehmen Schwindel aus. Ich kann dir so eine Art von Selbsteroberungsakt nur ans Herz legen. Deine Gedanken- und Gefühlskraft wird durch deine unbegrenzte Fantasie automatisch gesteigert, was wiederum die Verinnerlichung deines ICH BIN unterstützt und einen grossen Einfluss auf die gewünschten Resultate hat.

In diesem Akt wirkt die Polarisation mit: Sobald Zweifel und Ängste auftauchen, richte ich meine Aufmerksamkeit auf den gegenteiligen Pol der Wahrheit. Das wäre Zuversicht und Mut. In meiner Fantasie fühlt sich Mut und Zuversicht grossartig an und lässt mich höher schwingen.

Nehmen wir mal an, dir mangelt es an «Selbstvertrauen». Statt weiterhin deine Aufmerksamkeit auf den illusorischen Brei, zusammengerührt aus Minderwertigkeitsgefühlen- und -gedanken, zu richten, stellst du dir vor, wie du dich fühlst, wenn du das gewünschte Selbstvertrauen bereits bist. Hast du eine Ahnung, wie sich Selbstvertrauen anfühlt? In deiner Fantasie tust du so, als ob du es wüsstest. Jetzt hast du eine Vorstellung von Selbstvertrauen. In deinem Mental-körper entstehen gleich die Gedanken, die wiederum die entsprechenden Gefühle im Emotionalkörper auslösen. Lass die Worte „ICH BIN Selbstvertrauen" in dein Herz sickern. Fühle die Bedeutung der Worte. Dabei tauchen schöne Ge-danken und Gefühle auf. Das ist die Wahrheit über dich. Ge-wöhne dich daran. Hilf deinem Verstand die Wahrheit anzu-erkennen, indem du ihm beispielsweise sagst: „Siehst du, mein lieber Verstand, so etwas Schönes haben wir verges-sen. Aber jetzt sind wir clever genug und lassen uns nicht mehr verwirren. Halte dich an der Erinnerung fest, egal, was für absurde Denkprogramme du kreiert und auf Lager hast, denn die werden so nebenbei einfach verschwinden."

Stell dir nun Folgendes vor: Aus dem Hinterhalt wollen dich die «gefürchteten Vier» überfallen und deine Schwingungen mit allen Mitteln zum Kippen bringen. Aber du sagst zu den üblen Rüben: „Ja, ICH habe euch gesehen und gehört. ICH weiss, wer ICH wirklich BIN. ICH BIN Selbstvertrauen."

Sprich die Worte aus. Worte sind stärker als Gedanken! Mach deinem Verstand jedes Mal klar, dass der göttliche Stoff zu wirken beginnt und dich stärkt. Kannst du dir vorstellen, dich in wenigen Minuten wieder gut bis grossartig zu fühlen? Nein? Dann müssen wir noch etwas weiter üben.

Vor der eigenen Grösse und davor, entschlossen das Erkannte zu tun und sich treu zu bleiben, fürchten sich die meisten Menschen und bauen deshalb Widerstände auf. Aber warum hast du eine so unfehlbare Kraft in dir? Natürlich, weil du der höchsten Liebe entsprungen und ein Teil von ihr bist. Hätte Gott nicht gewollt, dass seine Schöpfung dieselbe Macht hat und genauso grossartige Dinge vollbringen kann, wäre es auch nicht so weit gekommen. Wir hätten dann aber ein absolut langweiliges Dasein, so als würde es keine Musik geben. Kannst du dir ein Leben ohne Musik vorstellen? Also ich nicht, das ist für mich eine absolute Horrorvorstellung, ohne Musik wäre ich tot. Selbst ein tauber Mensch lacht und liebt, und fühlt den Beat des Lebens. Ich glaube nicht eine Sekunde lang, dass unsere geistigen Ureltern gewollt hätten, dass wir so ein Dasein fristen. Ihr Plan hätte sonst überhaupt keinen Sinn gehabt. Die Vereinigung wäre übrigens auch total langweilig gewesen, weil der männliche und der weibliche Teil Gottes genauso unlebendig und uneinfallsreich gewesen wären. Vermutlich wären PAPS und MAM gar nicht erst auf die glorreiche Idee gekommen, da ihr Geist extrem träge gewesen wäre und es den beiden ziemlich an Schwung gemangelt hätte.
Ich habe vielmehr das Gefühl, dass sich unsere Ureltern hin und wieder mal gegenseitig verwundert fragen, warum ihre Krönung der Schöpfung freiwillig so ein langweiliges Dasein wählt und fristet, wenn sie doch den Himmel auf Erden haben könnten.
Wenn neben dir die Menschen weiterhin ihrem Dasein frönen, weil sie vermutlich fürchten, zu den Bekloppten oder zu den schwarzen Schafen in die Schublade gesteckt zu wer-

den, dann stell deine auflodernde ICH BIN-Flamme auf keinen Fall mehr unter den Scheffel! Du tust den Menschen um dir herum in Wirklichkeit keinen Gefallen und dir selbst schon gar nicht. Du bremst dein Potenzial ab, das nur danach schreit, endlich mal gelebt zu werden. Es hat auch keinen Sinn Mitleid für sie zu empfinden, wütend oder traurig zu sein. Bedenke auch in diesen Angelegenheiten, dass du unweigerlich Mitleid und Selbstmitleid wieder in dein Leben einlädst und erfährst, weil du diese Eigenschaften in dir erlaubst.

Es war nie eine Frage des «Dürfens», sondern vielmehr die Aufforderung die Grösse zu «Sein», wie schon Shakespeare erkannte. Er wurde genauso wenig von Sinnfragen verschont und fragte sich eines Tages allen Ernstes: „Sein oder Nichtsein, das ist hier die Frage." Willst du der bewusste Schöpfungsakt sein oder weiterhin auf deine Schöpfungen reagieren? Das ist meine Frage. Du kannst deine Mitmenschen mal daran erinnern, wie grossartig sie darin sind, sich ein langweiliges, mühseliges und unbefriedigendes Dasein zu kreieren. Vielleicht erkennen sie irgendwann einmal, wie gut ihr ICH BIN bereits funktioniert. Kann sein, dass du dann keine «Freunde» mehr hast, wenn du ihnen die Wahrheit liebevoll vor Augen führst. Aber dafür BIST DU frei! Oder willst du dich selbst wieder in dieses «Herden-Dasein» hineinschwingen, um dann wieder zu jammern? DU BIST NICHT ALLEIN. Es gibt mehr bekloppte (freihändig fahrende) Menschen um dich herum als du glaubst. Wenn du über den Zaun springst, wirst du sie finden. Gleich und Gleich gesellt sich auch gern hinter dem Zaun.

Sobald die Menschen um dich herum deine Veränderung spüren und bemerken, dass du bei gewissen Dingen nicht mehr mitspielst, bekommen einige auf irgendeine Weise Stress. Sie werden mit ihren eigenen Konflikten und Wünschen konfrontiert, denn du spiegelst ihnen die Kraft, die sie auch in sich haben. Nur glauben sie von sich selbst, diese Kraft nicht zu haben, sie nicht aufzubringen oder ihr nicht würdig zu sein, obwohl sie sich nichts sehnlicher wünschen, als den Weg in Richtung wahre Freiheit zu gehen. Sie reagieren meistens mit Ablehnung, da sie sich selbst durch deine Veränderung abgelehnt fühlen, selbst wenn du keinen Anlass gegeben hast. Doch bevor es zum schmerzhaften Anlass kommen könnte, lehnt man sich vorsichtshalber selbst ab, damit die Scham- und Schuldgefühle nicht so wehtun. Sämtliche Rüben und Karotten werden aktiv und lassen den Menschen entsprechend handeln und reagieren, bis der gefürchtete Anlass erscheint. Die wenigsten packen die Chance am Schopf und ziehen mit. Die Mehrheit versucht vielmehr, dich mit allen Mitteln wieder in den alten Menschen zu verwandeln. Ihre Bemerkungen, Vorwürfe und Liebesentzüge können dich wieder in den alten Trott zurückwerfen, wenn du auf sie hörst und dich beeinflussen lässt.

Sie drücken bei dir sämtliche Knöpfe, bis sie einen gefunden haben, auf den du noch reagierst. Das ICH BIN ist die beste Abschirmung von solchen Einflüssen, damit du dich ungestört entfaltest. Gut möglich, dass einige um dich herum auf einmal merken, wie frei und zufrieden du bist und das es womöglich doch nicht so schlimm ist, so zu denken und zu handeln wie du. Hinterher fragen sie sich, warum sie so lange lieber bei den Normaldenkenden bleiben wollten. Liebe ist früher oder später ansteckend. Erst recht, wenn sie nicht unter deinem Scheffel versteckt wird!

Es ist nie zu spät, das ICH BIN zu sein, egal, wie alt jemand ist. Je früher du beginnst, desto selbstverständlicher ist es, dass du in deinem nächsten Leben überaus positive Auswirkungen erleben wirst. Ein gutes Leben ist kein Zufall. Die Weisheit wird nicht nur gelesen, sondern vor allem an Leib und Seele erfahren. Je öfter du die Aufmerksamkeit auf das ICH BIN in dir lenkst, umso schneller wandeln sich die störenden Schwingungen um. Es braucht nicht viel, nur eine Umgewöhnung der Aufmerksamkeit, egal, was geschieht. Bring deinen Verstand dazu, den verlangten Dingen dieselbe Aufmerksamkeit entgegenzubringen, wie er es ständig andersrum macht. Sobald du sagst: „ICH BIN die Kraft, ICH erobere mir meine Macht zurück!", wirkt sofort die Liebe in dir, die dich gezielt von all den absurden Gedanken und Gefühlen befreit. Jedes „ICH darf nicht" und „Das ist verboten, ICH werde bestimmt in die Hölle kommen, wenn ich es wage, dem Göttlichen gleich zu sein.", ist eine hinterhältige Illusion, die sofort deine ICH BIN-Kraft schrumpfen lässt.

Es ist deine freie Wahl, ob du die Ebenbürtigkeit weiterhin ablehnst. Wundere dich jedoch nicht, wenn du im nächsten Leben wieder in deinem Schlamassel steckst. Du hast dieses Buch bis hierhin gelesen. Sag nicht, dass du nicht Bescheid weisst.

Du darfst dich gegenüber unseren Ureltern ebenbürtig fühlen. PAPS und MAM bleiben trotzdem die höchste und mächtigste Liebe. Wenn du dich über sie stellst, fällst du. Das bestimmen die 7 kosmischen Spielregeln, die durch ihre Intelligenz erstellt wurden. Schon nur, damit du durch sie den Weg zurück findest. Ohne die 7 Spielregeln wären wir ganz schön aufgeschmissen. Da erkennt man wieder, wie bedingungslos wir von PAPS und MAM geliebt werden. Irgendwann und irgendwo fanden unsere Brothers and Sisters durch ihr Geschenk den Weg nach Hause. Irgendwann wird jeder Mensch den Kreis vollenden und den Weg zurück finden.

Zur Inspiration folgen einige Zurückeroberungs-Gedanken:

„ICH erobere mir meine Kraft zurück, vor allem dann, wenn mich der Mut verlässt und Zweifel mein Tun sabotieren. ICH weiss, dass jetzt die höchste Liebe tätig ist, die diese Ängste jetzt aufzehrt."

„ICH BIN die Kraft, die dazu führt, dass ich mir meiner Gegenwart stets bewusst, egal, in welcher Situation ich mich befinde. Meine Aufmerksamkeit bleibt in allen brenzligen Dingen auf die höchsten Liebe gerichtet."

„ICH BIN die Anerkennung und Benutzung der Kraft in jedem Augenblick, auch wenn sich noch keine Ergebnisse zeigen. ICH bleibe dran und erobere mir meine Kraft zurück, komme was wolle."

„ICH lösche sämtliche absurden Gedanken. ICH BIN das wachsende Vertrauen in die Macht und Intelligenz Gottes."

Herkules und der himmlische Hammer

Der himmlische Hammer, der zwischen den beiden Polen schwingt, ist nicht zu stoppen. Nicht einmal Herkules hat das geschafft. Das Prinzip des Rhythmus ist und bleibt ein unveränderliches Gesetz. Herkules hatte aber nicht nur mächtige Muskeln, er hatte auch ein Gehirn. Schliesslich wurde er oft genug bei seinen Versuchen, den Hammer besiegen zu wollen, vom Rückschwung des Hammers in dem Mass an die Wand zurückgeklatscht, wie er mit seinem Dickkopf versucht hat ihn zu besiegen. Irgendwann sind auch bei Herkules die Zacken aus der Krone gefallen, was eine grosse Selbsterkenntnis bewirkte. Er ist auf den Trichter gekommen, dass er den Rückschwung des Hammers bis zu einem gewissen Mass umgehen kann, damit der Aufprall nicht mehr so wehtut. Denn auch Herkules hatte Gefühle! Gott sei Dank unterdrückte er seine weiblichen Aspekte nicht mehr länger und hörte auf die Stimme in seinem Ohr, die ihm weise zuflüsterte: „Mit Gefühl, mein Lieber. Und mit Intuition natürlich."

Mit etwas Nachdenken und Intuition verstand er, was er zu tun hatte, um dem göttlichen Hammer nicht mehr so ausgeliefert zu sein. Er stellte sich sein Ziel und die Wirkungen seines Ziels, ein einsichtigerer Halbgott zu werden, auf den gewünschten Schwingungsgrad der anderen Seite des Pols vor. Auf dieser Seinsebene seines Bewusstseins fühlt er die Wirkung seines Ziels. Mit seinen Denkspielen schwingt er sich zu dieser Ebene hinauf. Als Held kann er das! Er konnte sich schon immer gut vorstellen, jeden Feind zu besiegen. Er tut einfach so, als ob er wüsste, wie sich «Einsichtigkeit» anfühlt und was er mit dieser Einsichtigkeit so alles bewirken könnte. Die auftauchenden neuen Einsichten verband er gleich mit Herz und Verstand und saugte alle Atömchen, welche die Zellen seiner Muskelfaser im physischen Körper bilden, mit diesem starken Gefühl voll. Das machte Herkules im Herzen noch stärker, was eine weitere Schwingungserhöhung erlaubte, die ihn fast aus seinen Sandalen warf. Aber Herkules, als wahrer Held, blieb standhaft und war, wie immer, auf alles gefasst. Er schnappte sich die höchste Welle und schwang sich mit Hilfe seiner ICH BIN Kraft auf die gewünschte Seinsebene, unter der sich der verflixte Hammer hin und her bewegt. Aber sein Bewusstsein wurde auf den niedrigen Ebenen nicht mehr vom Hammer getroffen. Sämtliche Zweifel, den Hammer umgehen zu können, durchschaute er als Falle und eroberte gleich seine göttliche Schöpferenergie aus seinen Denkfehlern zurück. So gelang es ihm den Rückschwung des Hammers zu umgehen und die gewünschte Einsichtigkeit zum Ausdruck bringen.

Herkules war nicht mehr in seinen unwahren Gedanken und Gefühlen gefangen. Seine Uneinsichtigkeit klatscht ihn nicht mehr an die rechte Wand und im gleichen Mass wieder zurück an die linke Wand.

Er hatte immer wieder etwas Wesentliches über sich erkannt. Die Selbsterkenntnisse polten die Schwingungen seiner sturen Denkart in ein einsichtiges Denken und Fühlen um. Jede zurückeroberte Energie liess ihn höher schwingen, bis er genau dort angekommen war, wo er hin wollte. Nun konnte Herkules die volle Einsicht erleben und sein.

Man munkelt noch heute, aber das bleibt ein Geheimnis zwischen uns, dass Herkules, vor lauter beglückenden und beseelenden Schwingungszuständen, Tränen in die Augen stiegen. Er erlebte sogar dermassen viele solche Zustände, dass er vom Halbgott zum Gott aufstieg.

Nach dieser Fantasiegeschichte erkennst du etwas mehr, wie einfach das Polarisieren funktioniert. Also, wenn Herkules das konnte, gelingt dir das ebenfalls. Kannst du dir vorstellen, das ICH BIN zu sein? Ja? Dann kannst du dir auch vorstellen, ein Gott und eine Göttin zu sein. Bei dieser Vorstellung stösst dein Verstand vielleicht an den Rand des Fassbaren. An diese Vorstellung wird sich dein Verstand gewöhnen müssen. Er braucht nur etwas Zeit. Alles braucht ja seine Zeit. Jedoch hat die Zeit den Anschein als würde sie rennen, deswegen ist es schon wieder Zeit für eine Erweiterung, um das Unfassbare zu ermöglich.

Schade, haben wir das nicht bereits in der Schule gelernt, beispielsweise im Physikunterricht, in Geschichte oder in der Aufklärungsstunde. Das wären die logischsten Schulfächer gewesen, um das Prinzip der Geistigkeit in dem die übrigen Prinzipien wirken, zu lehren. Man hätte sonst ein anderes Fach erfinden müssen, wie ein obligatorisches Schulfach in «Achtsamkeit» oder «Menschlichkeit». So etwas gibt es tatsächlich. Mit positiven Auswirkungen! Darauf komme ich später nochmals zurück. Zuvor üben wir ein bisschen dein ICH BIN-Bewusstsein zu verinnerlichen.
Aus diesem Grund schauen wir der grössten Herausforderung ins Auge, die wir Menschen als Illusion zu durchschauen haben.

Viele Menschen haben keinen blassen Schimmer mehr, dass sie der vollkommenen Liebe entsprungen sind und genauso wunderbare Dinge vollbringen können, wie ...? Was meinst du? Wie Herkules oder wie ein ganzer Gott? Vermutlich sagt dir deine Intuition: „Natürlich wie ein ganzer Gott." Aber dein Verstand stösst wahrscheinlich noch an irgendwelche Grenzen. Das macht aber nichts! Dein Verstand hat bis jetzt einiges aus einer anderen Sichtweise betrachten können. Dein Verstand ist clever und ein ausgezeichneter Mitarbeiter, sofern du das Steuerrad lenkst. Der Verstand schafft es immer wieder, den Emotionalkörper und die anderen Körper zu beeinflussen, damit er die Chefrolle behalten kann. Die Gedankenmuster in deinem Mentalkörper hören sich dann ungefähr so an: „Wozu brauch ich die anderen Körper.", „Das könnte gefährlich werden, wenn ich mit ihnen zusammenarbeite.", „Bloss kein zu grosses Risiko eingehen.", „Ich muss auf Nummer sicher gehen und die Kontrolle behalten.", „Ich opfere meine Freiheit.", „Ich schäme mich zu sehr.", „Ich habe Angst, wieder zu versagen.", „Das ist alles Quatsch und ist bestimmt nicht so!", „Ja, alles gut und schön, aber ich beobachte das Ganze erst mal von der sicheren Warte aus."

Sobald du wieder das Steuerrad über dein Denken übernimmst, folgen dir deine anderen Körper, wie immer, aufs Wort. Gib deinem Verstand, der in der Abteilung für mentale Tätigkeiten herumlümmelt, einen Job. Etwa so: „Verstand, ich habe einen wichtigen Auftrag für dich! Es ist die Herausforderung, nach der du schon immer gesucht hast. Dein Gefühl wird dir dabei behilflich sein. Zusammen werdet ihr die schwierig erscheinenden Details meistern können. Also, volle Aufmerksamkeit und Tatkraft auf alle ICH BIN-Aufträge! Zusammen schaffen wir das."

Bringe deinem Verstand bei, dass in dem Moment, wo du das ICH BIN beanspruchst, sofort die höchste Intelligenz am Wirken ist, die sämtliche Zweifel und Ängste umwandelt und die Dinge verwirklicht. Das ist nicht oft genug zu wiederholen! Es ist unmöglich den ICH BIN-Stoff zu beanspruchen, ohne sofort die physikalischen Gesetzmässigkeiten in Gang zu bringen. Sobald du denkst: „ICH BIN der unbesiegbare

Schutz meiner Gegenwart.", so ist augenblicklich der Schöpfungsprozess im Gange und du stehst tatsächlich im schützenden Licht der Gegenwart. Ob du es glaubst oder nicht. Genauso schnell ist dein ICH BIN tätig, wenn du denkst: „Ich kann das nicht glauben." oder „Ich bin nicht." Und genau das erlebst du wieder in deiner Welt, bei all den Dingen, auf die du deine Aufmerksamkeit am stärksten richtest. Für den Verstand ist das nicht immer gleich zu verstehen und anzunehmen. Aber vergiss nicht, dass du ein Gefühl hast. Dein Gefühl, deine weibliche Seite, hilft deinem Verstand sich ihr hinzugeben. Herkules konnte das auch. Also, keine Ausreden mehr! Der Mensch ist ein Gewohnheitstier und ein ganzer Gott. Eine fantastische Kombination, würde ich sagen, wenn ein Mensch diese beiden Pole der Wahrheit in Einklang bringt. Aber das üben wir ja hier, ich meine natürlich das göttliche in dir zu erkennen und ein kleinkariertes Denken in ein bewusstes Denken zu polarisieren. Wie einfach das ist, hast du jetzt erfahren.

Im Physikunterricht hast du bereits erkannt, dass jeder Schöpfung ein Gedanke vorausging. Der Gedanke geht von der Ebene aus, wo E noch nicht zu mc^2 geworden ist. Auf den geistigen Ebenen herrschen das Licht und die Liebe in ihren höchsten Schwingungen. Dort ist jede Schöpfungsidee für das menschliche Auge unsichtbar. In der Polarität, in deiner dichteren Form, bist du als Seele zu erkennen, obwohl du in dieser Form noch unsichtbar bist. In der dichtesten Form bist du in einem menschlichen Körper sichtbar geworden. Du belebst deinen sichtbaren Körper für eine bestimmte Zeit, weil du selbst die Substanz bist, die dich belebt. Deine Schwingungen mussten so dicht werden, damit du auf den physischen Ebenen überhaupt Fussfassen konntest.
Bis hierhin konnte dein Verstand gut folgen. Jetzt musst du

ihn zusammen mit deinem Herzen einsetzen. So fällt es dir leichter Folgendes vorzustellen: Vergiss für einen Moment, dass du einen Körper hast, eine Frau oder ein Mann bist. Tue in deiner Fantasie so als ob du wüsstest, wie es sich anfühlt, Geist zu sein. Vergiss nicht dein Herz an das Herz von Mutter Erde anzudocken. Wir befinden uns nun in der Fantasie auf den höchsten Ebenen! Da müssen wir auf alles gut vorbereitet sein, denn auf diesen Ebenen ist die Liebe alles. An dieser Stelle kann es sein, dass das Wort «alles» Zweifel auslöst. Tief einatmen und wieder ausatmen, den Zweifel als Illusionen durchleuchten und deine Energie zurückerobern, dich für deine Genialität loben, annehmen und dankbar sein. Siehst du, funktioniert doch! Dann können wir weitermachen.

Stell dir vor, wir nehmen von «alles» den Aspekt «Heilung» genauer unter die Lupe. Denke: „ICH BIN Heilung." In deiner Fantasie tust du so, als ob du wüsstest, wie sich das anfühlen könnte. Wie fühlt sich das an, wenn du voll und ganz heil bist? Stell dir vor, du siehst wie ein Adler, hörst wie eine Eule, riechst wie ein Honigdachs und springst vor Lebendigkeit wie ein junges Reh herum. Alle deine Zellen im Gehirn funktionieren exzellent. Jeder einzelne Zahn in deinem Mund ist eine Perle. Alle deine Organe funktionieren optimal, du kennst keine Krankheit, keinen Schmerz, weder Schnupfen noch Husten.
Schöne Gefühle und Gedanken, nicht wahr? Fast nicht zum Aushalten. Aber Achtung, hinter dir! Die gefürchteten Vier! Tief einatmen und wieder ausatmen, denke: „Es sind nur Rüben, die wollen, dass ich den nächsten wunderbaren Gedanken über mich nie erfahre". Jetzt entscheidest du dich erst recht, deine Aufmerksamkeit auf das ICH BIN zu richten. Wäre doch gelacht, den üblen Rüben wieder Schwung zu

verleihen. Sie werden anfangs noch oft auftauchen. Jedoch werden sie dich immer weniger aus dem Hinterhalt überfallen, umso länger kannst du ungestört die Schwingungen der Liebe geniessen. Die Gedanken, die erkannt und angenommen werden wollen, tauchen von alleine auf. Doch du eroberst dir jedes Mal gleich deine Energie zurück. Durch das neue Verständnis über das ICH BIN wird dir bewusster, dass du die Kraft hast, alle Illusion zu durchschauen.

Wir schwelgen weiterhin im ICH BIN-Zustand und hören dem auftauchenden Gedanken zu, was er dir mit aller Liebe begreiflich machen will. Dieser Gedanke will dir sagen, dass auf den geistigen Ebenen weder ein sichtbarer Körper noch ein persönliches Gemüt existieren. **Im Geist existiert kein sichtbarer Körper und kein Gemüt!** Aus dieser Sichtweise betrachtet, bist du ein geistiges Wesen und hast nur hier in der Polarität einen sichtbaren Körper, aber **DU BIST nicht dein physischer Körper!** Die meisten Menschen glauben, nur ihr physischer Körper und ihr Verstand zu sein. Das ist aber nicht **alles**, was du bist. Kannst du dir vorstellen, was das alles bedeutet, wenn du nur mal so tust, als würde es die Selbstverleugnungs-Illusion nicht geben? Nichts kann geheilt werden, weil nichts krank sein kann, weder ein Körper noch ein Gemüt. Folglich gibt es nach dem Prinzip der Geistigkeit so etwas wie «Krankheit» und «Gemütszustände» nicht. Denn, wenn es so etwas wie Krankheit geben würde, wäre die Liebe nicht vollkommen und vollkommen alles.

Der Geist herrscht über die Materie und der Geist ist das Bewusstsein, das denkt und fühlt.

Nehmen wir in der Fantasie an, dass du das alles weisst. Aus dieser Sicht betrachtet ist dir bewusst, dass die Liebe (DU) unmöglich dumm, schlecht, krank, arm, traurig, leidend oder tot sein kann. Dass es im Geist weder ein „Ich bin krank" noch ein „Ich bin arm" und ein „Ich bin ein Opfer" gibt. Dir ist völlig klar, dass du eins bist mit Gott, der alles ist. Es würde dir nicht im Traum einfallen, dass du getrennt von Ihm sein könntest. Deswegen verstehst du Mr. Spook durchaus, wenn er sagen würde: „Es gibt keine Trennung, nicht einmal im Traum. Sie ist eine Illusion. Die hartnäckigste, die ein Erdling zu durchschauen hat, obwohl das mit etwas Logik durchaus möglich wäre."

Mr. Spook denkt so in der Serie! Ich kann ihm da nur zustimmen, obwohl ich keine spitzen Ohren habe. Viele denken nicht mehr daran, dass sie sich zurzeit in der Polarität befinden und können sich nur mit Mühe vorstellen, dass die Polarität selbst eine Illusion ist. Die Polarität ist das Gegenteil der vollkommenen Liebe, darum kann Krankheit, Mangel und Armut nur in der Polarität erlebt werden, weil die Gedanken an solche Dinge nur in der Polarität entstehen können. Dann kommt das Vergessen und Verleugnen hinzu. Die Auswirkung dieser Illusionen war das aufkommende Gefühl des Getrenntseins. Aber diese Trennung ist die grösste Illusion! Wir sind nicht von Gott getrennt, auch wenn wir uns in der Polarität befinden. Viele Menschen lassen sich täuschen, weil sie ihre Aufmerksamkeit auf die grösste Illusion richten und sich mit ihr identifizieren, statt mit der Wahrheit, die hinter der Illusion zu finden ist. Du bist genauso mächtig wie die höchste Gegenwart, ob du dich getrennt fühlst oder nicht, ob du daran glaubst oder nicht. Je mehr du dich jedoch eins mit Gott fühlst, desto mächtiger wird deine ICH BIN-Kraft und die führende Intelligenz in deinem Leben.

Die Anerkennung, dass die Liebe in dir und in allem Leben ist und du selbst ein Gott und eine Göttin bist, weil du ein Ebenbild von Gott bist, verbindet dich. Das Annehmen der Wirklichkeit lässt die Gedanken verschwinden, die irrtümlicherweise schlussfolgerten, dass die Liebe ausserhalb von uns ist oder etwas, das getrennt von uns existiert. Die göttliche

Substanz, Geist, Energie, Licht, Liebe, ist das Leben selbst. In jedem **m**, in jeder sichtbaren Form ob Frau, Mann, Tier, Pflanze usw., ist die gleiche unsterbliche **L**-Substanz zu finden und als **mc²** zu erkennen.

Kannst du dir vorstellen, dass du dieser göttliche Stoff bist? Es ist die Liebessubstanz, die in deinem Herzen ist und dich nonstop durchflutet. Kannst du dir vorstellen, diese Liebe in dir anzuerkennen? Du meinst Ja? So erklimme mit mir die nächsthöhere Liebeswelle. Aber nach diesem beflügelnden Stoff mache ich erstmal eine kleine Pause.

„Excuse me while I kiss the sky."
Purpelhaze, Jimi Hendrix

Alltägliche Polarisierungsspiele

Hey, meine Brothers and Sisters, seid ihr alle wieder beisammen? Die L-Substanz haut ganz schön rein! Gott sei Dank ist ihre Wirkung nur desillusionierend, vitalisierend und verjüngend. Denn die Liebe schenkt Leben und erhält das Leben und würde nie im Leben dem Leben Schaden zufügen.

Nach dem Prinzip der Geistigkeit herrscht der Geist über die Materie. Das bedeutet für dich: Du bist der Chef oder die Chefin über deine Gedanken, deinen sichtbaren Körper, deine Gesundheit und über dein Leben. Das ICH BIN-Denken und Fühlen macht dich gesund, schön, jung, glücklich, nächstenliebend und selbstliebend. Durch das ICH BIN erhältst du mehr und mehr ein Verständnis für den Schöpfungsvorgang und den wahren Sinn dieser Worte.

Leider scheint für einige Menschen die Worte ICH BIN eine ausserirdische Sprache zu sein. Aber wozu haben wir unsere Brothers and Sisters? Sie warten nur darauf, dir behilflich sein zu dürfen. Nach meinen am eigenen Leib gemachten Erfahrungen, braucht es manchmal wirklich mehr als menschliche Hilfe.

Wenn ich feststelle, dass es leichter gehen würde, wenn ich einen Brother oder eine Sister beiziehen würde, hört sich bei mir eine Anrufung so an: „Help! I need sombody. Help, but not anybody. I need you, you, you, Jesus." Manchmal so: „Hilfst du mir mal bitte, den Durchblick wieder zu bekommen?"

Da meine Aufmerksamkeit auf einen Meister gerichtet ist, kommt er oder sie auch, selbst wenn ich es in meinem Stress nicht immer gleich mitbekomme. Aber sobald ich wieder ruhiger bin, sickern die mental empfangenen Worte von meinem Überbewusstsein in mein Bewusstsein durch. Wenn ich in einem schlechten Gemütszustand schwinge und dieser nicht mehr auszuhalten ist, setze ich mich hin, docke mich an Mutter Erde an, öffne mein Herz und denke: „ICH BIN die tapfere ICH BIN-Gegenwart. ICH rufe dich, Saint Germain. Hilf mir!"

Die Hilfe kommt in Form eines lodernden, violetten Flammenstrahls. Ich stehe in der violett leuchtenden Flamme, die gezielt alle Ursachen sämtlicher Widerstände in meinen vielen Körpern umwandelt. ICH geben mich der transformierenden Flamme hin und denke: „ICH BIN frei von all diesen Dingen. ICH weiss, dass ICH BIN, und das ist die Liebe."

Wenn ich mich beim «Ich bin nicht»-Denken ertappe, oder andere störende, kritische Gedanken in mein Bewusstsein eindringen, mache ich schnell alle Türen im Kopf zu und verlange, dass sie verschwinden. Ich gebe den Gedanken keine Zeit sich einzunisten. Je länger ich meinem Verstand erlaube, solche Dinge zu denken, umso eher werden sie sich in meiner Welt zeigen.

Bei tobenden Wellen und Nöten die Türen geschlossen zu halten, ist nicht immer einfach. Manchmal braucht es Kraft und Mut, sich zu behaupten. In solchen Situationen rufe ich MAMA und PAPA, entschlossen sage ich: „ICH brauche sofort Hilfe! Haltet diese Türen verriegelt und helft mir, dass ICH in Übereinstimmung mit euch bleibe!"

Du darfst so verlangend zu der Gegenwart sprechen. Das ist kein Scherz, das meine ich wirklich ernst. Du sprichst den Auftrag so aus, als ob du von der Wirkung des ICH BIN-Stoffes und der Erfüllung völlig überzeugt bist. Nach meinen Erfahrungen, wird durch diese Haltung, die Aufmerksamkeit auf das Gewollte zu richten, das Erdachte schneller erreicht. Für mich war das anfangs auch nicht leicht zu verstehen. Dass ich dem lieben Gott gleich bin und ich die Vollmacht habe, die göttliche Energie zu lenken, konnte ich annehmen und mich auch darin üben. Selbst wenn ich wieder in diesen

Zwiespalt fiel und irrtümlich meinte, dass ich es bin, die erschafft und alles an mir liegt, konnte ich mich durch das Bewusstwerden, dass es der liebe Gott ist, der erschafft, bringt und erhält, schnell wieder beruhigen. Aber das ich verlangen darf oder vielmehr muss, war für mich etwas ungewohnt. Wir Menschen sind es uns gewohnt, Gott mit gesenktem Haupt um etwas zu bitten, aber nicht, von ihm zu verlangen. Das lässt so einige Glaubensmuster aktiv werden. Mit Herz und Verstand zu verlangen, ist eine Kunst. Entweder kommt der autoritär erscheinende Chef hervor, der herumbrüllt und kommandiert und den niemand mag, oder der allzu nette Chef, bei dem die Mitarbeiter sagen, wo es lang geht. In beiden Fällen nehmen ihn seine Mitarbeiter nicht ernst. Wenn du die ICH BIN-Gedanken emotionslos, monoton und kopflastig denkst und sagst, setzt du ein kleines Rinnsal in Gang. Das ist auch nicht schlecht. Wenn er nicht gestört wird, wird der feine Fluss das Verlangte irgendwann einmal bringen. Nur bleibt selbst dieses Rinnsal selten ungestört und muss, weil es eben ein kleines Rinnsal ist, früher oder später im Sand versickern. Daher übe dich von Anfang an im Verlangen, falls du damit besonders auf Resonanz stösst. Mein Brother fordert mich jedes Mal wieder auf, verlangend zu sein, wenn ich die ICH BIN-Gedanken zu kopflastig denke und sage. Manchmal treibt er mich richtig an, bis ich auf die Muster stosse, die erstaunte «Buoh» aus mir hervorbringen. Die Vorstellung, wie es ist, völlig vom kraftvollen Stoff der höchsten Liebe überzeugt zu sein, löst göttlich starke Gefühle aus, die fast nicht zum Aushalten sind. Da muss ich manchmal tief ein- und ausatmen. Ich sage dann: „Okay, also gut.", und lege voller Überzeugung los, damit der willensstarke weibliche Aspekt des beseelenden Stoffes, den Schöpfungsgedanken, erfüllen kann. Betrachte nach dieser Erkenntnis das Verlangen auch als Willensstärke.

Ich verlange von mir selbst, mehrmals täglich und in dem Moment, wo es nicht mehr auszuhalten ist, mich in die ICH BIN-Gegenwart zu setzen und mein Denken auf das ICH BIN in mir gerichtet zu halten. Selbst bei den banalsten Dingen, die meistens auch unbefriedigend sind, mache ich mir ein Spiel daraus, meine Aufmerksamkeit mit Humor von diesen Banalitäten wegzulenken. Die Denkspiele ermöglichen es dir, sofort in deiner wachen Gegenwart zu reagieren. Dazu brauchst du dich nicht erst in Meditation zu üben. Das ICH BIN-Denken und -Fühlen ist bereits Meditation! Meditation ist nichts anderes als Achtsamkeit. Dein Alltag bietet dir die ganze Zeit Übungsmöglichkeiten an, achtsam zu sein. In einigen Dingen bist du bereits achtsam und lebst das ICH BIN. Die ablenkenden Gedanken tauchen bei einer Meditation unweigerlich auf. Viele Menschen hören auf zu meditieren, wenn eine aufgeblähte Rübe meint: „Das Meditieren funktioniert bei mir sowieso nicht."

Aber du benutzt nun dein mächtigstes Spielzeug und durchschaust genau diese üble Rübe als Illusion. Das ist Meditation im Alltag, gelebte Spiritualität.

Jedoch vergisst man im Alltag vor lauter Stress sein ICH BIN. Aber man erinnert sich wieder an den Stress und an die Menschen. Meistens vor dem Einschlafen. Dem göttlichen ICH BIN-Stoff werde ich mir am liebsten vor dem Einschlafen nochmals so richtig bewusst. Bevor ich einschlafe, denke ich auch gegebenenfalls an die Menschen, die ich mit meinen negativen Gedanken beworfen habe. Denn mein Verstand konnte mit der Zeit das Verständnis des Schöpfungsvorgangs aufbringen. Er hatte schliesslich oft genug den Hammer an den Deckel bekommen. Er verstand, dass er durch sein denken nicht nur die anderen Menschen schädigt, sondern auch, dass all die Dinge, an denen er etwas auszusetzen hat, selbst erfahren wird. Von diesen unerwünschten Auswirkungen hat er die Nase voll. Falls mein äusserer Verstand mal die Kontrolle verliert, und voll über jemanden oder etwas herzieht, bringe ich ihn spätestens vor dem Schlafengehen unter Kontrolle, um die Auswirkungen, beziehungsweise die Rückwirkungen, für immer zu vermeiden.

Ich sage: „ICH BIN in Frieden mit dir (Name der Person oder der Personen) und mit mir. ICH rufe das Gesetz der Verzeihung an, damit alles berichtigt wird und ich, sowie die anderen, frei werden können."

Saint Germain empfahl mir diese Art von Einschlafen. Mit positiven Auswirkungen! Im hinüberdösenden Zustand ist dein Unterbewusstsein besonders empfänglich für ICH BIN-Gedanken. Deine Schwingungen werden so nebenbei im Schlaf erhöht. Ist das nicht wunderbar? Du erschaffst dir ja andauernd mit deinem Denken und Fühlen deine Zukunft. Du hörst nie auf zu denken und zu fühlen. Deswegen ist es wichtig zu wissen, was man vor dem Einschlafen denkt. So denkst du keinen Mist. Das geschieht nun während dem friedlichen Einschlafen.

ICH BIN Einschlaf-Akt 1

Ich stelle dir nun meine Einschlaf-Rituale vor: In meinem Bett setze ich mich aufrecht mit geradem Rücken gegen ein Kissen, das an der Wand angelehnt ist, mit ausgestreckten Beinen hin. Du kannst dich auch auf die Bettkante oder auf einem Stuhl setzen oder im Schneidersitz dasitzen, das spielt keine Rolle. Meinen schnellen Erdungsakt kennst du bereits. Ich verweile einen Moment in diesem Zustand und denke: „ICH BIN die mächtige Gegenwart!"

In meinen Gedanken dehne ich das Licht in sämtliche Ebenen meiner Energiezentren und Körpern aus. Meinem Verstand erkläre ich, dass jetzt der ICH BIN-Stoff am Wirken ist und ihm hilft, die Kontrolle Gott zu überlassen. Ich bitte die Meister, mir zu helfen. In meiner Fantasie rufe ich: „Liebe Meister, eilt herbei und heilt mit mir geschwind die Übelei in meinem Herzelein, damit ICH erkenne, wie grossartig ICH BIN."

Die Meister sind da, bevor ich fertig gedacht habe und inspirieren mich mit ICH BIN-Gedanken. Mein Mentalkörper produziert lauter ICH BIN-Gedanken: „ICH stehe voll und ganz in DEINEM Licht lieber Gott, das alles Übel umwandelt."

Bei Fällen, wo mein Vertrauen gefordert wird, denke ich: „ICH weiss ganz genau, es gibt keinen Zustand, der nicht durch DEINEN Stoff der Liebe zu meistern ist. ICH BIN das wachsende Vertrauen DICH und anerkenne, dass DU mich bedingungslos liebst."

Die Vorstellung, bedingungslos geliebt zu werden, lässt mich auch so fühlen. Liebes-geflashed krabble ich ganz unter meine Bettdecke und vollziehe in meinen Gedanken den 2. Akt, bis ich in meinem ruhigen und seligen Zustand eingenickt bin. Auf den 2. Akt komme ich im nächsten Kapitel zu sprechen.

Ich beziehe in meinem Ritual den Schutz mit ein: „ICH BIN das goldene Licht über mein Zuhause, meine Katze, über meinen Körper, mein Gemüt, mein Geschäft und über alles in meiner Welt. ICH BIN die Liebe, die all das mit Licht auflädt und stärkt. In meiner Welt herrscht das Licht, das alles Störende beseitigt und von mir fernhält."

Du kannst ICH BIN-Gedanken denken und fühlen wie du willst, Hauptsache du schützt dich und hältst diesen Schutz aufrecht. Es ist einer der wichtigsten Grundgedanken, den du mehrmals täglich denken darfst. Mit diesem Bewusstsein einzuschlafen, ermöglicht deiner Seele ausserhalb des Körpers mit fast unbegrenzter ICH BIN-Intelligenz zu wirken. Egal, welche Wellen dich gerade fast ertrinken lassen, du hast die Kraft, sämtliche Situationen durch das ICH BIN positiv zu beeinflussen. Ich denke vor dem Einschlafen diesen Gedanken: „Während mein Körper tief und fest schläft, verbinde ICH mich mit dieser Situation, die mir zu schaffen macht. ICH BIN eins mit Gott, bringe jetzt DEINE Intelligenz hervor und übernehme die Kontrolle über diese Situation. DU BIST die einzige Macht, die wirkt und bestimmt. DEIN Wille geschehe. In meinem Leben kehrt Ruhe und Frieden ein, denn ICH weiss, dass es nichts gibt, was nicht durch DEINE Macht zu meistern ist. ICH verbinde mich in dieser Nacht mit allen Erfordernissen, die mich in meiner Entwicklung voranbringen, und erfülle sie reichlich mit Licht und Liebe. ICH überlasse DIR in allem die Führung. ICH weiss, dass alles, was durch DEINE Intelligenz geführt, berichtigt und erfüllt wird, zu meinem Besten geschieht."

Es ist ein beruhigendes Gefühl mit dem Wissen einzuschlafen, dass jede Sache von der Intelligenz geführt und erfüllt wird und zu meinem Besten geschieht. Dinge, die im Schlaf berichtigt worden sind, sind dir im Wachbewusstsein nicht präsent. Vielleicht wirst du eine Ahnung haben, in welchen

Bereichen deine Seele und Gott ihre Finger im Spiel hatten. Doch sei dir darüber klar und erinnere dich an die positiven Nebenwirkungen; es geschieht nur zu deinem Besten. Gott, welcher das ICH BIN in dir ist, setzt alles daran, dass du weiterkommst.

Nun folgen einige Beispiele, die dir helfen, das ICH BIN-Bewusstsein in deinem Alltag zu fördern. Am einfachsten gelingt dir das, wenn du das ICH BIN mit Dingen verbindest, die für dich normal sind und du regelmässig in einer bestimmten Zeitphase tust, wie beispielsweise Zähneputzen, duschen, baden, rasieren, waschen, eincremen, schminken, frisieren, kochen und Haushalt machen. Selbst auf dem himmlischen Örtchen bietet sich die Gelegenheit, dich deinem göttlichen ICH BIN hinzugeben. All diese Dinge vollziehst du in Zukunft zusammen mit deinem ICH BIN-Bewusstsein. In der Regelmässigkeit zeigt sich der Rhythmus, der miterschafft. ICH BIN-Gedanken, die in einer rhythmischen Regelmässigkeit ausgesendet werden, haben eine stärkere Wirkung als die Gedanken, die nur hin und wieder nach Belieben ausgeschickt werden. So wendest du den Rhythmus in deinem Alltag an, und weil du clever bist, weisst du auch, was für Eigenschaften und Werte du deinem Denken mitgibst, damit der Liebesstrom das Erdachte möglichst ungestört verwirklichen kann. Beispielsweise: „Durch die Intelligenz, die ICH BIN, BIN ICH die unbesiegbare Wache über alle meine ICH BIN-Aufträge, die sämtliche fehlgeleiteten Gedanken, die ich trotz wachsendem Vertrauen in die Gegenwart, aus Unsicherheit und Misstrauen ausgesendet habe, fern hält und auslöscht. Da ICH in diesem Moment mit all meinen Sinnen in der beglückenden Wirkung des göttlichen Stoffes stehe, ist er auch mächtig tätig und macht mich von diesen Fehlschöpfungen frei."

Statt diese Kunst des Denkens durch mühseliges Meditieren erreichen zu wollen, wozu die meisten Menschen heutzutage eh keine Zeit und keine Lust haben, nehmen wir den direktesten Weg Richtung Achtsamkeit.

In deinem Alltag könnte dein meditatives Verhalten beispielsweise so aussehen: Stell dir vor, du bist am Zähneputzen. Statt einfach nur zu putzen und nebenbei gedankenlos irgendwelche neuen unangenehmen Auswirkungen zu erschaffen, denkst du: „ICH BIN gesunde Zähne! ICH BIN das vollkommene Gebiss bis zu meinem letzten Atemzug. Jeder einzelne Zahn sitzt fest in Fleisch und Kiefer und ist gesund, bis tief in die Wurz."

Ich verwende dabei gerne das goldene Licht als Zahnpasta. Weisst du, die mit den violetten Streifen. Deiner Fantasie sind keine Grenzen gesetzt. Tue so, als ob du wüsstest, wie es sich anfühlt, gesunde Zähne zu haben. Tauchen negative Gedanken auf – sofort durchschauen, deine Schöpferenergie aus ihnen zurückerobern und deine Aufmerksamkeit wieder deinen Zähnen widmen.

Beim Rasieren und Enthaaren stellst du dir vor, Adonis oder die Venus zu sein. Fühle die Göttin und den Gott in dir, wenn du sagst: „ICH halte meinen Körper auf eine höhere Bewusstseinsebene polarisiert und bringe mich in Übereistimmung mit dem Gesetz der ewigen Jugend. Mein Bewusstsein und mein Körper bleiben von den Auswirkungen auf den unteren Ebenen unberührt. ICH erfülle den göttlichen Willen und anerkenne das Gesetz der ewigen Jugend, das in all meinen Zellen wirkt."

Denselben Akt vollziehst du, wenn du dein Gesicht oder deinen Körper wäschst. Du wirst feststellen, dass deine Hände nicht mehr gedankenlos dein Gesicht und deinen Körper abschrubben, sondern du dich auf einmal spürst, deine Haut fühlst, ja, sogar fühlst, wie schön sie sich anfühlt. Aus dem Waschen und Schrubben ist auf einmal eine bewusste Berührung geworden. Eine Berührung ist Liebe, eine bewusste Berührung ist Liebe und Heilung, das erklärte mir mein grosser Bruder Cantor. Denke: „ICH BIN vollkommene Haut. ICH BIN straffe und weiche Haut. MEINE Haut ist bis zum letzten Atemzug jugendlich glatt und schön. ICH aktiviere jede Zelle mit Licht und Liebe."

Unter meinen Händen fühle ich die vollkommene Haut. Meine Fantasie hilft mir, die Vollkommenheit zu fühlen. Die täglichen Selbstbehandlungen werden die Resultate in Erscheinung bringen, sofern du alle negative Gedanken, die auftauchen sofort ...? Genau, du weisst, was zu tun und zu denken ist. Beispielsweise diese Gedanken: „Auch wenn ich Angst habe und schwer daran zweifle, mein Ziel zu erreichen, schreite ICH weiter im Licht meiner ICH BIN-Gegenwart, die mich frei von all diesen Ängsten macht."

Polarisierungsspiele mit deinem Körper

Sämtliche Fehlschwingungen in deinem Körper kannst du umpolarisieren, also von krank in gesund. Derselbe Umpolarisierungsprozess ist mit sämtlichen Gemütszuständen möglich. Gemütszustände sind auf den mentalen und emotionalen Ebenen erkennbar. Alles, was im physischen Körper wehtut und sichtbar geworden ist, ist das Endresultat eines fehlgeleiteten Denkens. Die Ursachen sind in den allermeisten Krankheitsfällen auf irgendeiner Ebene im Mental- und Emotionalkörper gespeichert. Jede Zelle und jedes Atom, selbst wenn es noch so mikroskopisch winzig schwingt, hat ein Bewusstsein. Diese Teilchen wurden von einem menschlichen Bewusstsein mit destruktiven Inhalten programmiert. Krankheit ist aus dieser Sicht ein Haufen irritierter Zellen, die nicht mehr wissen, was sie tun. Also alles halb so schlimm. Es gibt viele Menschen, welche die übelsten irritierten Zellen in ihrem Körper durch ihr ICH BIN-Bewusstsein wieder in harmonisch schwingende Zellen umwandelten, die wieder wissen, was ihre Aufgabe ist.

Die Zellen eines Menschen werden die ganze Zeit von irgendwelchen Schwingungen (Frequenzen) programmiert. Sämtliche Schwingungen beeinflussen das menschliche Denk- und Empfindungsbewusstsein. Beispielsweise werden die Zellen durch künstlich erzeugte Schwingungen, wie gepulste Frequenzen, TV-, Mikrowellen- und Handystrahlen, programmiert und degeneriert. Diese künstlich erzeugten Schwingungen sind schädlich, auch wenn oft das Gegenteil behauptet wird. Jedoch bewirken diese Frequenzen eine unmerkliche Umpolarisierung der Pole Plus und Minus im Menschen. Die Menschen sind von Natur aus um den Kopf herum Plus gepolt und bei den Füssen Minus gepolt. Wird dieses natürliche Gleichgewicht gestört, steht ein Mensch auf dem Kopf, das verursacht mit der Zeit eine mentale- und emotionale Disharmonie. Man fühlt sich zuerst erschöpft, gereizt und weinerlich, irgendwann treten die körperlichen Beschwerden in Erscheinung. Und die Pharmaindustrie lacht sich ins Fäustchen, weil sie den scheinbar depressiven Männern und Frauen oder Kindern, die der Norm zu lebendig sind, ihre neuen Medikamente, die gegen die neu erfundenen Krankheiten helfen sollen, andrehen können.

Das ist ein weiterer guter Grund, warum es für die ICH BIN-Menschen keine Anstrengung ist, ihren göttlichen Schutz aufrechtzuerhalten. Durch den Schutz sind sie immun gegen solche subtile Umpolungen. Genauso beeinflussen Nahrungsmittel die Zellen positiv oder negativ. Selbst die Schwingungen von anderen Menschen beeinflussen dein Bewusstsein.

Jeder kann durch das ICH BIN-Denken die irritierten Zellen, mit positiven Inhalten füttern, sie informieren und umpolarisieren. Jedoch braucht es um gesund zu werden eine gewisse Bereitschaft. Paracelsus drückte das so aus:

«Wer nicht die Charakterkraft aufbringt, für seine Heilung selbst etwas zu tun, ist der Heilung nicht wert und wird solange krank bleiben, bis er sich charakterlich ändert.»

Dieses Zitat regt zum Nachdenken oder Wegschauen an. Die meisten Menschen wollen, dass ein Schmerz, oder was auch immer sie quält, sofort aufhört und nie mehr wiederkommt. Die Erwartungshaltung, dass jemand anderes oder etwas ihre fehlgeleitete Schöpfung wieder geradebiegt, ist genauso gross wie der Schmerz und das Leid. Durch dieses Denken hängen viele Menschen in den Illusionen fest. Es gibt aber keine Wunderpille oder sonst etwas, das nach eimaliger Anwendung wirkt und alles wieder gut macht.

Die Bedeutung des Zitates ist, dass die Menschen selbst für ihre Gesundheit verantwortlich sind. Diese Verantwortung gaben sie jedoch ab. Sie wurde ihnen auch gerne abgenommen, von Leuten, die den anderen weismachen, dass nur sie die Verantwortung für die Gesundheit in der Hand haben und wissen, was gut und richtig ist. Schliesslich haben sie studiert, wie man aus krank wieder gesund macht. Manchmal gelingt ihnen das auch. In den meisten Fällen jedoch nicht so langanhaltend, da nach wie vor nur an den Symptomen herumgedoktert wird und die Ursachen nicht berücksichtigt werden.

Das Prinzip von Ursache und Wirkung halten zwar einige Gelehrte für Hokuspokus und üben mit ihren Titeln und weissen Kitteln noch eine gewisse Macht aus, jedoch wird das Wissen von Ursache und Wirkung bald zur Normalität werden. Genauso wie das Wissen, dass die Erde rund ist und keine Scheibe, heute selbstverständlich ist. Sämtliche Scheiben, die eine Erweiterung des Horizonts behindern, werden von der Liebeswelle «Einsicht» weggespült.

Weltweit stellen Gelehrte mit Begeisterung fest, dass jede Krankheit eine Störung im menschlichen Energiesystem ist. Sobald die Störungen im Energiekörper umgewandelt werden, muss der physische Körper folgen und das gesunde Endresultat zum Vorschein bringen.

«Es ist der grösste Fehler bei der Behandlung von Krankheiten, dass es Ärzte für den Körper und Ärzte für die Seele gibt, wo doch beides nicht voneinander getrennt werden kann» Plato, 427-347 v.Chr.

Es ist ein grosser Vorteil, die Selbstverantwortung zurückzuerobern, um «gesund» gesund zu werden. Dazu sollten wir
unser eigenes Gehirn aktivieren. Niemand kann unser Gehirn ersetzen und für unser Denken Verantwortung übernehmen, kein Arzt, Psychiater, Therapeut und Heiler. Auch
kein Meister. Es ist, wie immer, eine Sache des Bewusstseins.

Die Pharmaindustrie erzieht durch «We love to entertain
you»-TV-Serien und von der Pharmaindustrie erfundene
Krankheiten, die Menschen zu freiwilligen Pillenschluckern.
Diese Industrie verändert schleichend das Bewusstsein der
Menschen sowie der kommenden Generation. Durch dieses
befürwortete Spiel wird dieses ungesunde Ungleichgewicht
genährt und stabil gehalten. Die Mehrheit der Menschen
wurde so nebenbei, ohne es zu merken, verweichlicht und
verwöhnt. Die schleichende Umpolarisierung wurde und
wird bewusst provoziert, damit die Menschen (freiwillig) in
eine bestimmte Richtung denken. Wissenschaftler, im Besonderen Politiker, Ärzte, andere Menschen an der Spitze
sowie die Menschen im Allgemeinen, haben Dinge in sämtlichen Bereichen Jahrtausende lang verdreht. Durch die Annahme dieser Werte und Dinge, entstand in allen menschlichen Lebensbereichen ein Ungleichgewicht. Statt zu hinterfragen, sich eine eigene Meinung zu bilden und selbstbe-
stimmend zu handeln, übernehmen die meisten Menschen
das, was der Mainstream vorgibt. Bis heute herrscht eine
Unwissenheit, die es den Menschen fast unmöglich machen,
den wahren Sinn des Lebens zu begreifen und sich ihrer
göttlichen Existenz bewusst zu werden.

Die ICH BIN-Tätigen wissen, warum ein Menschen leidet
oder krank ist. Trotzdem würden sie nie ein Gebrechen und
ein Gemütszustand wegheilen wollen. Sie würden sonst in
das selbst erschaffene Karma eines Menschen eingreifen,

was nicht erlaubt ist. Durch dieses Verhalten fallen sie in den unangenehmen Kreislauf des Ausgleichs. Ihr Gewissen lässt so ein egobezogenes Verhalten nicht mehr zu, folglich werden sie auch nicht fallen. Würden sie eingreifen, würden sie ihre Mitmenschen ihrer Selbsterkenntnisse berauben, an denen diese sich erkennen, verstehen und reifen könnten. Sie sehen Ihre Aufgabe vielmehr darin, die Menschen zu ihren Selbsterkenntnissen zu führen und sie in ihrer Eigenverantwortung zu stärken. Das geschieht jedoch nur, wenn jemand die Bereitschaft selbst aufbringt.

Den bewussten ICH BIN-Menschen ist es klar, dass schlussendlich die Liebe heilt und nicht sie selbst. Sie stellen sich lediglich der Liebe als Kanal zur Verfügung. Diese Menschen dienen und verdienen nicht an den suchenden Leuten.

Sie haben daher viel Zeit, sie beschäftigen sich mit Menschen, die eine echte Bereitschaft aufbringen, Ihr Bewusstsein zu verändern. Sie verplempern ihre Zeit nicht mit Menschen, die am liebsten nur wollen, dass ihr Übel sofort weggeheilt wird und die Hoffnung haben, dass eine Krankenkasse die Kosten übernimmt. Es sind nicht gerade viele, die sich für die wahre Freiheit entscheiden. Viele Menschen sind es sich zu sehr gewohnt, dass jemand ihr Übel für sie erledigt und die Kosten dafür übernimmt. Durch das beeinflusste Denken sind so einige Irrtümer entstanden. Beispielsweise meinen viele: Nur wenn eine Therapieform von einer Kasse anerkannt ist, taugt sie auch was und nur wenn der Therapeut bei einer Kasse anerkannt ist, taugt er was. Die Wirkungen einer Methode können noch so gut sein, so lange eine Krankenkasse sie nicht auf die Liste nimmt, bleibt sie für viele unbekannt oder erscheint suspekt.

Die Menschen müssen immer mehr Geld für dieses kranke Gesundheitssystem bezahlen und wenn die Kosten einer

wirkungsvollen Therapieform von den Kassen nicht übernommen werden, vereinbart man auch keinen Termin. Viele
Therapeuten reissen sich mittlerweile ein Bein aus, um von
den Krankenkassen «anerkannt» zu bleiben. Jedoch zwingen sie die ständig steigenden Forderungen und Streichun-
gen von zuvor anerkannten Therapieformen sowie die unnötig steigenden Prämien immer mehr in die Knie. Durch die
steigenden Prämien werden die gesunden Menschen für
ihre Gesundheit regelrecht bestraft, und die kranken Menschen gefördert, jedoch nicht in ihrer Gesundwerdung.
Als ich vor zwanzig Jahren eine Ausbildung in Shiatsu absol-
vierte, konnte ich mir nicht vorstellen, dass meine Tätigkeit
und mein Erfolg von einem Gesundheitswesen abhängig
sein sollen, das meiner Ansicht nach nicht wirklich an gesunden und glücklichen Menschen interessiert ist.
Meine bestandene Shiatsuprüfung ist doch schon an sich
viel wert und wirkt wegen einem anerkannten Verein oder
einer Kassenanerkennung nicht besser. Ich hörte auf mein
Bauchgefühl: „Besser gegen den Strom schwimmen als im
Karottenbrei waten." Meine Einstellung war: Gesundheit
und Glück dürfen nicht vom Geld abhängig sein, da gibt es
andere Wege. Denn zufriedene Menschen haben ihre Kräfte
frei und können etwas tun, besagt ein weises Sprichwort.
Früher war das auch nicht so kompliziert. Jesus und all die
anderen Helfer empfingen ihre Mitmenschen so wie sie waren und vor allem begegneten sie ihnen ebenbürtig.

«Ein Mensch fühlt oft sich wie verwandelt,
sobald man menschlich ihn behandelt.» Eugen Roth
Ein grosser Meister hat sich ganz der Heilung und den Verbindungen der Polaritäten gewidmet. Diesen Brother habe
ich dir unter dem Namen «Cantor» vorgestellt. Cantor lernte

ich während meiner Shiatsuausbildung kennen. Dazu eine kleine Geschichte: Eines Tages, während ich bei jemanden am Üben war, nahm ich auf einmal einen nicht von mir gedachten Gedanken laut in meinen Ohren wahr, der mich auf eine ernste Sache hinwies. Den Gedanken habe ich bis heute nicht vergessen, denn ich konnte ihn zuerst vor Schreck nicht recht verstehen. Ich hielt mich für verrückt und dachte: „Was habe ich da gehört?" Prompt hörte ich denselben Gedanken wieder: „Die Prostata braucht medizinische Unterstützung, er muss einen guten Arzt aufsuchen."
Ich bin gleich zweimal erschrocken, über die klare Wiederholung des Gedankens und über den Hinweis selbst.
Den Gedanken verdrängte ich in der Überzeugung, dass ich doch mächtig eine an der Waffel haben muss und in der Hoffnung, dass so etwas nicht mehr geschieht. Ich hatte Angst, den Hinweis, von dem ich nicht wusste, woher er kam, und ob das wahr ist, dem Herrn mitzuteilen, der nur bei mir war, damit ich Shiatsu üben konnte. Aber die Sache bestätigte sich und die nicht von mir gedachten Gedanken kamen immer wieder.
Gott sei Dank lernte ich in dieser Zeit meinen geduldigen Freund Alesaro kennen. Herr Fröhlich wusste, was bei mir abging. „Das ist eine Form der telepathischen Kommunikation, eine ganz natürliche Fähigkeit, die uns allen angeboren ist.", gab er mir zu verstehen.
Seine Antwort beruhigte mich etwas, es erklärte so einige verrückte Dinge, die ich in meinem Leben erlebte. Was mich aber völlig vom Stuhl warf, war, als Alesaro mir mitteilte, dass drei Brothers mit mir über die Gedankenebene kommunizieren, mit den Namen Cantor, Vywamus und Jesus. Das war zu viel! Ich dachte: „Der ist wohl total bekloppt. Woher will er das wissen und überhaupt, was sind das für komische Namen und was will Jesus von mir?"

Und da augenblicklich Erinnerungen an gewisse Autoritäts-
personen hochkamen und ich in den „Das ist doch alles
Quatsch" und: „Ich bin unrein, voller Fehler, unwürdig,
schuldig" -Illusionen verfangen war, wollte ich nichts von
dem Wissen.

Alesaro Fröhlich (auch so ein ulkiger Name, obwohl er keinen Meistergürtel trägt) war aber sehr geduldig. Er meinte:
„Ich denke, aus ihrer Sicht ist es Zeit, dass dir bewusst wird,
was du mehr oder weniger unbewusst schon tust."

Mit seiner Hilfe liess ich mich als erstes auf die Meisterener-
gie von Cantor ein. Ich fühlte aber nichts Aussergewöhnli-
ches. Das machte mich misstrauisch. Ich sagte: „Ich fühle
nichts. Also doch alles Quatsch."

Alesaro meinte ruhig: „Dass du nichts fühlst, wundert mich
nicht. Dein System hat sich bereits längst an die Schwingungen von Cantor gewöhnt. Deswegen fühlst du nichts. Du
kannst ihn aber um eine Frequenzerhöhung bitten."

Ich schloss die Augen und dachte: „Ich bitte um Frequenzerhöhung", und kam mir dabei echt albern vor. Aber nur einen
kurzen Moment lang, denn auf einmal machte es «Wom».
Völlig berührt von der Energie, kamen mir die Tränen. Seine
starke Präsenz, die bedingungslose Liebe, die sein Wesen
ausstrahlte, haute mich um. Ich fühlte mich wie zu Hause
angekommen.

Cantor rufe ich täglich, schon nur aus beruflichen Gründen,
und weil er mir bei meinen alltäglichsten Wehwehchen hilft.
Er ist grosse Klasse darin, mir weiszumachen, dass ich be-
reits die Gesundheit bin, dass es nichts zu heilen gibt und es
die Liebe ist, die heilt, falls es doch etwas zu heilen gibt.
In meinem Alltag sieht eine Weismachung bei mir so aus:
Stell dir vor, ich vollziehe mein Gesicht-eincreme-Ritual.
Meine Finger fühlen dabei einen heranwachsenden Pickel

unter meiner Haut. Der Pickel stört meine erhabenen „ICH
BIN vollkommene Haut"-Gedanken und -Gefühle enorm.
Ehe ich mich versehe, bin ich voll auf die Rübe hereingefallen. Aber ich rufe Cantor, in diesem ernsten Fall sogar Jesus.
Ich denke: „Liebe Meister, eilt herbei und helft mir geschwind zu erkennen, dass ICH nicht der Pickel BIN."
Sie eilen herbei und schwubs, bin ich im violetten Licht, das
jeden sichtbaren Pickel und jeden Pickel, bevor er sichtbar
wird, ausmerzt. Sie inspirieren mich mit ICH BIN-Gedanken,
die mich so zum Lachen bringen, dass ich mich vor lauter
Liebe und Dankbarkeit fast auflöse. Wenn ich mich erholt
habe, schaue ich mich im Spiegel an und sage klar und bestimmt: „ICH liebe mich, so wie ICH BIN. ICH erkenne meine
Grossartigkeit, meine Einzigartigkeit und meine Schönheit.",
und beobachte was diese Worte in mir auslösen. Falls nochmals eine Rübe auftauchen sollte, überflute ich sie kurzerhand frontal mit einer Liebeswelle.

Selbstverständlich macht mich Cantor auf meine Ernährung
aufmerksam und dass es wieder einmal Zeit wäre, mein Blut
ordentlich mit Sauerstoff zu bereichern. Und natürlich darauf, mich zu lieben und die Teile anzunehmen, die immer
noch nicht so richtig zulassen, mich zu lieben. Aber wie immer ist es am Ende meine freie Wahl, ob ich es auch tue. Tue
ich es nicht, brauche ich mich nicht zu wundern, wenn so ein
Ding wieder auftaucht.
Durch mein ICH BIN-Bewusstsein beeinflusse ich meine Ernährung, damit mir automatisch die Lust auf gewisse Füll-
stoffe vergeht. Ich denke beispielsweise: „ICH BIN gesunde
Ernährung.", oder: „ICH ernähre mich von Licht und Liebe."
Wobei sich Cantor hin und wieder einschaltet, wenn ich so
etwas zu oft denke und tue. Er pflegt in dieser Angelegenheit
zu sagen: „Meine Liebe, von dieser Fähigkeit bist du noch

meilenweit entfernt. Dich nur von Licht zu ernähren, wird sich von alleine einstellen, wenn du reif genug bist. Ein reifes Bewusstsein bestimmt nicht dein Ego. Diese Fähigkeit, genauso wie die anderen, ist nicht zu erzwingen. Ausserdem ist diese Form von Ernährung nicht nötig, um voranzukommen."

Wie immer hat es einen Sinn, wenn er was sagt.

Jedes Ding, was dir nicht gefällt und wehtut, kannst du umwandeln. Jeder kann das. Wir besitzen dazu einen speziellen feinstofflichen Körper und ein dazugehöriges grosses Energiezentrum. Von deinen 13 Körpern ist es dein 11. und dieser zählt zu den höheren Körpern deines Wesens. Ich stellte ihn dir als den Körper der Heilungs- und Selbstheilungskraft vor. Du kannst mental jederzeit deinem 11. Chakra und Körper einen Schub geben, so dass die beiden noch mehr ins Schwingen kommen. In dem Moment fliesst viel mehr Energie in deinen Energie- sowie in den physischen Körper hinein und durchflutet jedes Atom und jede Zelle mit Licht. Diesem Licht kannst du eine Farbe geben; grün, blau, pink und orange sind sehr empfehlenswert. Mit deinem Denken lenkst du einen Farbstrahl in den Bereich oder die Bereiche hinein, die nach Heilung schreien. Die höchste ICH BIN-Schwingung strömt gezielt in die Ursachenebenen hinein und wandelt sämtliche irritierten feinstofflichen und grobstofflichen Zellen um. Dabei denkst du: „ICH BIN die Gesundheit."

Dein Fokus ist auf den heilenden Stoff oder auf Gesundheit gerichtet und nicht darauf, Krankheit heilen zu wollen oder zu müssen. Das ist ein grosser Unterschied. Lenkst du deine Aufmerksamkeit auf die Krankheit, nährst du, gemäss den kosmischen Spielregeln, in dir und auf der Welt das Gegenteil der vollkommenen Liebe. Dieses Übel wird durch den momentanen Bewusstseinszustand gewaltig genährt, weil so viele Ärzte, Heiler und Menschen im Allgemeinen, sich mit der Krankheit beschäftigen.

Was für jede Heilung bzw. jede Umwandlung äusserst störend ist, sind schlechte Gedanken und die entsprechenden Gefühle. Nach meinen Erfahrungen und Beobachtungen gibt es zwei Gründe, warum es zu keiner Heilung kommt oder ein Mensch einen Rückfall erleidet und wieder Krankheit, Leid und Mangel erfährt. Ein Grund ist die irrtümliche Vorstellung, dass seine Rückkoppelung zum Ursprung bzw. die Befolgung des direktesten Weges, sich nach einer erfolgreichen Umwandlung erübrigt hat. Der Mensch hat aufgehört an das göttliche zu glauben, weil es ihm nun gut geht. Wenn es ihm gut geht, braucht er auch nicht mehr zu glauben. Hat er das Übel wieder, so hat er das, weil er aufgehört hat, seine Aufmerksamkeit weiterhin auf das Wahre zu richten und zu halten und sich wieder mit dem Übel beschäftigte. Der zweite Grund ist, wenn man sich von seinen eigenen üblen Gedanken und Gefühlen, sowie von den Behauptungen und Bemerkungen anderer verwirren lässt. Richte daher dein Leben nach den Erkenntnissen der 7 kosmischen Spielregeln, beispielsweise «Reden ist Silber, Schweigen ist Gold », damit der Umwandlungsprozess nicht gestört wird. Die kosmischen Prinzipien wirken unaufhörlich und müssen immer mit deinen schöpferischen Gedanken übereinstimmen. Das bedeutet; die Beschaffenheit deines Gemützzustands sowie der körperliche Zustand bestimmen das Mass, wie bzw. ob der heilende Stoff aufgenommen wird. Die Aufnahmefähigkeit des Stoffes liegt allein am Menschen. In dem Mass, wie ein Mensch bereit ist, dem göttlichen Stoff zu vertrauen, in dem Mass kann sich die Kraft in ihm ausdehnen und wirken. Denkt er während der Heilphase an sein Übel

oder bleibt in seinem uneinsichtigen, ungläubigen und nach Heilung fordernden Denken hängen, oder lässt sich von den negativen Bemerkungen und Anfechtungen anderer verwirren, stört er die kraftvolle Substanz bei der Umwandlung.
Der Liebesstoff von PAPS und MAM wandelt jedes Übel um. Das ist ein kosmisches Gesetzt! Nach diesen Erkenntnissen wird es dir wohl nicht mehr schwerfallen zu erkennen, dass Gott unfehlbar ist. Er ist also völlig unschuldig, wenn der Empfänger die gewünschte Umwandlung nur begrenzt oder gar nicht erfährt. Gott heilt alles. Aber nach diesen Erkenntnissen nicht jeden Hilfesuchenden oder Kranken. Denn für die Beschaffenheit seines Bewusstseins und die Ausrichtung seines Denkens, ist jeder Mensch selbst verantwortlich.

Dein physischer Körper ist eine perfekte und äusserst spannende Masse. Er besteht aus dem Stoff der Elemente Feuer, Wasser, Luft, Erde und natürlich aus Liebe. Das Element einer jeden Seele ist das Feuer. Diese Flamme ist in deinem Herzen zu finden und hat nie vergessen.
Dein Körper besteht aus einer individuellen Kombination von Elementen. Sie zeigen sich in den verschiedensten Körperformen und charakterlichen Persönlichkeitszügen eines Menschen. In der Polarität gibt es immer ein Plus und ein Minus, ein Zuviel und ein Zuwenig. Nehmen wir als Beispiel das Element Wasser: Ein Zuviel von diesem Element zeigt sich in einer Gefühlsbetontheit, im Hang, Dinge zu dramatisieren. Ein Zuwenig zeigt sich in Melancholie, Selbstmitleid und Jammern. Im ausgeglichenen Zustand ist ein Mensch tiefgründing, beherrscht und intuitiv. Weil du die Flamme bist, hast du die Kraft deine Elemente in dir auszugleichen. Dieses Umpolarisierungsspiel vollziehst du wunderbar unter der Dusche, beim Waschen oder in der Badewanne, oder wenn du sonst gerade an einem Gewässer bist. In der Natur

hast du alle Elemente. In deiner Fantasie stellst du dir vor, wie das Wasser alle unausgeglichenen Gefühlszustände von dir wegspült. Denke: „Hallo Wasser, bitte wasch meine Schwankungen weg. Hilf mir, mich auszugleichen. ICH danke dir, liebes Wasser, was wäre ich ohne dich."

Anschliessend stellst du dir das Ganze umgekehrt vor: In deiner Fantasie nimmst du das Wasser in all deine Zellen auf und stellst dir vor, wie sich Gelassenheit beziehungsweise Ausgeglichenheit anfühlt. Dabei denkst du: „ICH BIN Gelassenheit und völlig ausglichen."

In meiner Fantasie bin ich sogar Meisterin über die Elemente, ich bringe das Wasser ohne Feuer zum Kochen, versetzte Berge, besänftige den Sturm und gehe durch die Flammen. Ein weiterer guter Grund, dich immer gut an Mutter Erde anzudocken. Man weiss nie, wann es soweit ist und du nach einem Zauberspruch auf einmal die Elemente beherrschst und – Simsalabim – das Gewünschte sofort manifestiert vor deiner Nase schwingt. Vielleicht beamst du dich auch plötzlich weg. Ich habe mich zwar nicht weggebeamt, dafür eine andere schöne Erfahrung erleben dürfen. Ein starker Regen löste einmal einen Wasserschaden in meiner Wohnung aus. Der ganze Eingangsbereich, mein Arbeits- und mein Schlafzimmer hat es erwischt. Während meinem Einschlafritual bin ich auf die Idee gekommen, die Elemente Luft und Feuer zu rufen, um vor allem mein Schlaf- und mein Arbeitszimmer zu trocknen. Schliesslich BIN ICH die clevere Seele. Zwei Tage später kam jemand, um die Feuchtigkeit zu messen. Zu seinem Verblüffen stellte er keine Nässe in den Wänden und Fussböden meiner Zimmer fest. Er sagte: „Hier und hier ist es nass, aber lustigerweise nicht in diesen beiden Räumen. War da wirklich Wasser drin?", fragte er mich misstrauisch. Ich zeigte ihm die Fotos, die ich für die Bauinspektion geschossen hatte. Daraufhin meinte er: „Lustig, das erstaunt mich. Was mich genauso erstaunt, ist der warme Fussboden. Das kann von den Geräten sein, aber die geben normalerweise nicht so eine Wärme ab."

Als ich wieder alleine war, jubelte ich und mein Vertrauen in meine Kraft und in die allerhöchste ist um einiges gewachsen.

Dein Körper ist eine lebendige Masse. Jede einzelne Zelle besteht aus vielen Lichtteilchen, die erst noch denken und fühlen. Es ist also möglich mit deinen Organen zu sprechen, nicht nur mit Tieren, Pflanzen, unseren Brothers and Sisters und mit Gott. Und weil du der Chef und die Chefin von all deinen beseelten Zellen bist, bestimmst du, wie deine Zellen wieder zu funktionieren haben. Zum Beispiel so: Du richtest deine Aufmerksamkeit auf deinen Magen und sagst in Gedanken zu deinem Mitarbeiter:

„Lieber Magen, ICH BIN dir äussert dankbar für deine gute Tat. ICH aktiviere deine Zellen mit viel Licht und Liebe, damit du weiterhin so gut funktionierst."

Wundere dich nicht, wenn dir dein Magen antwortet und du ihn in deinen Ohren oder in deinem Bauchhirn auf einmal sagen hörst: „Ja, schön und gut, aber damit das weiterhin so gut mit uns beiden klappt, bitte ich dich, mich nicht mehr mit diesem toten Zeugs zu füttern. Bei aller Liebe, für die Fütterung der Organe bist du verantwortlich!"

Falls so etwas passieren sollte, antwortest du: „Danke für den lieben Hinweis. ICH gebe mein bestes."

Kannst du dir vorstellen, mit etwas Fantasie in die banalsten Dinge deines Alltags Freude und Leichtigkeit zu bringen? Ich denke, mit etwas Übung und Fantasie schon. Keine Panik, du wirst deinen Verstand nicht verlieren. Es tut aber gut, einmal am Tag in gewissen Bereichen die Kontrolle zu verlieren, um durchstarten zu können.

Die Vorstellung, mit Gott wie mit einem Freund zu sprechen, wird dir nicht mehr so fremd erscheinen, wenn du verstanden hast, dass du die ganze Zeit mit all deinen Zellen sprichst, beispielsweise wenn du zu dir sagst: „Mann, siehst du heute wieder alt aus!" Dein unsichtbarer Energiekörper und der Stoff deines physischen Körpers reagieren und antworten sehr empfindlich auf dein Denken und Fühlen. Genauso wie du über dich denkst, fühlst und sprichst, erhältst du von deinem Körper die entsprechende Antwort. Die Antwort von deinem sichtbaren Mitarbeiter gefällt dir nur meistens nicht. Aber vielleicht gefällt deinem Verstand diese Vorstellung: Als unentbehrlicher Mitarbeiter folgt dein Verstand der Bestimmung, den du gegeben hast. Zusammen mit dem Gefühl wird der Auftrag erfüllt. Das Verlangte ist: Dein sichtbarer Köper formt sich von Tag zu Tag zu auserlesenster Schönheit, Gesundheit und Jugendlichkeit. Aus jeder Pore deiner Haut, aus deinen Haaren, Augen und deinen Zähnen strahlt das Licht heraus. Selbst wenn das ICH BIN dein Ego völlig zerlegt und wilde Wellen um dich toben, siehst du blendend aus. Es steht dir mehr als genug Energie zur Verfügung, um jede Not durchzuhalten und jede Herausforderung zu meistern, und trotz allem hast du stets die Zeit, das ICH BIN zu stärken und zu vertiefen.

Wenn diese Vorstellung deinen Verstand erfreut, so spiele täglich folgendes Denkspiel: „ICH BIN die Intelligenz in jeder Zelle, die diesen Körper nach meinen Vorstellungen formt. Du, mein Körper, wirst auf vollkommene Weise strahlend, gesund und jugendlich werden. Auch wenn ich daran zweifle, die Vollmacht zu haben, dass mein Körper mir gehorcht, bleib ich dran. ICH weiss, dass jetzt der reine Stoff

der Liebe diese Zweifel zum Schmelzen bringt. ICH BIN der Geist, der über diesen Körper herrscht."
Der Stoff durchflutet jede Zelle, belebt und entgiftet sämtliche Organe und bringt den Körper in den gewünschten Zustand. In wenigen Monaten erneuert sich dein Körper. Das wurde wissenschaftlich bewiesen. Die Formel $E = mc^2$ ist der Beweis: Wenn die Menschen schon in der Lage sind, durch ihr Denken, wie sie es sich gewohnt sind, Fehlschöpfungen wie Krankheit zu verursachen, so können sie auch ohne weiteres vom höchsten Bewusstsein verlangen, sich in ihrem Körper als vollkommene Gesundheit zu verwirklichen.
Das beharrliche Dranbleiben ist alles, was es braucht. Es fällt dir mit der Zeit leichter, die Türen geschlossen zu halten, denn deine ICH BIN-Kraft ist durch dein Dranbleiben stärker geworden.

Denke die ICH BIN-Gedanken während dem Zähneputzen, Duschen, Baden, beim Rasieren und beziehe sie in den Einschlafakt mit ein. Zwischen den Waschzeiten findest du auch genügend Gelegenheiten, ICH BIN zu denken. Ganz bestimmt! Zum Beispiel beim Anstehen in der Warteschlange oder im Stau auf der Autobahn. In solchen geschenkten Situationen beschäftigst du deinen Verstand beispielsweise mit folgenden Gedanken: „ICH BIN frei von Kritiksucht und Verurteilung, auch wenn ich mich immer wieder dabei ertappe, BIN ICH völlig okay."

„ICH BIN volle Konzentration auf mein ICH BIN, in dem Augenblick, in dem ich mich beim Kritisieren und Verurteilen erwische. ICH erlaube meinem Verstand nicht mehr länger, die Aufmerksamkeit auf diese Dinge zu richten."

„ICH BIN die Liebe. Hilf mir, mich von Kritik und Verurteilung zu lösen. ICH versöhne mich, vergebe und vergesse.“

„ICH ermächtige mich, mich selbst immer wieder zu beherrschen, auch wenn mir das hin und wieder ziemlich misslingt und ich mich dadurch schlecht und schuldig fühle und mir Vorwürfe mache. ICH weiss, dass Gott mich trotz allem bedingungslos liebt.“

„ICH BIN die Selbstbeherrschung in Person! Nichts und niemand bringt mich ins Wanken. ICH BIN in Frieden mit allem was ist und höre auf zu verurteilen.“

„Egal was, egal wer, ICH BIN standhaft! ICH weiss, dass es mir immer besser gelingt, mich in allen Dingen zu beherrschen und die Kraft zu erlangen, die alles lenkt.“

„Auch wenn ich mich im anderen nicht erkenne und ich dennoch kritisiert und verurteilt werde, bleibe ich in meiner ICH BIN-Gegenwart. ICH sehe die Liebe in jedem Menschen.“

ICH BIN Einschlaf-Akt 2

Nun zeige ich dir meinen 2. Einschlaf-Akt. Bei diesem Akt verbinde ich mein weibliches und männliches Prinzip. Der 3. Strahl ist dabei sehr hilfreich. Für den Mentalkörper ist das eine grosse Herausforderung, das Emotionale als gleichwertig anzuerkennen, wenn man bedenkt, dass er es sich gewohnt ist, die Führung alleine inne zu haben. Daher helfe ich meinem Verstand, sich hinzugeben. In Gedanken dehne ich den 3. Strahl in meinem Herzen aus und leite ihn anschliessend in mein 3. Auge hinein. Ich rufe Cantor, er entspringt aus dem 3. Tortenstück und ist grosse Klasse im Verbinden: „Cantor, bitte kommen! ICH brauche Verstärkung. Hilf mir, die Kluft in der Verbindung zwischen meinen Körpern zu beheben. Vielen lieben Dank."

Über Cantor musst du wissen, dass er nie alleine kommt. Er taucht immer zusammen mit seinem «Team» auf. Das ist wie in den Ärzteserien, da steht der Chefarzt in der Mitte und sein Ärzteteam um ihn herum. Um dich steht also ein komplettes Ärzteteam. Aber keine Panik! Im Gegensatz zu einigen ihrer irdischen Kollegen wissen sie genau, was sie tun. Feinfühlige Menschen nehmen das Team wahr. Es waren schon einige meiner Klienten leicht irritiert, sie hatten das Gefühl, dass neben meinen Händen weitere Hände an ihnen arbeiteten.

Was auch noch wissenswert über Cantor ist: Der dänische Mediziner, Botaniker und Zoologe Theodor Edvard Cantor, der zwischen 1809 und 1860 lebte, war ein Kanal von Cantor. Er schrieb viele bedeutende Bücher über die Botanik unter dem Autorenkürzel «Cantor». Edvard schaffte irgendwann den Aufstieg und arbeitet zurzeit als «Meisterstudent» in Cantors Team. Cantor hatte immer wieder irdische

Mitarbeiter, die sein Wissen und eine von ihm entwickelte Behandlungsmethode in seinem Sinne weitervermittelten. Leider wurde in der heutigen Zeit die Methode und sein Name patentiert und lizensiert. Durch diese allzu menschliche Entwicklung, wird wesentliches aus der ursprünglichen Methode nicht mehr vermittelt. Man könnte prompt meinen, es gäbe für Berühmtheit und dafür, möglichst viel Geld zu verdienen, Pluspunkte von MAMA und PAPA. Aber wie unser grosser Bruder Jesus schon sagte: „An den Taten werdet ihr sie erkennen."

Der Boden, auf dem diese Früchte gedeihen, wurde nicht auf bedingungsloser Liebe aufgebaut und führt unausweichlich zu einem Ungleichgewicht und Zusammenbruch, da es an Verständnis über das ICH BIN mangelt. Der Eigentumsanspruch war neben der Sexualität einer der Hauptursachen, die das menschliche Bewusstsein zum Kippen brachte. Diese Leute haben vergessen, dass nichts ihnen gehört und dass nicht sie erschaffen, sondern Gott, er erschafft und gibt. Solange diese getrübten Menschen nicht die Wirklichkeit von der Unwahrheit unterscheiden können und danach Handeln, dienen sie nicht der wahren Seite. Die Meister sagen nicht umsonst: „Hütet euch vor den Halbweisen und vor halben Wahrheiten. Vermeidet ihre Fehler. Richtet euer Denken nach oben, aber wacht über eure Schritte und Taten, sonst fallt ihr wegen eures Nach-oben-Schauens zusammen mit den Halbwissenden in dieselbe Grube."

Ein ICH BIN-Grundgedanke, der bei meinem Einschlaf-Akt nie fehlt, ist: „ICH BIN der heilende Stoff, der diesen Körper in die Vollkommenheit bringt und ihn mit allem versorgt, was er braucht, während dem ich schlafe."

Ich erlebe täglich positive Erfahrungen, die mein Vertrauen in die ICH BIN-Gegenwart wachsen lassen. Das Bewusstsein, mit allem versorgt zu sein, was mein Körper braucht, veranlasste mich, einige Begrenzungen in meinem Denken zu beheben. Als ich einmal Haarausfall hatte, sah ich das als Aufforderung, mein Vertrauen in Überzeugung umzuwandeln. Ich stellte mir vor, von der Heilkraft des göttlichen Stoffes aus tiefsten Herzen überzeugt zu sein. Die Vorstellung stärkte das wachsende Gefühl der Überzeugung. Ich überzeugte mich immer wieder selbst: „ICH weiss, dass DU überall und alles BIST. DU BIST jedes einzelne Haar auf meinem Kopf. Es gibt keinen Haarausfall. ICH BIN überzeugt, dass ICH durch DICH noch mehr überzeugt werde."

Ich übte mich darin, mich nicht mehr von der haarsträubenden Situation stressen zu lassen und darin, nicht mehr der Macht der Gewohnheit und den üblen Gedanken zu verfallen. Innerhalb von zwei Wochen erholten sich meine Haare wieder. Das ICH BIN ist ALLES, und hilft dir erst noch weniger Geld auszugeben. Du brauchst den Dingen nicht mehr hinterherzurennen, denen du deine Vollmacht verliehen hast. Das ICH BIN ist alles, was du brauchst.

Der weise Gebrauch des Stoffs regeneriert jede Zelle. Falls du was an den Ohren hast, polarisiere dich in Richtung «gesunde Ohren», bis das Ziel erreicht ist. Denke beispielsweise Folgendes: „ICH BIN die volle Hörkraft. ICH lösche auf allen Ebenen von Ursache und Wirkung sämtliche Störungen, die mein Gehör beeinträchtigen. ICH BIN in Frieden mit all dem, was ich nicht hören will. ICH BIN bereit zu lauschen, was mir die Liebe sagen will. Auch wenn's mir nicht gefällt, ICH tue es, weil es meinem Trommelfell gefällt."

Was nie schadet, und meiner Ansicht nach ein tägliches Muss ist, ist zu denken: ICH BIN die Intelligenz in diesem Gehirn. ICH verbinde alle Gehirnregionen. ICH BIN die Erweiterung meines Denkvermögens. Sämtliche Hirnzellen sind aktiv. ICH BIN klares Denken. Mein Verstand ist super und hat das volle Verständnis der ICH BIN Worte erfasst."

Die Augen beziehst du gleich mit ein. Falls du das wünschst, so sage: „ICH BIN vollkommenes Sehen, nah und fern. ICH lösche, auf allen Ebenen von Ursache und Wirkung, sämtliche Störungen, die meine Sehkraft beeinträchtigen. ICH sehe mich und meine Welt mit den Augen der Liebe. ICH entferne das illusorische Bild von mir und versöhne mich mit all dem, was meine Augen schmerzt. ICH BIN in Frieden mit dem, was seinen Lauf nehmen muss."

Den 2. Strahl (All-Libe), und den 3. Strahl (Verbindung, Heilung), als Augenlaserstrahl zu benutzen, ist sehr empfehlenswert.

Du kannst dich in Gedanken austoben und starke Gefühle in sie hineingeben, während du vor dem Spiegel stehst und dich für den Tag und für die Nacht herrichtest:

„ICH atme den ultimativen, kosmischen Vitamindrink ein, der meinen Körper mit allem versorgt, was er braucht. ICH BIN das LICHT, das jede Zellen entgiftet, nährt und gesund erhält. ICH BIN die vollkommene Gesundheit in jeder Zelle.Sämtliche Abläufe in diesem Körper funktionieren optimal. Jede Zelle meines Körpers strahlt Schönheit und Jugendlichkeit aus."

Durch den Tag alberst du weiterhin mit Gott herum und denkst: „ICH BIN die elektronische Essenz, die mir Gemüt und Leib erhellt. ICH BIN von Kopf bis Fuss auf Liebe eingestellt. Ja, das ist meine Welt und sonst gar nichts. ICH ziehe die Gesundheit an, wie das Licht die Motten, dabei erhelle ICH zum strahlenden Licht. Wenn ICH jemanden elektrisiere, tja, dafür kann ICH nichts."

Lass dich nicht verwirren, wenn die unerwünschten Erscheinungen verstärkt auftreten. Denke an die positiven Nebenwirkungen! Sie sind nicht zu vermeiden und müssen ertragen werden. Manchmal muss man gleichmütig und geduldig ertragen können, statt zu fordern, um Heilung zu erlangen.

ICH BIN die vollkommene Gesundheit

Der menschliche Körper ist der letzte Ausdruck eines göttlichen Gedankens. Oft vergisst ein Mensch, dass er ein geistiges Wesen ist und als Seele in einem physischen Körper wohnt. Viele Menschen beschäftigen sich hauptsächlich mit ihrem Verstand. Sie lesen viel und wissen viel. Ihre Seele kommt dabei oft zu kurz. Die Seele will das Wissen über sich und über das Gelesene mit allem Drum und Dran erfahren und sein. Wenn das Erfahren der Seele im menschlichen Körper nicht möglich ist, wird das früher oder später der letzte Ausdruck, der 13. Körper, zu spüren bekommen. Die Aufmerksamkeit wird meistens stark auf den Körper und die Beschwerden gerichtet und gehalten. Die Seele und Gott, der in der Seele wohnt, haben fast keine Chance, das menschliche Ego auf sich zu lenken. Selbst bei Menschen, die wissen, was Heilung ist und wie Heilung funktioniert, gelingt es ihnen selten, durchzudringen.

Sie wenden ihr Wissen nicht wirklich an. Das Vertrauen in die heilende Kraft des ICH BIN-Stoffes und in ihre eigene ist dann doch irgendwie zu schwach. Der Verstand traut dem inneren ICH BIN die Fähigkeit nicht so recht zu, den Körper heilen zu können. Dieses Misstrauen beeinflusst natürlich sämtliche Zellen und treibt den Menschen an, der Macht der Gewohnheit nachzugeben. Der menschliche Verstand hat durch schleichende Gewöhnung, Heilmitteln aller Art die Vollmacht gegeben. Obwohl wir die Vollmacht in uns tragen, um die höchste Intelligenz intelligent und gezielt zu benutzen.

Aber wie gelingt es einem Menschen in einem sichtbaren Körper, der ständig aus dem Gleichgewicht gerät, die eigene ICH BIN-Kraft zu entwickeln, wenn er Gott, der in seinem Körper und Gemüt wirkt, durch Zweifel und anderen Fehlgedanken, ständig beim Ausgleichen stört?

Der schnellste und direkteste Weg den Körper ins Gleichgewicht zu bringen ist, zu erkennen, dass du bereits die Gesundheit bist. Sobald du erkennst, dass das ICH BIN alles ist, konzentrierst du dich auf diese eine Tatsache. Das erspart dir eine Menge Zeit und Leid. Im «Mensch zu Mensch Spielkreis» wird uns immer wieder bewusst, wie einfach alles im Grunde genommen ist, wenn man täglich das Wissen anwendet und nicht nur hin und wieder nach Belieben. Menschen, die in ihrem Leben weiterkommen wollen, nehmen die Wichtigkeit und den Sinn des täglichen «ICH BIN die vollkommene Harmonie in diesem Körper»-Denkens und das Aufrechterhalten des Schutzes ernst. Sie wenden ihr Wissen täglich an und wissen. Sie stärken durch die bewusste Anwendung ihres Wissens ihre eigene Kraft, um den göttlichen Stoff zu lenken, damit der Stoff phänomenales bewirken kann.

«Es ist nicht genug, zu wissen, man muss auch anwenden.
Es ist nicht genug, zu wollen, man muss auch tun.»
Goethe

Es muss also etwas unternommen werden, damit die gewünschten Resultate sichtbar werden, und um Erfolgserlebnisse zu erfahren. Die Erfahrungen sind wichtig. An die positiven Erfahrungen dockst du dich jedes Mal mental an, wenn deine Schwingungen wieder den Tiefpunkt erreicht haben. Die guten Erfahrungen sind als erfreuliche und weise Erfahrungen in vielen Lichtteilchen gespeichert. Es werden unweigerlich die schönen Gedanken und Gefühle wach, die dich wieder höher schwingen lassen. Du brauchst dich nur wieder an sie zu erinnern und nicht wieder deine Aufmerksamkeit auf die negativen Dinge zu richten oder gleich zum Arzt oder sonst wohin zu rennen. Diese kleine Hürde ist immer wieder zu überwinden. Selbst, wenn du darin schon sehr geübt bist. Du brauchst deine Hürde auch nicht so mächtig zu machen. Es sind deine Furcht einflössenden Gedanken, die die Hürde so mächtig erscheinen lassen und drohen, dich an die Wand zu klatschen, wenn du es wagst, die Hürde zu überwinden. Denke daran, dass die Hürde bloss ein Gemisch aus Illusionen ist – eine Täuschung, ein Karottenhaufen, dein verwilderter Karottenacker, der gejätet werden will, damit Neues entstehen kann.

Aber weil du das Buch bis hier gelesen hast, ist für dich die Vorstellung über das ICH BIN keine durchgeknallte Sache mehr. Es wird für dich sogar zur völligen Gewohnheit werden. Du darfst sämtliche Schwingungsgrade durchmachen oder du schwingst dich gleich auf eine höhere Ebene deines Wesens, um diese Normalität schon sehr bald zu sein. Deswegen gibt es eine kleine Übung mit grosser Wirkung!

Dock dich an Mutter Erde an: „Fuss-Chakren auf! Spot-Lights raus! Wom! Herz auf! Yeahhh!"

Jetzt rufen wir unseren grossen Bruder, wir singen: „JESUS CHRIST, SUPERSTAR. Hilf uns, unser ICH BIN zu erfassen." Atme tief ein und aus, alles ist gut. Vergiss für ein paar Minuten, dass du einen Köper hast. In deiner Fantasie bist du Geist mit einem Bewusstsein, das denkt und fühlt. Dein Bewusstsein denkt: „ICH erkenne, dass ICH auch grosse Wunder vollbringen werde, ICH schaffe das, weil ICH Gott gleich BIN. ICH BIN völlig okay, selbst wenn ICH immer noch hadere und nicht so richtig daran glauben kann, wie grossartig ICH sein soll. ICH erlaube mir, die Gegenwart Gottes zu fühlen."

Atme immer wieder entspannt in deinen Bauch ein und entspannt wieder aus. Das Atmen löst sofort sämtliche Stauungen. Durchschaue eventuelle Gangster-Rüben, ziehe deine Schöpferenergie mit deinem Supermagnet-Herzen zu dir zurück und sei dankbar für deine Genialität. Speichere die auftauchenden guten Gedanken und Gefühle in jede Zelle, um sie jederzeit abzurufen. Geniesse deine steigenden Schwingungen. In der Fantasie gibst du dich der Schwingung hin, du weisst, wie es sich anfühlt, sich hinzugeben. Es ist so leicht, so schön, so unglaublich schön, dass du das Gefühl hast, dich aufzulösen. Aber genau das macht dir noch etwas Angst. Angst ist eine illusorische Rübe. Diesem Egoteilchen geht es jetzt aber an die Gurgel. Wir singen:
„Jesus Christ, Superstar. Hilf uns, unser ICH BIN zu erkennen. Diese Rübe da, macht uns gar schreckliche Angst. Hilf uns, das Ego schrumpfen zu lassen."
Du erfasst immer mehr, was das ICH BIN so alles bedeutet. Das kann etwas Schwindel hervorrufen. Denke an Mutter Erde. Sie sorgt dafür, dass du die stetige Schwingungserhöhung geniessen kannst, ohne den Verstand zu verlieren. Aber die Kontrolle in deinem Verstand schnappt über, weil die merkt, dass es nichts zu kontrollieren gibt, da du reiner Geist bist und nur in der Polarität ein Gemüt und einen sichtbaren Körper hast. Doch du hältst das Steuerrad fest in den Händen und erkennst: „Mein Gott, ICH BIN ja tatsächlich alles!"
Das ICH BIN ist alles, du bist all die Dinge. Das hat nichts mit Grössenwahn oder Einbildung zu tun, das ist reine Gewohnheitssache. Wenn Gedanken wie «Bekloppter» oder «Das ist viel zu einfach» auftauchen, sind das genau die Rüben, die als Illusionen zu durchschauen sind. Sie versuchen dich von deinem Licht abzuhalten. Vielleicht, damit sich andere neben dir nicht klein fühlen und etwas verändern müssen.

Aber haben dich diese Illusionen wirklich vorwärtsgebracht? Haben sie dich nicht vielmehr abgehalten, dich selbst zu sein und das zu tun, was du schon immer mal erleben, erfahren und sein wolltest, und sei es nur ein bisschen mehr Selbstvertrauen zu erreichen? Und das zu sagen, was du schon immer mal sagen wolltest? Was meinst du? Ich kann dir sagen, es tut gut, sich so zeigen, wie man ist. Na komm schon, spring mit mir über den Zaun, sei wild und frech. Erkenne, dass jedes „Ich bin nicht", „Ich bin schuldig" und „Ich bin nicht gut genug", deine aufsteigenden Schwingungen sofort sinken lässt und dadurch die ICH BIN-Gedanken an Schwung verlieren und sich am Ende nicht verwirklichen. Das wäre doch zu schade. Meinst du nicht?

Also von mir aus wäre wieder eine kleine Pause fällig.

Das ICH BIN in Beziehungsgeschichten

Eine Pause zu machen ist immer eine gute Sache. Man kann sich entspannen, verdauen, Tagträumen und in Ruhe nachdenken. Das hat den Vorteil, dass gewisse Dinge nicht mehr so kompliziert erscheinen wie man denkt, oder wie man denken sollte, oder wie andere wollen, dass man denkt. Die wahren Tätigen haben immer Zeit für eine Pause. Sie legen täglich mehrmals eine kleine Pause ein und bringen ihren Verstand zur Ruhe. Daran erkennt man ein echtes Früchtchen oder einen Bekloppten. Sie gehören definitiv nicht zu den Schafen.

Hin und wieder eine Pause einzulegen ist hilfreich, um sich selbst zu reflektieren, zu hinterfragen und zu erkennen, was da eigentlich um einem herum geschieht, warum etwas geschieht und was das mit einem selbst zu tun hat. Auch wenn es einigen noch etwas schwer fällt, anzunehmen, dass nichts zufällig geschieht und alles seine Ursachen hat, haben die Geschehnisse im persönlichen Umfeld viel mit einem selbst zu tun. Sobald wir diese Erkenntnis einigermassen annehmen, erscheinen selbst die kompliziertesten Dinge nicht mehr so schwierig. Wie zum Beispiel Beziehungsgeschichten.

Wir Menschen befinden uns immer in irgendeiner Form von Beziehung. Selbst wenn wir ganz alleine, wie Major Tom in einer Space-Kapsel, irgendwo im Weltall herumdüsen, befinden wir uns in einer Beziehung. Das ist die persönliche Beziehung zu sich selbst. Die persönliche Beziehung zu sich selbst sieht meistens nicht gerade rosig aus. Sie beruht oft auf Selbstablehnung. Die Ursache; eine Reihe von schmerzhaften Abweisungen. Die Folgen; eine Reihe von Selbstabweisungen. Irrtümlicherweise glaubt ein Mensch, dass es weniger schmerzhaft ist, wenn er sich selbst ablehnt, bevor es jemand anderes tut. Aber dieser Selbstbetrüg fühlt sich genauso schmerzhaft an und führt in die Einsamkeit.

Die schmerzhaftesten und verrücktesten Beziehungsgeschichten erleben wir meistens in engen Verbindungen zu anderen Menschen, beispielsweise zu Familienmitgliedern und Mitarbeitern. Solche Geschichten zu meistern, ist nicht immer gerade einfach. Viele fallen oft wieder zurück und nehmen an einer neuen (alten) Wiederholungsgeschichte teil, bis sie es wagen Grenzen zu setzen und das Erkannte umzusetzen. So sitzen sie in ihrer eigenen Falle und rufen nach HILFE! Erhalten sie die Hilfe in irgendeiner Form, wird die Hilfe von einigen wieder abgelehnt. Egal, was für gute Dinge jemand für das Wohl anderer getan hat und tut, der «Gutmensch» hat die ausserordentliche Gabe, das Negative zu finden, zu kritisieren und abzulehnen. Dabei spielt es keine Rolle, ob es sich um eine Person, eine Sache, oder um einen Gegenstand handelt. Jedoch in dem Moment, wo er den Fehler mit tiefen Gefühlen seine Aufmerksamkeit schenkt, ladet er jene Eigenschaften in seine eigene Erfahrung ein.
Was auch geschieht ist: Wenn nun jemand die Eigenschaften, die er bei jemand anderem als negativ empfindet, und aus falscher Höflichkeit, Gutmensch-Allüren oder aus Angst, mit einem inneren Brodeln betrachtet, ohne etwas zu sagen, hat das genauso üble Auswirkungen. Die unausgesprochenen Worte und Gefühle stauen sich in Raum und Zeit an. So herrscht dicke Luft, eine angespannte Atmosphäre. Irgendwann knallt es, weil die 7 kosmischen Prinzipien das Gleichgewicht einfordern müssen. Selbst wenn die scheinbar in Missgunst gefallene Person in ihrer ICH BIN-Gegenwart bleibt, fordern die 7 Prinzipien ein Gleichgewicht ein. Denn

die Person, mit der Hand vor dem Mund, wird sich mit den ausgesendeten Eigenschaften auseinandersetzten müssen. Die Person fügt durch dieses Verhalten nicht nur sich selbst und dem anderen Menschen schaden zu, sie vermehrt durch ihre negativen Gedanken das Übel auf der wunderschönen Erde. Nicht selten kommt es vor, dass solche Personen andere Menschen hineinziehen und bei ihnen ihren üblen Dampf ablassen. Sie klatschen und reden dann schlecht über den Menschen und versuchen, die anderen auf ihre Seite zu ziehen. Das zieht genauso üble Folgen mit sich, wenn sie das tun und ihnen das auch gelingt. Gemeinsam bombardieren sie den Menschen mit ihren üblen Gedanken. Aus Unwissenheit und Ignoranz kreiert so mancher durch sein Denken und Fühlen eine neue Kettenreaktion von Ursache und Wirkung. Vielen Menschen ist es nicht bewusst, was sie aus Gedankenlosigkeit und aus anderen Ich-bezogenen Verhaltensweisen verursachen. Es kommt ihnen selten in den Sinn, was ihr Verhalten für andere Menschen bedeuten könnte. Sie denken nicht daran. Vielleicht kümmert sie es auch nicht, dass jemand, mehrere oder gar ein ganzes Volk durch ihre Gedankenlosigkeit und Verhaltensweisen Not erleiden, in Schwierigkeiten geraten oder gar erbärmlich eingehen.
Manchmal entlädt sich die aufgestaute Energie gleich, sofern es eine Situation erfordert. Beispielweise stellen sich Kinder oder Tiere aus Liebe zur Verfügung. Kinder reagieren auf einmal aggressiv, oder ein plötzlicher Kampf zwischen zwei Katzen durchbricht die geladene Atmosphäre.

Das war eine kleine Erinnerungswelle. Diese Welle ist so wichtig zu begreifen, dass sie gar nicht oft genug betont werden kann. Diese Tatsache wird gerne verdrängt. Nur scheint das Verdrängte wie eine Tsunamiwelle angespült zu kommen, die einem ordentlich durchspült, so dass man das Gefühl hat, in einer Waschmaschine zu sein, und gleich den Schleudergang zu erleben. Gott sei Dank folgt nach dem Prinzip Rhythmus wieder ein Weichspülprogramm. Das sind die ruhigeren Zeitphasen. Diese Phasen eignen sich, wie der Einschlaf-Akt, ausgezeichnet zum Denken und Fantasieren.

Wenn in Beziehungsangelegenheiten und in der Beziehung zu sich selbst die Wellen überschwappen, ist es oft nicht gleich möglich, innezuhalten und sich selbst zu reflektieren. Da vergisst ein Mensch das Denken, weil er sich selbst gerade völlig vergisst und auch vergisst, wer der oder die anderen sind. Hinterher wird er womöglich von den Rüben «Schuld», «Vorwurf» und «Scham» in die Mangel genommen. Ein Mensch ist fähig, alle selbstvernichtenden Schwingungsphasen durchzumachen, bis zur Selbstzerfleischung. Viele befinden sich dadurch in ihrem eigenen «Teufels-Kreislauf» und irren in der selbst erschaffenen Hölle (niederen Seinsebenen der Polarität) umher. So etwas bezeichne ich als «Horrortrip». Dass wir die Hölle auf Erden bereits erleben und den Himmel auf Erden haben könnten, hängt mit dem Prinzip Entsprechung und natürlich mit den übrigen Spielregeln zusammen.

Aber von diesem üblen Trip können wir runterkommen, indem Herz und Verstand verbinden, uns auf die Liebeswelle raufschwingen und die Revolution der Liebe „like a rolling stone" ins Rollen bringen. Das notwendige Mass an Schwingung ist noch nicht erreicht, um die dichten Schwingungen zu durchdringen. Wir Menschen brauchen einander. Die Masse macht es aus! Das bedeutet, eine bestimmte Masse Menschen macht das Mass aus, das erreicht werden muss. Verstehst du das? Nicht so ganz? Aber vielleicht so; m braucht noch viel mehr c^2, das mächtig mit Liebes-Gedanken- und -Gefühlen geladen ist, damit die L-Gedanken-und -

Gefühle den notwendigen Beat (c²) erreichen, um **L** in der materiellen Welt (m²) zu verwirklichen. Ein **L**-Boden muss entstehen, so dass sich unsere **L**-Gedanken und -Gefühle erfüllen. Denn es erfordert stets eine Übereinstimmung zwischen unseren **L**-Schöpfungen und den 7 kosmischen Prinzipien. Jetzt sollte es geklickt haben. Wie bitte?! Okay! Vielleicht so: Kannst du dir vorstellen, aus dem masochistischen Kreislauf herauszukommen? Cool! Hab ich es mir doch gedacht, dass du bereit bist, dir alle Spiegelbilder anzuschauen.

Das Spiegelbilder-Anschauen und Polarisieren üben wir jetzt ein bisschen. Stell dir vor, du befindest dich im Weichspül- oder Schonprogramm. Hinter dir liegt eine aufwirbelnde Konfliktwelle. Aber weil du schon gut im ICH BIN-Denken geübt bist, suhlst du dich nicht mehr in deinem Leid und beschuldigst weder dich noch jemand anderen. Du weisst genau, dass du somit wieder unerwünschte Auswirkungen kreierst und auslöst. Stell dir vor, du erinnerst dich wieder an den Konflikt und an alle Beteiligten. Denke: „ICH erkenne mich in dir. ICH weiss, du brauchst, genau wie ICH, nur LIEBE. ICH erlaube mir, mich anzunehmen, so wie ICH BIN. ICH BIN in Frieden mit mir und mit dir."
In deiner Fantasie siehst du das Schöne bei jedem Beteiligten. Du siehst alles, was dir an ihnen gefällt, sei es auch nur die Art, wie jemand geht oder die Augen verdreht. Alles, was dir an dir selbst gefällt, siehst du in den anderen. Die auftauchenden Gedanken und Gefühle erfüllen dein Herz. In Gedanken stellst du dir vor, wie du deine Schöpferenergie aus diesem Konflikt und deine Projektionen aus allen Beteiligten zurückeroberst. Die Energie schwappt in Wellen zu dir zurück und lässt dein ICH BIN wachsen. Jede zurückeroberte Energie macht dich und die anderen freier.

In deiner Fantasie gehst du einen grossen Schritt auf die Beteiligten zu und fühlst, wie viel leichter sich die ganze Sache schon anfühlt, und wenn nicht, war dein Herz nicht wirklich offen! Heilung geschieht nur über ein offenes Herz. Aber du durchschaust jede Selbstlüge als Gangster-Rübe und eroberst deine Schöpferenergie aus den üblen Rüben zurück. Vielleicht brauchst du Verstärkung, rufe: „Liebe Meister, eilt herbei und helft mir zu erkennen, was ich nicht erkennen und wahrhaben will, damit mir geschwind die Kurve gelingt."

In deiner Vorstellung gehst du nochmals einen Schritt auf die Situation zu. Es fühlt sich so erleichternd an, an dem Punkt, wo du jetzt stehst, denn Aha-Erkenntnisse lassen dich einiges besser verstehen. Dein Wunsch, das Ruhe in die Sache einkehrt und du allen wieder in die Augen schauen kannst, schwingt nun fast auf der Ebene, wo alles wieder friedlich ist. Für deine fehlgeleitete Schöpfung bist du dankbar, du erkennst, dass du ein liebenswerter Knall-Körper bist und erkennst die Liebe auch in den anderen. Die Liebe in dir ermutigt dich, den letzten Akt zu vollziehen. Das ist der Akt der Versöhnung mit dir und mit den anderen. Kannst du dir vorstellen, wie sich das anfühlt, mit dir selbst versöhnt zu sein? Diese Vorstellung verhilft dir der vollkommenen Liebe am nächsten zu kommen. Du gehst den letzten Schritt und umarmst in deiner Fantasie alle Beteiligten, dabei fühlst du den wachsenden Frieden in dir.

Erwarte nicht gleich ein Happy End. Der erwünschte Frieden braucht seine Zeit, bis er sich in deiner Welt einstellen wird. Ein weit verbreiteter Irrtum ist zu glauben und zu hoffen, dass sich jemand ändert, wenn ein Mensch sich selbst entwickelt oder losgelassen hat. Die vollkommene Liebe ist auf keine Weise manipulierend. Falls sich jemand verändert hat, so hat er freiwillig seinen wesentlichsten Teil selbst dazu beigetragen. Sei auch nicht enttäuscht und suche alle Schuld bei dir, wenn sich bestimmte Menschen entscheiden, in ihrem Kreislauf zu bleiben, selbst wenn sie weiterhin nach Hilfe schreien. Das was zählt ist, dass du dich aus deinen Fesseln gelöst hast, dich verändert hast und nicht mehr mit diesen Menschen in Resonanz schwingst. Selbst, wenn andere dich nicht annehmen und akzeptieren, so wie du bist. Das ICH BIN hilft dir, in der Liebe zu bleiben und zu erkennen, welche Art von Liebe in dir wirkt.

Im Leben kommt es hin und wieder vor, dass ein Mensch aus irgendwelchen Gründen von einer bestimmten Person, vielleicht auch von mehreren, enttäuscht wird. Egal, ob dieser jemand tot oder lebendig ist, man ist immer noch nachtragend, beleidigt, wütend oder traurig, wenn man an die Person denkt. Man wünscht sich, die negativen Gedanken und Gefühle unterlassen zu können, aber es gelingt nicht. So ein Zustand kann jahrelang andauern und ins nächste Leben wieder mitgenommen werden, wenn man nicht bereit ist, zu vergeben und zu vergessen, sowie sich selbst zu vergeben und anzunehmen. Vielleicht war man ja selbst einmal so ein Täter und erlebt nun das Leid und den Schmerz, den man jemanden oder andern zugefügt hat. Je länger so ein ungesundes Gedanken- und Gefühls-Mühlrad andauert, umso länger ist man selbst Opfer von den eigenen, mit «bad Vibes» geladenen Gedanken und Gefühlen, die man ausgesendet hat. Schon aus reinem Egoismus sollte es einem Menschen klar werden, dass er sich dadurch selbst belastet. Die Gefahr, dass sämtliche Eigenschaften und Werte, die er seinem Denken und Fühlen mitgegeben und auf den anderen abgefeuert hat, auf irgendeine Art und Weise auf ihn selbst zurückgeschossen kommen, ist vorprogrammiert. Das Gesetz von Recht und Gerechtigkeit, das von den Prinzipien Ursache und Wirkung sowie vom Rhythmus gefordert wird, macht vor niemandem halt.

Wenn du etwas erlebt hast, das dich enttäuschte, sollte dich das freuen. Jede Enttäuschung ist eine Desillusionierung. Bleib desillusioniert, jedoch nicht zu lange beleidigt, nachtragend, traurig und wütend. Das sind alles Dinge, die dich schwer machen und die körperlos herumgeistern, während deine Seele eine kleine Pause von Mutter Erde macht. Wende dich vielmehr an PAPS und MAM und verlange von ihnen, dass sie deine Irrtümer auslöschen und dich mit Einsicht und Weisheit erfüllen, damit es für dich nicht mehr so viel an Schwerem zum Einsammeln gibt, wenn du wieder absteigst.

Eine Klientin, die jahrelang in so einem Brei drinsass, war überaus erstaunt, wie schnell sie durch das ICH BIN-Denken den ersehnten Frieden fand. Nachdem sie verstanden hatte, wie sehr sie sich selbst in ihrem Wusch nach harmonischen zwischenmenschlichen Beziehungen im Wege stand, sagte sie eines Tages voller Verlangen nach Frieden: „Hallo Gott. ICH wünsche mir so sehr, an meine Mutter denken zu können, ohne gleich «Biest» zu denken oder sie mit anderen schlimmen Wörtern zu bewerfen." In Gedanken sagte sie zu ihr: „Es tut mir leid, dass ich dich immer noch mit schlechten Energien bewerfe. ICH BIN jetzt bereit zu vergeben und zu vergessen. ICH wünsche dir Frieden und alles Gute auf deinem Weg."

Anschliessend ging sie voll ab. In ihrer Fantasie stürzte sie, wie Jeanne d'Arc, mit kraftvollen ICH BIN-Gedanken auf die Sache los: „ICH BIN frei von der Kettenreaktion von Ursache und Wirkung, die mich nicht vergeben und vergessen lassen.

ICH habe die Fähigkeit, das zu tun. Ich erkenne in jedem Menschen DEINE Liebe, auch wenn mein Verstand rebelliert und das anders sieht. Lieber Gott, hilf meinem Verstand. Lösche sämtliche Fehlschwingungen aus meinem Denken und Fühlen, jetzt sofort! ICH erlaube DIR, mich endlich von DIR durchfluten zu lassen und erkenne DEINE Liebe in mir an, als die grösste Kraft, die es gibt. DU BIST es, der mich durch mein Verlangen befreit."

Hinterher fühlte sie sich bedeutend leichter. In der Zeit, wo ihr Verstand nicht mit anderen Dingen beschäftigt war, spielte sie ICH BIN-Denkspiele. Die Woche war noch nicht vorbei, als ihr auffiel, dass sie kaum mehr an ihre Mutter dachte, und wenn sie an sie dachte oder an ihre Mutter erinnert wurde, beobachtete sie zunehmend Frieden in ihrem Denken und Fühlen.

Das Gesetz der Gerechtigkeit fordert in sämtlichen Beziehungsdingen sein Recht ein. Verabschiede dich von der Illusion, dass dir jemand etwas Unrechtes will. Wenn du so etwas empfinden oder glauben solltest, ist das eine Wirkung, weil du dich diesen Gedanken öffnest und Rache, Hass und Verurteilung in dir zulässt. Es kann auch möglich sein, dass du eine Rückwirkung erfährst, weil in dir die gleichen Schwingungen schwingen, die du irgendwann und irgendwo verursacht und zurückgeballert hast. Was zu tun ist: Löse dich von der Kette von Ursache und Wirkung und bringe sämtliche Resonanzflächen zum Verschwinden. Vergebe und vergesse und erkenne, wer wir alle wirklich sind.

Zwischen Recht und Unrecht kannst nur du unterscheiden. Dein Gewissen, das mit dem Liebelevel mitschwingt, hilft dir dein Unterscheidungsvermögen zu verfeinern. So tust du automatisch, was recht ist, und wirst die unrechten Dinge nicht begehen. In allem wirst du aufgefordert zu unterscheiden, beispielsweise zwischen Wichtig und Unwichtig, zwischen Selbstsucht und Selbstlosigkeit, was wahr ist und was nicht wahr ist, was Liebe ist und was Liebe nicht ist. Der Liebeslevel hilft dir meisterlich zu reagieren, wenn du zuerst nachdenkst und nach Weisheit verlangst, oder dich fragst, wie die Liebe handeln würde.

Falls du nach Recht verlangt hast, und folglich eine Person oder einige Menschen um dich herum Rückwirkungen erleiden, höre trotz allem nicht auf, am Verlangten festzuhalten. Du bist wirklich nicht für die Wellen verantwortlich, die diese Menschen, die dir Unrecht getan haben, verursachten. Es braucht manchmal etwas Mut und Gleichmütigkeit, den notwendigen Geschehen ihren Lauf zu lassen. Es gibt keinen Grund zur Beunruhigung und dafür, schadenfreudig zu sein und Sachen wie «Selber schuld.» zu sagen oder sonst etwas in der Richtung. Aber auch keinen Grund, sich selbst schuldig zu fühlen und ein schlechtes Gewissen zu haben, oder Mitleid für die/den Verursacher zu empfinden. Gemäss den 7 kosmischen Spielregeln ziehst du dir durch Schadenfreude, Schuldgefühle und Mitleid gewisse Menschen und unangenehme Situationen nur wieder in dein Leben an. Hülle dich in die schützende Gegenwart ein und gehe weiter, es ist zu deinem Besten. Durch diese Haltung wirst du kein weiteres Übel verursachen und dich auch nicht rächen wollen. Nicht einmal in Gedanken. Egal, was jemand gegen dich unternehmen mag, dein bester Schutz besteht darin, das schützende ICH BIN in dir anzuerkennen und keine negativen Gedanken und Gefühle auszuschicken, um für immer unnötigen Ausgleich zu vermeiden. Beispielsweise mit solchen ICH BIN-Gedanken: „ICH weiss, dass mir niemand etwas antun kann, nur dann, wenn ich es zulasse. Aber diese Zeiten sind vorbei. ICH ermächtige mich, mich von diesen Dingen zu lösen."

Armer, kleiner Amor

Ein ausgeglichenes Geben und Nehmen, entspricht einem ausgeglichenen Denken und Fühlen beziehungsweise Herz- und Verstand-Verbindung. Das Geben und Nehmen befindet sich insbesondere zwischen Frau und Mann in einem Ungleichgewicht. Die Geschlechter scheinen sich noch mehr zu spalten, und das in einem Bereich, wo die Ebenbürtigkeit erst recht gefordert wird.

Nach meinen Beobachtungen wird auch in Amors Bereich mit den Ängsten, Sehnsüchten und Hoffnungen vieler Menschen gespielt. Amor wird ganz schön reingepfuscht, nichts wird mehr dem Zufall überlassen. Der arme, kleine Amor kann nichts dagegen tun und hat auch fast nichts mehr zu tun. Viele Menschen lassen sich nicht mehr so mutig auf das «Abenteuer Liebe» und seine Herausforderungen ein. Sie rennen lieber den Illusionen der digitalen Scheinwelt nach, die eine menschennahe Verbindung und Kommunikation, «Die wahre Liebe», den «perfekten Partner» etc. vorgaukelt. Der Computertest wird bestimmt den perfekten Menschen für sie finden. Dann wird nichts mehr schiefgehen, da man perfekt zueinander passt. Und wenn's dann schiefläuft, sind sie perplex und enttäuscht, was jedoch vielmehr als Desillusionierung angesehen werden sollte. Wird es aber nicht! Es wird umgetauscht. Mit dem nächsten Klick klappt's bestimmt. So manche verwickeln sich durch neue Klicks in neue unangenehme Geschichten, die ins nächste Leben wieder mitgenommen werden, wenn es nicht zuvor zu einem Ausgleich kommt. Als hätte man nicht schon genug an den anderen alten Geschichten zu schälen! Es ist verschleudert Energie, die den Menschen schnell altern lässt und den innewohnenden Geist kleinhält.

Die ideale beziehungsweise ewige Liebe gibt es nicht. Sie existiert lediglich als illusorische Idealvorstellung in so manchen Köpfen. Diese Idealvorstellung von Liebe hat nicht viel mit der bedingungslosen Liebe zu tun, eher mit Bequemlichkeit, Besitzansprüchen, Gewohnheiten sowie mit Ängsten. Der perfekte Mensch wird selten auf Mausklick geliefert. Es sei denn, eine Frau und ein Mann haben sich die entsprechenden Schwingungen (Bewusstsein) erarbeitet, um so ein Superwesen anzuziehen. Doch ICH BIN-Menschen wissen, dass sie für die Liebe keinen Test auszufüllen und unnötig viel Geld auszugeben brauchen. Sie lassen sich nicht einlullen, sie haben das Vertrauen, dass es sein wird, wenn es sein soll. Sie sind sich bewusst, dass, wenn dieses Wesen plötzlich vor ihnen in den bezauberndsten Schwingungsgraden schwingt, sie nicht nur Frieden, Freude, Eierkuchen erfahren werden. Ihnen ist klar, dass sie sich gegenseitig die verdrängten Anteile spiegeln werden, die, die sie am liebsten umbringen wollen und mit denen sie noch am meisten hadern. Solche Anteile wollen zwar schon bei «normalen» Paaren in ihrem aktuellen Bewusstsein gegenseitig vernichtet werden, aber in solch einer Konstellation werden die Fetzen auch fliegen. Man braucht schon ein gewisses Mass an Denk- und Liebesvermögen, um die erwünschte Traumbeziehung meistern zu können. Aber wenn die wahrhaft Liebenden es schaffen, sich durch ihr inneres ICH BIN weiterzuentwickeln und jede noch so stabil gehaltene Illusion mit Herz und Verstand zu durchschauen, werden sie immer wieder mehr als Frieden, Freude Eierkuchen erleben. Ihre Liebe gewinnt an Tiefe, ihr Bewusstsein an Höhe, und gemeinsam erheben sie sich von einer Phase in die nächsthöhere Phase.

Damit es aber beim nächsten Klick klappt, gibt es mittlerweile Internetkurse und Tipps per E-Mail, die manipulative

Tricks verraten, um jemanden verliebt zu machen, zurückzuerobern und an sich zu binden. Die Ratschläge sind meistens für weibliche Mitspieler gedacht. Ihnen wird geraten: Die Frau soll das und das an sich verändern, das und das werden, das und das sagen und tun oder eben ja nicht sagen und tun, damit ein Mann Gefallen an ihr findet. Vor allem, dass er bei ihr bleibt und sich nicht gleich nach einer kurzen Zeit wieder dünn macht. Lustigerweise wurden die Frauen von den stark männlich geprägten Erziehungs- und Beziehungsvorstellungen aber dazu erzogen, was sie jetzt auf einmal nicht sagen, tun und sein sollen, um einem Mann zu gefallen. Der bekannteste Psychoanalytiker des letzten Jahrhunderts, Siegmund Freud, analysierte diesen Aspekt der männlichen Psyche als den «Femme fatale- und Heilige-Konflikt».

Die Ratschläge schlagen dort ein, worauf das weibliche Geschlecht am stärksten reagiert – auf die Schuldgefühle und das Gefühl, schon wieder alles falsch gemacht zu haben. Es soll wieder an ihr liegen, sie muss sich wieder verändern, nur damit das männliche Geschlecht nichts an seinem Denken zu verändern braucht. Viele Mitspielerinnen tun tatsächlich ihr Bestes, obwohl sie ein komisches Bauchgefühl bei dieser Sache verspüren. Sie fühlen, dass sie manipuliert werden und ungewollt selbst manipulieren, um niemandem auf den «Schlips» zu treten. Zu sehr lassen sie sich von dem vorgegebenen Mainstream beeinflussen und von ihrem anerzogenen geringen Selbstwertgefühl als Frau verunsichern, wenn sie ihre Bedenken und Gefühle mitteilen. Die Illusionen, wie «Schuld» und «Wertlosigkeit», lassen sie wieder an sich selbst zweifeln und alle Schuld bei sich suchen. Die wird natürlich gefunden und genährt. Die angeeigneten Verhaltensmuster laufen automatisch ab und schwubs, wird sie wieder von der Wiederholungsschleife, die manchmal wie ein Hammeraufprall wirkt, mitgenommen.

Um ihr Wert als Frau zu steigern, stolpern so einige Frauen und junge Mädchen in die Schönheitsfalle hinein. Da drin wird aufgefüllt, weggemacht und drangemacht, um dem heutigen Jugendwahn und Schönheitsidealen zu entsprechen. Die illusorischen Karotten wie «Nicht begehrenswert sein», «Nicht gut genug» und «Einsamkeit», lassen viele Frauen ihre eigene Schönheit nicht erkennen, geschweige denn annehmen. Dieses Falltürchen wurde sehr clever erdacht, denn es schwingt Hand in Hand mit der Perfektionismusfalle. Das Leben lässt sich jedoch nicht verlängern oder verbreitern. Aber erhöhen! Wir können uns gesund, jung und schön denken. Schliesslich sind wir geistige und unsterbliche Wesen und nicht der kleine Busen oder die grosse Nase im Gesicht.

Kehren wir zur Scheinwelt zurück.
Viel Übel, Leid, Vereinsamung und Vertrauensbrüche entstehen durch solche computergesteuerten Liebestests, Eroberungs- und Verliebt-mach-Spiele, virtuellen Flirts und Online-Beziehungen. Die digitalen Nebenwirkungen sind: Noch mehr Übel, Leid, Vereinsamung und Vertrauensbrüche sowie weitere unerwünschte Nebenwirkungen. Wie zum Beispiel, dass die gefühlsduseligen, idealisierenden, perfektionierenden und wertenden Illusionen stabil gehalten werden. Diese Illusionen verhindern das notwendige Gleichgewicht in sich selbst und zwischen Frau und Mann. Sie behindern die Menschen in ihrer Entwicklung und Verbindlichkeit gegenüber dem anderen Geschlecht. Denn sie nähren Illusionen wie «Beziehungsunfähig», was aber vielmehr die Fähigkeit ist, nicht in den Spiegel gucken zu wollen und sich selbst zu reflektieren. Die Täuschungen verbreiten den Glauben, nur um ein Beispiel zu nennen, dass Monogamie nicht möglich ist. Aber um sich selbst im anderen zu erkennen und

weiterzuentwickeln, braucht Frau und Mann ein echtes Gegenüber – einen Spiegel, mit Stimme, Mimik und Berührung.

«Vertrauen, Lebensbejahung und Beziehungsfähigkeit
üben eine heilende Kraft aus.»
Martin Patzek

Liebe Mitspielerin, was ich hierzu noch sagen will; falls du einen Traummann suchst, dann musst du zum Mond fliegen. Dort soll es scheinbar einen Mann geben. Hör auf dein Bauchgefühl, es lügt niemals. Und falls du, lieber Mitspieler, die ideale Frau suchst, brauchst du dich nur in manchen Dingen weiterzuentwickeln. Lass du dich am besten von einer Mitspielerin führen. Glaub mir, die «ideale» Frau gibt es nicht. Nur Mut, du bist doch ein Mann. Du brauchst sie nur anzusprechen oder ihr ein kleines Zeichen zu geben, dich ansprechen zu dürfen. Aber letztendlich ist die wahre Traumfrau und der perfekte Partner in dir selbst zu finden.

Aus der Sicht von unseren Brothers and Sisters wurde das Prinzip des Geschlechts insbesondere vom männlichen Geschlecht entzweit und somit entweiht. Die ursprünglichen Lehren über dieses Prinzip haben nichts mit den erniedrigenden, lüsterneren und zerstörenden Theorien, Praktiken und Lehren von so manchen von Phallizismus und Macht getriebenen Menschen zu tun. Das extreme Ungleichgewicht zwischen Frau und Mann ist aus diesem entweihten Prinzip entstanden. Das Prinzip des Geschlechts zeigt sich auf allen Ebenen des Lebens, Gott kann ohne diesem Prinzip nichts erschaffen. Er erschafft durch die Vereinigung seines männlichen und seines weiblichen Prinzips. Gott ist in diesem

Sinne dual. Jeder Schöpfungsvorgang folgt stets dem Prinzip des Geschlechts. Gemäss der ursprünglichen Lehre bedeutet Geschlecht die ausgewogene Beziehung zwischen Denken (dem männlichen Prinzip Gottes) und Fühlen (dem weiblichen Prinzip Gottes) zur Zeugung und Erschaffung.

ICH BIN-Frauen- und Männer, bringen ihre gegensätzlichen Pole in Einklang und richten ihr Bewusstsein auf die Wahrheit.

Es sind wenige Menschen, die sich bewusst werden, wie sehr und wie oft sie ihre Aufmerksamkeit auf die Dinge richten, die sie nicht sehen und erleben wollen. Von diesen wenigen sind es auch nur wenige, die durch ein bisschen mehr Selbstbeherrschung diesen Dingen keine Aufmerksamkeit mehr schenken. Sie haben verstanden, was geschieht, wenn sie ihr Bewusstsein fest auf die einlullenden Erscheinungen gerichtet halten. Paradoxe Zustände werden dadurch erschaffen. Sie selbst werden jedoch immer immuner gegen jede Art von Massensuggestion.

Aber wie bringst du deine inneren gegensätzlichen Pole in Einklang oder in Übereinstimmung? Natürlich mit Fantasie.

Je besser dir die Vereinigung gelingt, umso mehr lebst du dein wahres Selbst und Schöpfungspotenzial. Ausserdem erschaffst du in deinem Leben liebevollere, tiefere und vertrauensvollere zwischenmenschliche Beziehungen.

Deine innere Frau und dein innerer Mann sind im grossen Energiezentrum zu finden, das um deinen Bauchnabel schwingt. Stell dir vor, du bist mit deiner Aufmerksamkeit bei deinem Bauch. Deine Hände liegen links und rechts neben deinem süssen, kleinen Bauchnabel. In deiner Fantasie vollziehst du den Erdungsakt. Das ist wichtig! In diesem grossen Bereich schlummern deine Kreativität und dein Schöpfungspotenzial, die nur darauf warten, in Erscheinung zu treten. Da brauchst du dich nicht zu wundern, wenn du auf einmal Dinge tust, obwohl du keine Ahnung hattest, dass du diese Talente und Kraft hast. Sei also auf alles gefasst, was dein ICH BIN in dir entfacht.

Öffne weit dein grosses Herzelein und rufe: „Amor, lieber Amor, eil herbei und schiess deinen Pfeil in die Herzelein von Männlein und Weiblein hinein, auf das sie sich in Liebe vereinen."

In deiner Fantasie rennen dein innerer Mann und deine innere Frau, wie zwei Verliebte, mit offenen Armen und strahlenden Gesichtern aufeinander zu und können es kaum erwarten sich endlich in die Arme zu schliessen. Falls irgendwelche Indianer auftauchen sollten, die dir deine Braut oder deinen Bräutigam rauben und an den Marterpfahl festbinden wollen, weisst du, wie du diese wilden Gedanken und Gefühle «zähmst». Liegen die beiden sich endlich in den Armen, umhüllst du die Liebenden mit goldenem Licht. Dieses berauschende Licht durchflutet die Liebenden und dehnt sich in deinem ganzes System aus, bis du wie eine goldene Leuchtkugel aussiehst. Suhle dich in deiner vereinten ICH BIN-Gegenwart und sei dir gewiss, dass die Vereinigung wirklich im Gange ist und sich verwirklichen wird. Deine Aufgabe ist zu sorgen, dass die beiden einigermassen zusammen bleiben und sich nicht wieder voneinander abwenden.

Kannst du dir vorstellen, diesen Liebesakt zwischen deinem inneren Mann und deiner inneren Frau auf irgendeine Art und Weise immer wieder zu vollziehen? Cool! Im Fantasieren bist du wirklich klasse.

Wir müssen Amor helfen, das darf so nicht weitergehen. Amor und seine Helfer werden uns dafür sehr dankbar sein. Die bedingungslose Liebe lässt sich von niemandem manipulieren oder anklicken. Diese Liebe ist bedingungslos und das Schwert der Wahrheit macht vor niemandem halt. Das ICH BIN lässt dich erkennen, dass es keine ideale Frau, keinen Traummann und auch keinen besten Freund gibt. Sie lässt dich vielmehr erkennen, dass es ein DU und ICH im WIR-Bewusstsein gibt.

Wirf nicht gleich die Flinte ins Korn, wenn dich Herausforderungen in der Liebe zum Wachsen herausfordern. Wenn dir jemand wirklich etwas bedeutet und du in der Liebe und in allen wesentlichen Dingen wachsen willst, so musst du LIEBEN und diesen Menschen genauso zurückerobern, wie du dich selbst immer wieder zurückerobert hast – aus deinem Herzen heraus. Es ist eine Illusion zu glauben, nur einmal das Herz von jemandem erobern zu müssen, damit die Liebe bleibt. In Wahrheit sollte Mann und Frau nie damit aufhören, sich immer wieder gegenseitig mit Herz zu erobern, in guten wie in schlechten Zeiten, das hält das Feuer zwischen den Liebenden wach. Unser Brother Lao-tse sagte weise:

«Geliebt zu werden macht uns stark.
Zu lieben macht uns mutig.»

Erkenne dein Du-Selbst im jedem Gegenüber. Richte deine Aufmerksamkeit auf die Dinge, die dir an diesem Menschen gefallen. Sie lassen die schönen Gefühle wieder aufsteigen. Amor schiesst jedes Mal einen neuen Pfeil in dein Herz. Stell dir mal die Wirkung vor, die der Pfeil haben wird, denn er belebt die Wirkung des ersten Pfeils. Auf einmal hörst du die Engel singen: „Love is in the air." Du fühlst den Beat und aus deinem Herzen strahlt die Liebe. Du siehst den Menschen mit anderen Augen, du nimmst Seiten wahr, die du unbedingt entdecken willst. Amor steht dir auch zur Seite, wenn der geliebte Mensch gerade vor dir steht und dich anfaucht. Mit etwas Übung fauchst du nicht mehr zurück. Dein ICH BIN-Bewusstsein lässt dich mit der Zeit schneller in Liebe reagieren, selbst wenn die Wellen überzuschwappen beginnen. Dein Alltag ist dein bestes Übungsfeld. Ich liebte es schon als Kind zu sagen: „Das Leben ist mein bester Lehrer", was damals einige Lehrer auf die Palme brachte.

Achtsamkeit und Freundlichkeit
ist menschlich

Während meiner ganzen Schulzeit hatte ich leider fast tote, dafür umso autoritärere Lehrer. Sie konnten mit meinem lebendigen Freigeist nicht besonders gut umgehen. Ich war für sie eine Überforderung und irgendwie anders. Denn sie schickten mich zum Kinderpsychologen. Von einem zum anderen. Sie alle waren völlig ratlos und wussten nicht, in welche Schublade sie mich stecken sollten. Den IQ-Tests zufolge musste ich normal sein, ja, sogar intelligent. Gott sei Dank wurde ich vor Medikamenten verschont. Damals wusste man nicht, dass Ritalin Kinder «ruhigstellt».

Es wurde nur den Erwachsenen verschrieben, damit sie lebendig werden und noch mehr leisten. Der Erfinder des Medikaments, Herr Leandro Panizzon, testete Ritalin an seine Frau Rita und drillte sie mit diesem Medikament zu mehr Leistung und Perfektion im Tennisspielen. Und Rita konnte endlich gefallen. Sie gefiel scheinbar nicht gut genug.

Der erzwungene Leistungs- und Perfektionsdruck hatte verheerende Auswirkungen und Spätfolgen, die heute noch am Wirken sind. Mit dem Unterschied, dass man mittlerweile drauf gekommen ist, dass man mit den R-Pillen Kinder unlebendig macht.

Kinder dürfen nicht mehr Kinder sein. Ihre Lebendigkeit und ihre Fantasie werden kaputt gemacht und unterdrückt. Nur weil der zu Tode gedrillte, leistungs- und perfektionsorientierte Mensch völlig vergessen hat, was er auch mal gewesen ist, nämlich, ein neugieriges, wissenshungriges, intelligentes, freundliches und liebenswertes Kind. Also völlig normal und vor allem voller Leben.

Was auch normal ist; dass ein Kind auch nicht vom Rück-schwung des Hammers verschont bleibt. Erinnerst du dich noch an die Stelle im Buch, wo ich in meiner Kindheit jeman-dem eine Grube grub und selbst hereingefallen bin?
Ich habe tatsächlich dank der bitteren Erfahrung viel erkannt und verstanden. Ich sorgte dafür, dass mir so etwas nicht nochmals passiert und dafür, dass es anderen nicht ge-schieht. Ich machte sie darauf aufmerksam, wenn sie gerade dabei waren, eine Grube zu graben. Wenn sie nicht hören wollten, mussten sie – wie ich und Herkules – fühlen.
Kinder können auch Kriege führen, nicht nur die Erwachse-nen. Sie lernen so ein Verhalten auch von den Erwachsenen. Die meisten Menschen glauben sogar ernsthaft, sie könnten Verurteilung, Kritik und Hass mit den gleichen Eigenschaften heilen oder besiegen. Gewalt hat nie zu einer Lösung ge-führt. Dadurch geben die Menschen genau diesen Dingen die Macht, den (gewollten) Schwung, der das Böse im Men-schen und das Böse auf der Welt stabil hält.
Auch wenn den Kindern das genaue Gegenteil gepredigt wird, ist es nicht verwunderlich, dass sie nicht danach han-deln. Sie haben kein wirkliches Vorbild. Es gehört für sie zu den unlogischen Dingen, die man als Erwachsener denkt und tut und zu den Kindern sagt. Folglich kann ein Kind den Er-wachsenen und das Gesagte nicht wirklich ernst nehmen. Kein Wunder fehlt es ihnen an Respekt. Tragische Fehl-schwingungen werden den Kindern vermittelt. Und wenn sie gross sind, führen sie das alte, dumme Spiel bis zum Geht-nichtmehr fort. Irgendwann verlassen sie ihren Körper und müssen irgendwann wieder geboren werden, um ihre Ge-schichten auszugleichen. Weil sich aber in der Zwischenzeit auf der Erde nicht viel getan hat, und die meisten Menschen bis zum Ende uneinsichtig geblieben sind, werden ihnen keine rosige Zeiten entgegenkommen, wenn sie die nächste

Runde in der dichten Welt antreten. Schon nur, weil dieselben Schwingungen in ihnen schwingen. Die Folgen: Die Menschenkinder haben wieder mit sich selbst, mit anderen und mit allem zu kämpfen.

Diesen Kreislauf können wir durchbrechen. Kinder lernen schnell! Im Grunde genommen sehr schnell, schneller als die Erwachsenen. Mit Ausnahmen wie dir natürlich, weil du jetzt wie ein Kind fantasieren kannst.
Stell dir vor, du hättest im Kindergarten und in der Schule Achtsamkeit und Freundlichkeit gelernt, und wie ein Mensch mit schlechten Gefühlen umgeht. Es ist für dich normal, menschliche Verhaltensmuster wie Ehrlichkeit, Hilfsbereitschaft, Freundlichkeit, Mitgefühl, Selbst- und Nächstenliebe und Dankbarkeit, in deinem Alltag sowie mit deinen Mitmenschen zu leben. Falls du dich in einem Konflikt befindest, wird er auf eine wahrhaft menschliche Art und Weise gelöst, weil du in der Schule die Spiegelerkenntnisse gelernt hast, und wie mit Respekt und Achtung ein Konflikt lösbar ist. Aus diesem Grund hast du keinen besten Freund, weil du in der Schule verstanden hast, dass es kein besser und schlechter gibt. Alle sind sie deine Brothers and Sisters.
Stell dir vor, du redest ganz anders. Gewisse Ausdrücke kennst du gar nicht. Wörter wie «Bekloppter» oder «Du bist dumm» für dich komisch zu sein. Es fällt dir schwer, dir vorzustellen, was diese Ausdrücke bedeuten. Deswegen beschäftigst du deinen Kopf nicht mit ihnen, sie lösen nur schlechte Gefühle aus. Das Wort «Mangel» existiert schon gar nicht mehr im Wörterbuch und wenn, dann in Bezug auf «Mangel an geistigem Gehirnschmalz» im Geschichtslexikon.
Alle Menschen sorgen im Hier und Jetzt für ein gesundes und harmonisches Gleichgewicht in sämtlichen Bereichen.

Alles, was sie tun wirkt harmonisierend zwischen den beiden Polen bzw. den Geschlechtern. Es werden persönliche und globale Herausforderungen angeschaut, angegangen und gemeistert.

Zum Beispiel wird die Tierhaltung den Tieren angepasst und nicht umgekehrt. Genauso werden das Behausungssystem, das Gesundheitssystem und das Sozial- und Steuersystem dem Gewohnheitstier Mensch angepasst.

Das menschliche Wesen, das Tier und die Natur stehen im absoluten Mittelpunkt und nicht der illusorische Profit. Das harmonische Gleichgewicht dehnt sich aus und sorgt für eine Stabilität. Die Menschen sorgen in der Gegenwart, durch ihr ausgewogenes ICH BIN-Denken und -Fühlen für eine rhythmische Ordnung, so dass keine Notwendigkeit für einen unerwünschten Ausgleich entsteht. Sie erleben dafür beglückende und beseelende Zeitwellen, die ihren Geist, ihre Seele und ihren Körper höher schwingen lassen. Die Schwingungen der Liebe werden höher und heben die Menschheit von einer Ebene in die nächsthöhere Ebene empor. Und Simsalabim – auf einmal sind sie unsichtbar geworden.

Hast du gewusst, dass Kindern tatsächlich «Achtsamkeit» und «Freundlichkeit» in der Schule gelehrt wird? Es gibt Erwachsene, die bereits solche tollen Spiele mit den Kindern spielen. Wunderbar, nicht wahr? Mit positiven Auswirkungen! Der sehr empfehlenswerte Dokufilm «Die Revolution der Selbstlosen» von Sylvie Gilman und Thierry de Lestrade beweist, dass Achtsamkeit und Freundlichkeit eine menschliche Natur ist. Sylvie Gilman und Thierry de Lestrade haben mehrere Psychologen, Neurowissenschaftler, Primatenforscher sowie eine äusserst ICH BIN-tätige Gang bei ihren Forschungsarbeiten begleitet und die aufschlussreichen Er-

kenntnisse zu menschlichen Verhaltensweisen zusammengetragen. In sehr berührenden Beispielen berichten die Filmemacher unter anderem über Kinder und Jugendliche, die innerhalb von einem Jahr menschliche Verhaltensweisen entwickelten, dass den Lehrkräften vor Staunen der Kinnladen runterhing. Selbst bei schwierigen Kindern und Jugendlichen, die gleich losprügelten, wenn sie nur jemand zu lange anschaute, funktionierte es. Ein Ex-Prügelmädchen sagte, anstatt zu prügeln: „Du darfst von Glück reden, dass ich meditiere. Ich hätte dir sonst eine geballert."
Andere Kinder und Teenager, welche die Szene beobachteten, wurden «angesteckt». Es machte sie, wie das Mädchen und ihr Beinahe-Opfer, glücklich. Dabei beobachteten sie nur dieses freundliche Verhalten, ohne selbst Teil davon zu sein. Dieses «Phänomen» ist übrigens den Prinzipien der Schwingung und des Geschlechts zu zuschreiben. Die Kids wollten mehr Glücksgefühle erfahren und verhielten sich auf einmal selbst freundlich, weil es andere glücklich machte. Aber letztendlich waren sie selber am glücklichsten.

Kinder lernen schnell. Im Erwachsenenalter wird nicht mehr so viel von den Tugenden verloren gehen. Die vielen Glückserfahrungen und Gesten der Freundlichkeit prägen sie langanhaltend. Das gleiche Verhalten wurde auch bei Erwachsenen beobachtet. Das ist kaum zu glauben, es bestehen also gute Chancen. Die Forschungsarbeiten der Universität von Wisconsin und – man stelle sich vor – von Harvard beweisen, dass der Akt der Liebe und Freundlichkeit bei den Handelnden und bei all den anderen Menschen, die den Akt der Liebe beobachten, ansteckend wirkt. Die Wissenschaftler sind entzückt von ihren Feststellungen und Erkenntnissen, die darauf hinweisen, dass Liebe und Freundlichkeit definitiv eine menschliche Natur ist. Für mich sind diese Eigenschaften auch evolutionär bedingt.

Von der Liebe können die Menschen nicht genug bekommen und doch können sie Liebe immer geben. Liebe zu geben macht uns, anhand der vielen wissenschaftlichen Forschungsarbeiten, am glücklichsten. Die Glücksgefühle lösen berauschende Kettenreaktionen aus, die beseelende Auswirkungen mit sich bringen werden. Die Menschen brauchen also nur mehr von diesem ICH BIN-Stoff, damit Unmögliches möglich wird.

Statt den Unterricht wie üblich zu beenden und in die Pause zu rennen, machen wir 5 Minuten vorher Schluss und üben uns in Achtsamkeit und Freundlichkeit!

Dock dich an Mutter Erde an: „Fuss-Chakren auf! Wom! Spot-Lights raus! Blink! Herz auf! Yeahhh!"
Stell dir jemanden vor, der dich auf irgendeine Weise aufregt. In deiner Fantasie stellst du dir vor, wie du freundlich zu diesem Menschen bist. Du grüsst ihn freundlich oder lächelst ihn freundlich an. Vielleicht hältst du die Tür für die Person auf und schlägst sie nicht mehr hinter dir zu. Dabei denkst und fühlst du, dass du es tust: „ICH BIN die Liebe. ICH erkenne mich in dir. Es fällt mir immer leichter, mich in dir zu erkennen, auch wenn ich dir hin und wieder eins über die Rübe ziehen will. ICH weiss, wer ICH BIN und vergesse mich nicht, wenn ich dich treffe."
Stell dir vor, du begegnest deinem Du-Selbst tatsächlich, und wie in deiner Fantasie, verhältst du dich der Person gegenüber ruhig und freundlich. Du begegnest jedem und allem mit dieser inneren Haltung. Auch wenn es dir nicht immer gelingt, selbstbeherrscht in deinem ICH BIN-Bewusstsein zu bleiben, übernimmst du trotz allem sobald wie möglich wie-

der das Steuerrad und denkst: „ICH BIN Selbstbeherrschung und Freundlichkeit. ICH weiss, dass jetzt die Liebe in mir genau diese Fehlschwingungen umwandelt."

In deiner Welt kehrt zunehmend Frieden ein. Missklänge haben keine Chance einzudringen, denn du stehst unter dem göttlichen Schutz der höchsten elektrischen Schwingung. Die positiven Erfahrungen und Resultate überzeugten dich und lösten so einige absurden Gedankengebilde im Mentalkörper und in den emotionalen Bereichen.

Kannst du dir vorstellen, achtsamer und freundlicher mit dir und deinen Mitmenschen umzugehen? Schön. Das ist wunderbar. Falls du einen Beruf mit Kindern oder Jugendlichen ausübst, vielleicht selbst Kinder hast, könntest du mal so etwas ausprobieren. Fürchte dich nicht vor den kleinen Umgewöhnungen. Mit Vormachen und Mitmachen sowie mit etwas Fantasie ist das möglich. Die Kinder wissen meist vieles besser als die Erwachsenen. Ihre philosophischen Fragen und Bemerkungen bringen so mache Erwachsene zum Nachdenken, ins Schwitzen und in Verlegenheit. Die Grossen können von den Kindern viel lernen. Sie sind ohnehin unsere Lehrer. Es ist nicht unsere Aufgabe, die Kinder zu gut dressierte Sklaven zu degenerieren. Unsere Aufgabe ist vielmehr zu erkennen, dass die Kinder nicht uns gehören. Sie sind, wie die scheinbar Erwachsenen, vollkommene und clevere Seelen, und auf der Erde, um als Seele in einem physischen Körper als Persönlichkeit ihr Seelenpotenzial zu erfahren und ihre Seelenaufgabe zu verwirklichen. Kinder brauchen eine starke Hand, die das Lenkrad fest im Griff hat, die sie beschützt, führt, begleitet und natürlich «Soul-Food».

Aber jetzt gehe ich in die Pause!

Von hier nach dort nach Überallhin

Das ICH BIN bringt dich überall hin. Das jedenfalls versuchen mir meine Brothers and Sisters mit einer Engelsgeduld weiszumachen. Wenn sie es nicht tun, tut es der himmlische Hammer. Nur ist der Hammer nicht so geduldig und liebevoll, weil ich mir den Schwung selbst draufgebe. Dann jammere ich wieder, sobald ich aufgeprallt bin, und erwarte ernsthaft, dass die da oben mich gefälligst aus meinem Schlamassel heben. Was für ein absurder, illusorischer Gedanke! Wenn ich mich in so einem Zustand befinde, hört sich eine Anrufung nach oben so an: „Kommt sofort runter! Ich habe es satt, mich mit unsichtbaren Lichtteilchen zu unterhalten!"

Eines Tages hörte ich sie voll zurückrufen, sie riefen: „Komm du rauf, du schaffst das."

„Was, von hier nach dort? Ihr wollt mich wohl auf den Arm nehmen. Ich weiss doch selber, dass ich meilenweit von meinem Meistergürtel entfernt bin. Oder wollt ihr mich kurz raufbeamen?", rief ich ärgerlich zurück.

Prompt riefen sie zurück: „Das nicht, du würdest das nicht überleben. Aber wenn du dich beruhigt hast, können wir uns etwa in der Mitte treffen und uns in Ruhe unterhalten."

Auch wenn es bei dieser Art von Konversation, von meiner Seite her, gerade an Liebe mangelte, fühlte ich mich trotzdem völlig liebes-geflashed. Unsere Brothers and Sisters lieben nämlich jeden einzelnen Menschen über alle Massen. Mit ihrem hohen Bewusstsein sind sie auch nicht so blöd, von fast oben wieder nach unten zurückzufallen und wieder mühselig von dort nach hier, bis sie wieder dort angekommen sind, von wo sie heruntergefallen sind. Die Brothers and Sisters überlegen sich gut, was sie tun oder nicht tun. Obwohl, gegen das Beamen hätte ich keine Einwände gehabt, aber sie würden mir nie ein Härchen verbrennen wollen. Ich muss mir in solchen Momenten auch gut überlegen, ob ich länger in diesem mc²-verlierenden Zustand bleiben will, weil sie zu sagen pflegen: „Es ist reine Zeitverschwendung, sich ärgern zu wollen. Du weisst, was du gerade wieder anstellst. Dann jammerst du und rufst nach uns in der Hoffnung, dass ein Wunder geschieht. Geliebte Schwester, du weisst doch langsam Bescheid. Also aus unserer Sicht sehen wir keinen Grund, warum du dich nicht jetzt hochschwingen könntest. Ausser du willst in deinem bockigen Zustand verweilen."

Ich erlaubte mir mich kurz zu ärgern. Dann richtete ich meine Gedanken schnell wieder auf mein ICH BIN, atmete tief ein und wieder aus und schwubs, habe ich mich von selbst von hier nach dort hinaufgeschwungen.

Hin und wieder merke ich nicht, dass die Getrenntheits-Illusion gerade am Wirken ist. Ich merke es, wenn ich mich (scheinbar) ohnmächtig fühle, und Gott anflehe, ganz nahe bei mir zu sein. Eines Tages hörte ich Gott prompt sagen: „Wieso sollte ICH zu DIR kommen, wenn ICH schon die längste Zeit in DIR BIN? DU würdest DIR selbst zu helfen wissen, wenn DU diese Tatsache anerkennst. Nicht nur, wenn du liebes-geflashed bist."

Ich dachte peinlich berührt: „Ups", klatschte mir an die Stirn und sagte; „DU sagst es. Das ist ein kleiner Unterschied."

„Ja, DU sagst es. Den DU, mein Kind, noch nicht so ganz verstanden hast.", setzte Gott gleich obendrauf.

Manchmal bilde ich mir ein, dass es keinen Sinn hat, wieder hochzukommen und denke: „Ja, ja schon gut. Ihr da oben habt gut reden. Ihr habt den Stress nicht mehr. Ach, lasst mich doch in Ruhe." Aber sie wissen genau, wie ich ticke. Mit aller Liebe muntern sie mich wie ein Kleinkind auf, das gerade Gehen lernt. Sie sagen: „Mach nicht schlapp, meine Liebe. Bleib dran, du weisst, dass so jede Menschenpein aufhören wird. Ist das nicht eine wunderbare Vorstellung?"

Es ist tatsächlich so, ich erlebe es jedes Mal. Bedenke: Wenn wir in der Lage sind, sofort ein Gedanke von hier nach dort zu senden, so muss es dir doch langsam dämmern, wie mächtig die ICH BIN-Gegenwart in dir ist. Denn: „ICH BIN hier und ICH BIN dort, ICH BIN überall und in allem gegenwärtig.

Von Zweifel in Vertrauen

Nehmen wir einmal an, du erkennst und verstehst, dass es zu deinem Besten ist, das ICH BIN zu sein. Das ist eine mentale Erkenntnis. Eine Erkenntnis geschieht stets auf der mentalen Ebene. Es kann auch etwas anderes sein, das du erkannt und umsetzen willst. Mental ist dir jedoch bewusst geworden, dass du das ICH BIN nicht in dem Mass erfassen kannst, wie du gerne wünschst. Es sind hinderliche Glaubensmuster aufgetreten, die das Erfassen des Prinzips des Lebens erschweren. Die Glaubensmuster stimmen nicht mit dem Wunsch das ICH BIN zu sein überein. Die Erkenntnis, dass die Glaubensmuster die Verbindung zu deinem Wunsch stören, hast du zwar mental verstanden und aufgelöst, nur ist die ersehnte Verbindung immer noch nicht zustande gekommen. Es ist alles beim Alten geblieben, keine wirkliche Veränderung. Das ist so, weil der Mentalkörper nicht in angemessener Beziehung zum Emotionalkörper steht. Das Denken und Fühlen ist aus dem Rhythmus gefallen und somit aus dem Gleichgewicht. Wenn der Mentalkörper in deinem Leben den Ton angibt, sucht der Verstand in erster Linie die ersehnte Verbindung. Die Aufgabe des Mentalkörpers ist aber jede Erkenntnis zu erfüllen, folglich zieht er jede Möglichkeit in Erwägung. Er sucht, versucht, untersucht und probiert so manches aus, um die Kluft in der Verbindung zu finden und zu überbrücken. Aber er sucht vergeblich. Der Mentalkörper hat vergessen, dass es nicht sein Job ist und er nicht dazu gedacht ist, alles zu verstehen und zu erledigen und dass er das ICH BIN nicht allein sein kann.
Die Erkenntnis, dass die gesuchte Verbindung der Emotionalkörper ist, erschreckt ihn. Denn er ist es sich gewohnt unabhängig vom Emotionalkörper das Leben zu steuern. Obwohl PAPS und MAM dem Mentalkörper die Aufgabe zuge-

teilt haben, jede weise Erkenntnis zu erfüllen, versucht er alles Mögliche, um unabhängig zu bleiben. Er müsste sonst die Führung mit dem Emotionalkörper teilen und zur Einsicht kommen, dass es nur eine Kraft gibt, die über dem sichtbaren Körper und dem Verstand hinausreicht, in Bereiche hinein, die im Mentalkörper Muster der Angst, Zweifel, Ungläubigkeit und Ablehnung hervorrufen.

Es gibt aber eine Zwischenverbindung, welche die Verbindung zwischen den beiden Körpern herstellt. Das ist der physische Körper. Das Mentale und Emotionale ist mit dem Körper verbunden. Der Körper unterliegt, wie das Mentale und Emotionale, demselben Unterbewusstsein. Über den Körper kommt ein Mensch wieder mit seinen echten Gefühlen in Verbindung. So einige Brothers and Sisters konnten sich durch den Körper von ihren Verstrickungen lösen und sich dadurch wieder rückverbinden. Sie hatten, wie so viele von uns, mit dem Emotionalen auch so ihre Schwierigkeiten. Daher ist Körperarbeit sehr hilfreich, wenn man sich völlig vom Emotionalkörper beziehungsweise vom göttlichen Ursprung entfremdet hat.

Es liegt in deiner Kraft, sämtliche begrenzenden Schwingungen in deinem Verstand zu sprengen. Versuch dir bei jedem Ding, das du siehst und berührst, bewusst zu machen, dass dieses aus lauter Atömchen besteht, die in rasender Lichtgeschwindigkeit auf einmal zur Ruhe gekommen sind und sich in irgendeine Form verdichtet haben.

Alles schwingt in den verschiedensten Schwingungsgraden und -Formen. Manche Dinge gefallen dir und manche schmerzen deinen Augen, deinem Herz, deinem Verstand und deinem Magen. Alles, was du siehst und erlebst, scheint wie in einem Film ständig wechselnde Szenen zu sein. Mittlerweile fällt es dir nicht schwer einzusehen, dass die Szenen in deinem Film deine eigenen Schöpfungen (im Zusammen-spiel mit dem kollektiven Bewusstsein) darstellen. Die Bilder hast du irgendwann und irgendwo durch dein Bewusstsein erschaffen, in der Einbildung, die Illusion sei die Wirklichkeit und du seist in Wahrheit der Erschaffer/die Erschafferin.

Das Bewusstwerden dieser Tatsache vertieft das Verständnis in das Prinzip ICH BIN und macht dementsprechend einsichtiger. Selbst wenn alles fest und stabil erscheint, bist du zur Einsicht gekommen, dass das ein Irrtum ist. Die Lichtteilchen wären sonst mehr als tot, wenn sie nicht mehr schwingen würden. Wir könnten die Dinge nicht sehen und spüren, weil wir genauso mehr als tot wären. Es würde nichts geben, da niemand den Schwingungen eine Bestimmung gegeben hätte. Denn es würde kein höchstes Bewusstsein geben, dass den Schwingungen eine Bestimmung geben könnte. Es gäbe für nichts und niemanden etwas zu denken, zu fühlen, zu erkennen und zu verstehen. Aber dem ist in Wirklichkeit nicht so, sonst würde es dich und mich und alles um uns herum nicht geben.

Du kannst dich nirgends festhalten. Alles, woran du dich in der Polarität festzuhalten versuchst, ist eine Illusion. Das Einzige was dich hält ist, wie wir soeben wieder feststellen konnten, der ICH BIN-Stoff. Irgendwann erfasst dein Verstand wie Herkules, dass er gegen die grösste Macht nie ankommen wird, in tausend und einem Leben nicht. Diese Macht ist die höchste Macht überhaupt. Gott ist der alleinige Beweger und Geber.

Stell dir vor, dass es so etwas wie «tot» nicht geben kann. In der Fantasie ist deinem Verstand völlig klar, dass alles lebt. Das Leben, das zuvor eine Form belebte, lebt weiter und entwickelt sich weiter. Manche Leben müssen wieder eine

Form annehmen. Meistens handelt es sich um menschliche Formen, die in einer weiblichen oder männlichen Form noch etwas zu erkennen haben. Stell dir vor, du dehnst die Erkenntnis bis an den Rand deines Fassungsvermögens aus. Du bist erstaunt, wie weit sich dein Mentalkörper ausdehnen lässt. Die Erweiterung beflügelt dein Herz und so fliegt es zusammen mit deinem Verstand in die höheren Bewusstseinsebenen hinauf.

Den Stoff der Liebe dehnst du in alle deine 13 Körper und in alle Energiezentren aus. Egal, was hochkommt, egal, was geschieht, du hältst deine Aufmerksamkeit auf dein ICH BIN und lässt es in dir wirken. Denk daran, dein Ego wird durch die Schwingungserhöhung zerlegt. Die Egoschichten tauchen bei den geübtesten Denkern auf. Das Licht dringt in die tiefsten Schichten ein, um dir auch die Fehlschöpfungen aus den längst vergangenen Leben bewusst werden zu lassen, damit sie erkannt, berichtigt, vergeben und vergessen werden können.

In deiner Fantasie hast du eine Vorstellung, wie sich Vertrauen anfühlt. Dadurch erhöht sich deine Schwingung und der Zweifel verzieht sich, denn die Schwingungen des Zweifels entsprechen nicht mehr der erhöhten Schwingungen. Dafür verspürst du den Wunsch, dich der bedingungslosen Liebe hinzugeben, so rufst du deine grosse Schwester: „ICH rufe dich, Nada! Hilf mir, mich hinzugeben und gehenzulassen. ICH öffne mein Herz und erlaube mir, dass die Liebe mein Herz ausdehnt und in sämtliche Bereiche meines Seins eindringt und mich frei macht."

Was immer du dir erdenkst, halte deinen Fokus auf die verlangten Dinge und Tugenden gerichtet. Stell dir vor, dass du dich schon an ihnen erfreust.

Dein Denken und Fühlen ist in Harmonie. Alles, was du aufbaust, ist mit Liebe gesegnet. Und wenn etwas in Erfüllung geht, das du lange beharrlich verlangt hast, so ist für dich die Überraschung fast noch überwältigender als eine sofortige Erfüllung. Am Ende kommt es immer viel besser als man es sich dachte.

Vielleicht brauchst du noch ein paar Schleudergänge, bis du die Wirklichkeit beziehungsweise den Sinn deiner ICH BIN-Existenz annehmen kannst. Ab einem gewissen Schwingungsmass des Leidens wird sowieso ein Gleichgewicht hergestellt. Du bestimmst, wie heftig der Ausgleich sein wird. Wenn du dem ICH BIN-Stoff nicht traust, so grabe, wie ich es als Kind getan habe, jemandem bewusst eine Grube und warte ab, was geschieht. Oder dein Gefühl ignorieren, um wieder einmal mehr zu sagen: „Hätte ICH doch bloss auf mein Gefühl gehört und den Regenschirm mitgenommen!" Hin und wieder kann das hilfreich sein, um irgendwann zu der Einsicht zu gelangen, dass du ein Schöpferwesen bist. Das ist auch erfahrene Weisheit und führt früher oder später ebenfalls zum Meistergürtel.

Von Anhaftungen und Verhaftungen in wahre Freiheit

Es gibt einen Weg, um die physische Welt zu meistern. Jedoch nicht mit Zauberei oder mit einem Dickschädel. Durch das ICH BIN kannst du negative Zustände, schlechte Gewohnheiten, deinen Charakter usw. umpolarisieren, solange es ein und dasselbe Ding ist. Das wäre sonst tatsächlich so etwas wie Zauberei, wenn du ein und dasselbe Ding in etwas ganz anderes umwandeln könntest. Aber es ist keine Zauberei, dich von sämtlichen Dingen, von denen du willst, dass sie nicht mehr länger andauern, zu lösen.

Alles um uns ist **Energie**. Entweicht aus der Form die Lichtenergie, c^2, zieht es **E** in irgendeiner Energieform auf die Ebenen der Polarität, die seinen Schwingungen entspricht. Die Energieformen, die auf der niederen astralen Ebene herumgeistern, docken sich an die Lebenden, da sie die gleichen bzw. ähnlichen Gedanken-Energieformen denken und fühlen. Es gibt einen Trick, um unerwünschte Schwingungen von dir fern zu halten, die nur versuchen, ihre Tankstelle nicht zu verlieren. Dieser Trick heisst: Frequenz-Erhöhung.

Sobald du deine Frequenz (Schwingung) erhöhst, können die niedrigen Frequenzen nicht mehr andocken. Sie müssen weichen und werden unweigerlich dorthin ziehen, wo ihnen die Frequenzen wieder entsprechen. Das bedeutet: Du bist frei! Ist das nicht fantastisch? Aber auch nur, wenn du deinen Level in Balance hältst. Wie schnell man wieder in einen schweren Zustand zurückschwingt, weisst du aus eigener Erfahrung.

Eine Frequenz-Erhöhung ist schnell erreicht. Wir haben das Umpolen schon geübt. Du bist darin schon recht gut. Es braucht nur ein bisschen mehr Übung, um in Zukunft erfreulichere Auswirkungen zu erleben. Stell dir vor, irgendein

Ding, eine ungesunde Substanz oder ein Laster hält dich gefangen. Du fühlst ein seltsames Ziehen in dir und versuchst die aufwühlenden Gedanken und Gefühle durch gute Ausreden, Brot-und-Spiele-Ablenkungen oder durch andere Aktivitäten zu kompensieren. Aber du hast sofort geschnallt, dass dein illusorisches Denken die Kontrolle übernehmen und dich zu was weiss ich überreden wollen. Doch als standhafter Herkules und als willensstarke Wonderwomen atmest du erstmal tief ein und wieder aus. Bei jedem Atemzug durchschaust du das Treiben in deinem Kopf und im Emotionalkörper als Illusionen und eroberst deine Schöpferenergie aus ihnen zurück. Die zurückfliessende Energie übt eine enorm beruhigende Wirkung auf dich aus. Dieses Gefühl macht dich jedes Mal stärker im Herzen. Stell dir vor, du wurdest trotz deinem starken Herzelein schwach und frönst irgendwelchen Dingen. Statt dich zu verurteilen, erkennst du, dass die illusorischen Gedanken und Gefühle noch da sind und akzeptierst die Art, wie du denkst und fühlst. Das Durchschauen einer Illusion bedeutet nicht, dass du die übergestülpten Identitäten und negativen Anschauungen gleich los bist. Schliesslich haben sie dich fast ein ganzes Leben lang in sämtlichen Situationen bestimmt, was du über dich und andere zu denken, und was du zu tun oder zu lassen hast. Trotzdem übernimmst du wieder die Führung und denkst: „ICH BIN der Stoff der Liebe. ICH weiss, ICH BIN frei von all den Dingen, selbst wenn ich mich als Versager fühle und daran zweifle, das jemals zu schaffen. ICH erlaube mir, mich anzunehmen, so wie ICH BIN. ICH werde dadurch Schicht um Schicht von all den Dingen befreit." oder: „ICH BIN die mächtige, violette Flamme. Folge meinem Befehl und verzehr sämtliche Anhaftungen in meinem ganzen System und bringe Geborgenheit und wahre Freiheit. Auch wenn ich wanke, bleibe ich meinem Ziel treu."

Stell dir vor, wie du dich auf den positiven Pol deines Wesens hinaufschwingst bzw. polarisierst oder wie du auf eine höhere Stufe der Leiter hinaufspringst. Dieser Pol entspricht nicht mehr deiner Ich-Persönlichkeit, sondern viel mehr dem ICH BIN-Pol. Du fühlst dich in Übereinstimmung mit den Gesetzen, denn du weisst ganz genau, dass du es bereits erhalten hast, und dass es nur eine Zeitlang braucht, bis du das Verlangte auf den physischen Ebenen erfahren kannst.
In deiner Fantasie bist du bereits frei von all den Dingen und strahlst über das ganze Gesicht. Die Leichtigkeit lässt das Gefühl der wahren Freiheit in dir aufkommen. Das macht dich dermassen liebes-high, dass du vielleicht zum ersten Mal in deinem Leben so etwas wie „gepriesen seist DU!", sagst.
Mit der Zeit hast du auch diese Dinge durch eine schleichende Abgewöhnung und Umgewöhnung umpolarisiert.

«Beginne das Schwere, wo es noch leicht ist, tu das Grosse, wo es noch klein ist, denn alles Schwere auf Erden entspringt aus dem Leichten.»
Lao-tse

Am besten übst du eine Umgewöhnung, wenn es gerade leicht ist, damit sie in den schweren Phasen leichter zu meistern sind. Einen Meister hinzuzuziehen und dich in die violette Flamme zu stellen, ist wärmstens zu empfehlen. Es gibt Fälle, wo es meisterliche Hilfe braucht, um sich von gewissen Energieformen und Fehlschwingungen zu lösen. Sie warten nur auf dein freiwilliges Ja.

Nehmen wir einmal an, du fühlst in dir den Antrieb, eine Gewohnheit aufzugeben. Aber dein Verstand schreit bei der

Vorstellung Alarm und weckt die entsprechenden Alarmge-
fühle in dir auf. Zusammen rufen sie aus: „Vergiss es!"
Deine unteren Körper können ganz schön tricky sein, um
ihre eigenen Begehren und Bedürfnisse zu stillen. Aber du
bist nicht deine Körper. Das ist ein Unterschied. Unter-
scheide deinen Willen von dem Willen deiner Körper. Du bist
nicht das Begehren und der Wille deiner Körper. Du bist ihr
Meister, der/die klar und bestimmt zu ihnen sagt: „Hindert
mich nicht das zu tun, was das ICH BIN will."
Der Emotionalkörper unterliegt, wie das Mentale, demselben Unterbewusstsein. Wenn du ein Glaubensmuster umwandeln willst, muss das Mentale das Emotionale von den
neuen Erkenntnissen und Glaubensätzen überzeugen.
Wenn sie übereinstimmen, wandeln sich die gespeicherten
illusorischen Glaubensmuster auch um. Es ist von bedeuten-
der Wichtigkeit, dass du das Emotionale und das Mentale als
gleichwertig anerkennst. Mach deinem Verstand klar, dass
sein Begehren „Ich muss alles verstehen.", nicht möglich ist.
Er ist nicht dazu gedacht.
Erobere immer wieder deine Position zurück, sonst hindern
dich deine Körper, Gutes zu tun und frei zu werden.
Das ICH BIN kann alles. So kann das ICH BIN mit links den
Weg zum gewünschten Ziel vorbereiten, damit dir dein Vorhaben leichter fallen wird. Das ICH BIN löst Probleme und
Widerstände, bevor sie erscheinen. Egal, ob die Wellen gerade seicht sind oder du von einer grossen durchgespült
wirst, es ist jederzeit möglich damit zu beginnen, dass es
leichter für dich wird, dich von belastenden Gewohnheiten
und Anhaftungen endgültig zu verabschieden. Sobald du dir
vorstellst, frei von irgendeiner ungesunden Substanz oder
sonst einer Verhaftung zu sein, wendest du dein mächtiges
ICH BIN an. Diese Anwendung erzeugt Schwingungen. Wissenschaftler können sie mittlerweile messen. Was aber die

Wissenschaftler zum Staunen veranlasste, war, als sie feststellten, dass die Messungen am Körper dieselben Frequenzen aufzeigten, so als ob die Vorstellung im Gehirn tatsächlich körperlich ausgeführt wurde. Wieder einmal mehr mussten sie Einsteins Formel zustimmen.

Es ist also wissenschaftlich bewiesen, dass du den Weg durch dein Denkvermögen vorbereiten und ihn bis zum Ende gehen kannst. Den Pfad in die Freiheit ebnest du mit ICH BIN-Denkspielen, indem du deinen Gedanken die Eigenschaften aufgibst, die du brauchst und die für dich richtig sind. Beispielswiese so: „ICH BIN die Kraft, die jede Kaffeebesessene Zelle in meinem System umwandelt. ICH verspüre kein Verlangen nach dieser Substanz, egal zu welcher Tageszeit. Sämtliche Entzugserscheinungen gehen an mir vorbei, da ich auf dem ICH BIN-Pol halte und mein Bewusstsein auf den niedrigeren Ebenen unberührt bleibt. ICH BIN die Intelligenz, die den Weg frei macht, damit mir mein Vorhaben mit Leichtigkeit gelingt. ICH weiss, dass jetzt der göttliche Stoff in mir wirkt und das vollbringt."

Nach einer gewissen Zeit gerät dein System bei der Vorstellung sich von alt vertrauten Gewohnheiten zu lösen, nicht mehr in Panik. Die Widerstände im Mental- und Emotionalkörper haben sich durch den ICH BIN-Stoff zum Teil fast ganz aufgelöst. Der göttliche Antrieb setzt sich durch, du fühlst auf einmal ein Verlangen es zu tun. Vielleicht vergeht dir auch plötzlich der Appetit auf gewisse Dinge.

Die göttliche Intelligenz ist nicht zu unterschätzen! Mit ihr ist alles zu erreichen. Dir sind keine Grenzen gesetzt, weil du alles bist und die Kraft lenkst. Jesus hat nichts anders gedacht und gesagt als ICH BIN, egal, vor welcher Herausforderung er stand. Irgendwann hat er es als junger Mann geschafft sich mitsamt seinem Körper durch die erhebenden

Gedanken, „ICH BIN die Auferstehung und das Leben.", und: „ICH BIN der Weg und das Licht.", auf die Meisterstufen der geistigen, spirituellen Ebenen zu beamen. Er wusste und anerkannte, dass er nicht aus sich selber die Wunder bewirkte, und bei den Worten ICH BIN nicht seine Persönlichkeit gemeint war, sondern dass es Gott ist, der die Wunder bringt. Gott hat bei der Entstehung seiner Ebenbilder bei Jesus keine extra Ausnahme gemacht. Alle tragen denselben Stoff in sich, jeder darf ihn beanspruchen und ihn wie unsere Brothers and Sisters vervollkommnen. Frau und Mann besitzt die Intelligenz, den ICH BIN-Stoff anzuwenden. Also, warum solltest ausgerechnet du die Kraft nicht intelligent und bewusst benutzen können? Du beanspruchst die ICH BIN-Kraft bereits und setzt sie frei, seit du denken kannst. Ohne Ausnahmen wurde dir von PAPS und MAM alles erfüllt, worauf du besonders und mit starken Gefühlen deine Aufmerksamkeit gerichtet hast. Warum sollte das jetzt auf einmal nicht mehr funktionieren? Wenn du aufrichtig verlangst, aus deinem Schlamassel herauszukommen, benutze das ICH BIN in dir und sage entschlossen, als ob du eine Wand umstürzen wolltest: „Weil ICH die mächtige ICH BIN-Gegenwart BIN, soll diese Sache für immer enden. ICH habe die Fähigkeit, das zu tun. ICH bilde mit der Liebe eine unüberwindliche Kugel um meinem Leib und Gemüt, die jede Mauer überwindet."

Jeder, der den inneren Antrieb spürt, sich von Anhaftungen, Verhaftungen und anderen ungesunden Gewohnheiten zu verabschieden, spürt die Liebe Gottes in seinem Herzen pochen. Es ist immer der göttliche Stoff, der dich treibt, egal, was du denken, sagen und tun willst. Jeder Tat und jeder Schöpfung ging ein Gedanke voraus.

Erlaube deinem Verstand nicht über eine Sache, einen Knoten, eine Störung, Blockade, ein Problem oder was auch immer nachzugrübeln und starke Gefühle hineinzugeben. Du festigst die Fehlschöpfungen nur unnötig und würgst das ICH BIN in deinem Herzen ab. Denke daran: Steckst du starke Gefühle in ein Sache hinein, werden sie die Sache erfüllen und das, was der Verstand denkt. Wenn du aber durch deine Gedanken die Gefühle beherrschst, damit ist Selbstbeherrschung gemeint, kannst du, wie eine Nachrichtensprecherin, negative Zustände sehen und darüber sprechen, ohne emotional zu werden. Du verleihst den unerwünschten Zuständen, durch die Beherrschung der Gefühle, keine Macht. Niemand und nichts kann in deine Realität eindringen, es sei denn, du schwingst auf irgendeine Art und Weise mit den Menschen und den Zuständen in Resonanz. Jesus sagte einmal „Du kannst nicht zwei Mächten dienen." Damit meinte er, dass es nur eine Macht gibt und das ist Gott. Wenn du also deine Aufmerksamkeit auf das ICH BIN in dir richtest, aber deinem Verstand erlaubst, sich hauptsächlich mit den Problemen und anderen illusorischen Dingen zu beschäftigen, malst du den Teufel, die Rübe Selbstverleugnung im Multipaket wieder an die Wand. So ein selbsterschaffener Teufelskreislauf und Selbstbetrug mag eine Zeit lang funktionieren, aber die höchste Gegenwart lässt sich nicht veräppeln.

Bei dieser Erkenntnis verspüren manche Menschen ein mulmiges Gefühl. Sie glauben, dass sie fortan ein frommes Leben führen müssen, und andere absurden Dinge über Gott. PAPS und MAM wollen aber nur, dass wir den Weg der Liebe gehen, das ist die Selbst- und Nächstenliebe und dass wir uns auf diese göttliche Ordnung einstellen und unser Leben nach dieser Ordnung leben. Das bedeutet, bei der Herstellung der vorgesehenen Ordnung in sämtlichen Bereichen mitzuhelfen, damit es auf der Welt menschlicher wird, den Weg zurück zum göttlichen Ursprung im Auge behalten, bis wir nicht nur an PAPS und MAM glauben, sondern von ihnen und ihrem beseelenden Stoff völlig überzeugt sind. Natürlich auch anzuerkennen, dass ihre Gegenwart Allmächtig ist und nicht das Böse, auch wenn das Böse mächtig erscheint.

Was dich und die Menschheit durch dein Tun weiterkommen lässt ist: Lenke deine Aufmerksamkeit sofort von Anhaftungen, Problemen etc. weg und beschäftige deinen Kopf mit ICH BIN-Denkspielen. Du dienst sonst zwei Mächten.
Es ist auch reine Zeitverschwendung, die Ursachen zu analysieren oder so zu tun, als ob man wüsste, wer daran beteiligt war und wann und warum eine Fehlschöpfung ihren Lauf genommen hat. Auch wenn das vielleicht noch etwas schwer zu verstehen ist, aber um irgendeinen Schlamassel zu beseitigen, ist der schnellste und direkteste Weg, nicht mehr darüber zu sprechen und nachzusinnen. Denke stattdessen mehrmals täglich folgenden ICH BIN Gedanken: „Durch die Intelligenz, die ICH BIN, wird das Problem beseitigt."

Von Mangel in Fülle

Nehmen wir einmal an, du willst dich nicht nur von hier nach dort hinaufschwingen, sondern auch dein materielles Dasein in eine erfreulichere Richtung umpolarisieren. Schliesslich wollen wir den Himmel auf Erden erleben und nicht weiterhin den illusorischen Mangel auf Erden. Fülle ist ein göttlicher Aspekt und in der materiellen Welt als Mangel und als Armut zu erfahren. Was aber nicht bedeutet, dass wir die Fülle nicht erleben können.

Im ganzen grob- und feinstofflichen System des Menschen sind eine Menge Lichtteilchen mit den verrücktesten Glaubenssätzen und Überzeugungen gespeichert, die mit dem Wunsch, mehr Fülle erfahren zu dürfen, auf Kriegsfuss zu sein scheinen. Da kann ein Mensch noch solange wünschen, seine unterschwelligen Mangelgedanken und sein zielloses Denken stimmen mit den 7 kosmischen Prinzipien überein. Der göttliche Stoff wirkt nur bedingt, bis gar nicht, wenn Mangelgedanken und Gefühle des Verlustes den Gemütszustand bestimmen. Folglich kommt er aus Mangel nicht heraus und irrt ziellos weiter in seinem Leben im Kreis umher.

Schwingungen können dich bremsen, behindern, Dinge verhindern und dich wieder scheitern lassen. Aus diesem Grund ist es vorteilhaft darüber nachzudenken, mit wem du Geschäfte machst oder wem du von deinen Visionen, Ideen und Zielen erzählst. Um dir das verständlicher zu machen, rege ich deine Fantasie an. Stell dir vor, du willst mit anderen Leuten zusammen ein geschäftliches Unternehmen aufbauen. Es kommt jedoch nicht zustande. Ist es zustande gekommen, bricht es wieder zusammen. Warum? Die Harmonie im ICH BIN-Denken und -Fühlen fehlte. Wenn du der/die

Einzige bist, die in Harmonie denkt und fühlt und an den Erfolg glaubt, ist es nicht genug. Erinnere dich an das Prinzip der Entsprechung. Diese Spielregel ist in allem und überall zu finden, genauso wie die anderen kosmischen Spielregeln. Wenn das Wissen über das ICH BIN fehlt, bewirkt der Mangel an Wissen das Gegenteil des Erstrebten, wenn einer der Menschen nicht wirklich an das glaubt, was er weiss und denkt. Das Vorhaben ist zum Scheitern verurteilt. Es wird das geschehen, was tatsächlich mit dem Glauben der andern übereinstimmt. Würde jeder die Überzeugung haben, dass sie erfolgreich sein werden, würde der Erfolg nach den 7 kosmischen Spielregeln auch eintreten. Zweifelt aber nur einer von den Leuten an den Erfolg, wird er die Dinge für sich und die anderen zum Scheitern bringen.

Wie unfehlbar der göttliche Stoff ist, wurde mir bei dieser schmerzhaften Erfahrung wieder einmal so richtig bewusst. In solchen Fällen machst du dein Ding am besten alleine, oder du suchst dir wahrhaft Gleichgesinnte. Vor allem denkst du darüber nach, warum du mit diesen Leuten etwas aufbauen wolltest. Erlaube deinem Bewusstsein nicht länger, bei unangenehmen Erfahrungen, Menschen und Verlusten zu verweilen. Du lädst all die Dinge wieder in dein Leben ein. Vergebe und vergesse!

Wiederhole auch keinen misslungenen Plan, das führt zu einer Wiederholungsschleife. Geh weiter, verlange nach Weisheit und Inspiration und versuch es von neuem.

Wenn du etwas auf die Beine stellen willst, aber Angst vor einem Misserfolg hast, halte dich trotz allem an das ICH BIN. Schwingen dich Mangelgedanken hinunter, ist ein ICH BIN Gedanke: „ICH habe die Fülle, zur meiner Verfügung. ICH habe alles, was ICH im Leben brauche. Sämtliche Mangelgedanken werden jetzt umgewandelt. ICH halte meine Auf-

merksamkeit auf die Erfüllung, selbst dann, wenn Zweifel auftauchen. ICH BIN erfüllt vom göttlichen Stoff. ICH BIN so erfüllt, ICH kann gar nicht anders als die Fülle zu sein."
Denke und spreche deine Gedanken mit starken Gefühlen und sei mit deinem Herzen dabei. Dadurch bringst du den Schöpfungsablauf in Schwung, der gleich in Richtung Erfüllung schwingt.
Selbst wenn du aus irgendwelchen Gründen einen Rückschlag erleidest, rappelst du dich wieder auf. Es hat keinen Sinn, dort stehen oder liegen zu bleiben und erneut gedankenlos eine weitere Reihe von Ursache und Wirkung zu kreieren. Das ICH BIN- hält dich oben und bewahrt dich vor einer Bauchlandung.

Lotto und andere Geldspiele zu spielen, ist reine Zeitverschwendung. Sie gehören zu den illusorischen Dingen und bringen meistens nur Verluste statt Gewinne. Vor allem schwächen sie das wachsen wollende ICH BIN und halten es klein. Nach dem Sprichwort «Wie man sich bettet, so liegt man.», bist du besser gebettet, wenn du dich darin übst, bewusst die ICH BIN-Energie zu lenken. Je öfter du den ICH BIN-Stoff zum Üben nutzt, umso leichter und schneller gelingt es dir, deine Aufmerksamkeit auf das Verlangte zu lenken und auf sie gerichtet zu halten. PAPS und MAM helfen dir die Ängste und Zweifel aus deinem Denken und Fühlen zu löschen. Ihre Flamme fegt durch dein ganzes System und sorgt dafür, dass ihre Liebe die Oberhand behält. Deshalb zünde dein Feuer an, Baby, tue es zu deinem Wohl. Lass dich nicht mehr länger von den illusorischen Dingen der materiellen Welt verwirren, begrenzen und einlullen. Auch nicht von deinen eigenen Illusionen.

Mach dich aber nicht verrückt, wenn die Fülle auf sich warten lässt. Es ist heutzutage in einer Welt, wo die Einen immer reicher und die Anderen immer ärmer werden, nicht immer einfach, aus dem Mangel herauszufinden. Das ist ein weiterer Grund, warum sich die ersehnte Fülle nicht immer verwirklicht. Dieser gewollte Einfluss sorgt dafür, dass auf der einen Seite der Mangel bei den Menschen an Stabilität gewinnt, damit auf der anderen Seite gewisse Menschen noch mehr an Reichtum gewinnen. In sämtlichen Bereichen wird mit den Ängsten, Hoffnungen und Sehnsüchten der Menschen gespielt. Mit dem Mangeldenken der hoffnungssuchenden Menschen lässt sich gut Geld machen.

Aber wie gelingt es einem Menschen zu mehr Fülle zu kommen, in einer Welt, wo das Gleichgewicht durcheinander geraten ist? Es ist illusorisch zu glauben, dass das «ICH BIN reich»-Denken ausreicht und die Fülle als Geburtsrecht anzuerkennen, damit die Fülle ins Fliessen kommt. Es braucht die Tat. Von nichts kommt nichts! Um den üblen Einfluss zu durchbrechen, ist der schnellste Weg, umzudenken und seinen Horizont zu erweitern. Das erhöht die Schwingung, im Grossen, wie im Kleinen, im Innen und im Aussen. So entsteht der Boden, der den Fülle und Frieden-Gedanken vieler Menschen entspricht.
Ein guter Grund, erneut über den Schafherdenzaun zu springen, denn es gibt keinen Zustand, der so schlecht ist, dass das ICH BIN den Zustand nicht in Freiheit, Frieden und Fülle hätten umwandeln können. Bringe deine Pole in Einklang. Ich wiederhole nicht umsonst fortwährend, wie ausschlaggebend eine ausgewogene Verbindung zwischen Denken und Fühlen bzw. Herz und Verstand für die persönliche und die globale Entwicklung ist. Gemäss dem Prinzip der Polarität können alle Widersprüche miteinander in Harmonie ge-

bracht werden. Arm und Reich sind ebenfalls die beiden gegensätzlichen Pole einer Sache. Es sind nur Ausdrücke für die Pole derselben Sache.

All die materiellen Dinge, von denen viele Menschen glauben, sie könnten sie glücklich machen, sind gut für sie zu erfahren. Wenn sie aber ihren Körper wieder verlassen, nehmen sie nichts davon mit. Manche Menschen konnten sich aber nicht einmal im befreienden Zustand der Körperlosigkeit von materiellen Dingen lösen und haften noch als Energieformen an ihnen fest. Irgendwann werden auch diese fehlgeleiteten Gedanken erkannt. Hat ein Mensch genug erkannt, schwindet der Wunsch nach materiellen Dingen. Die bewussten ICH BIN Menschen verstanden, wie unbedeutend die materielle Fülle im Vergleich des ICH BIN-Stoffes ist, der alles kann. Sie sind wunschlos glücklich. Ihr Wunsch nach materielle Fülle wandelte sich in…? Was denkst du, in was sich jedes Begehren umwandeln könnte? Genau, du hast es erfasst! Natürlich in das Verlangen. Sie haben das Verlangen, letzten materiellen Ebenen hinter sich zu lassen. Sie streben jedoch nicht nach der wahren Freiheit, um nicht mehr wieder geboren zu werden und um sich endlich den Meistergürtel um den Bauch zu schnallen. Diese illusorische Vorstellung haben sie ebenfalls als begehrlicher Wusch durchschaut.

Was mir geholfen hat mein Mangeldenken umzuwandeln, war das ständige bewusst machen, das es keinen Mangel gibt. Ich gab dem Geld, wie der Zeit, keine zu grosse Wichtigkeit mehr, selbst wenn Geldnöte versuchten, mich zu verwirren. Ich sagte stattdessen zu mir selbst: „Wenn ich also das ICH BIN bin, da ICH ein Teil Gottes BIN, so BIN ICH die Fülle in diesen wunderbaren Händen."

Die Vorstellung, was die Fülle alles bedeutet, liess meinen Verstand fast durchdrehen. Sobald Mangelgedanken auftauchten, blickte ich auf meine Hände und dachte: „Lieber Verstand, DU und ICH wissen so langsam aber sicher, dass das absoluter Unsinn ist, was uns die Rübe gerade wieder weismachen will. Es wird nur wieder eine Schicht zerlegt, worin die Rübe gut getarnt und tief verborgen herumgelümmelt hat. Aber wir gehen jetzt volle Attacke auf sie los und beseitigen sie. ICH BIN die alles überwindende ICH BIN Rebellin. Diese Rübe da wird mitsamt ihrem Gefolge sofort umgewandelt. Gott vollbringe diese glorreiche Tat!"

Das Vertrauen in die Wache über mich konnte durch die massiven Attacken ungestörter heranwachsen. Mein Verstand dachte: „Das Licht wacht tatsächlich über mich. PAPS und MAM meinen es wirklich gut mit mir. Also komm, entspann dich. ICH weiss, worauf ich die Aufmerksamkeit lenken soll, im Wissen, dass alles gut kommt."

Mein Verstand redet manchmal wirklich so weise daher, was starke Liebesgefühle in mir auslöst, schliesslich treibt ihn die Liebe von PAPS und MAM dazu an. Er hört dann nicht auf zu denken:

„ICH gestatte mir, die Fülle, die für mich bereit steht, anzunehmen."

„ICH BIN die Gegenwart, die mich befähigt Fülle in mein Leben heranzuziehen."

„ICH ERLAUBE mir, neue Erfahrungen zu machen, denn ich lasse mich in meinen Entscheidungen von Gott führen."

„ICH BIN die Auferstehung meines Geschäfts und halte meine Aufmerksamkeit stets auf mein Ziel gerichtet.

„ICH BIN bereichert mit Erfolg und Liebe, denn ICH weiss, dass mein Denken und Fühlen in Einklang mit dem Bewusstsein Gottes ist."

„ICH BIN die Gegenwart, die alles, was ich brauche hervorbringt."

„ICH BIN reich an Weisheit, die mir aufzeigt, wie ICH Wohlstand hervorbringen kann."

„ICH BIN in Frieden mit der Illusion Geld und gebe die entsprechenden falschen Glaubensmuster zurück in die göttliche Quelle. ICH weiss, dass ICH sie vollkommen zurückbekomme. ICH halte sie und mich selbst immer in diesem vollkommenen Zustand fest."

Von Selbstablehnung in Selbstliebe

Fast jeder wünscht sich von seinen Mitmenschen angenommen und geliebt zu werden. Anerkennung und Liebe suchen die Menschen meistens im Aussen in der Hoffnung, sie von anderen zu bekommen. Sich selbst zu lieben und wertzuschätzen ist nach der gängigen Moralvorstellung nicht gerade willkommen. Sich selbst nicht zu lieben, sich hinten anzustellen etc. ist hingegen völlig in Ordnung. „Liebe deinen Nächsten wie dich selbst", nicht wahr? Es gibt Sprichwörter, die dich davor abhalten sollen, dir selbst auf die Schulter zu klopfen und dich zu loben, wie diesen hier «Eigenlob stinkt» Sich zu ermächtigen, sich selbst so zu lieben und anzunehmen wie man ist, braucht Mut. Der Mut bist du bereits. Es ist ein Aspekt der Liebe, aus der du entsprungen bist. Den Mut musst du jedoch immer wieder selbst aufbringen, niemand kann das für dich machen. Vergiss die Illusion gleich wieder! Unser Brother Jesus ist grosse Klasse im Mut machen. Er sagt gerade: „DU hast die Kraft, dieses Wunder zu vollbringen. Folge mir!"

Der masochistische Kreislauf der Selbstablehnung ist zu durchbrechen. Kannst du dir vorstellen, was das Gegenteil von diesem masochistischen Zustand ist? Es ist ein und dasselbe Ding, nur zeigt sich das Gegenteil in seinen ursprünglichen Aspekten. Die verschiedenen Schwingungsgrade der Selbstablehnung kannst du umpolarisieren in ...? Selbstliebe, meinst du? Das denke ich auch. Und was kannst du dir unter Selbstliebe so alles vorstellen? Eine Menge, nicht wahr? Zum Beispiel Selbstannahme, Selbstanerkennung und Selbstwert. Hast du eine Ahnung, wie sich diese Aspekte der Liebe anfühlen könnten? Das sind doch wunderschöne Gefühle, die bei dieser Vorstellung auftauchen. Kannst du dir vorstellen, dir diese Gefühle zu erlauben, sie zuzulassen? Da musst du wahrscheinlich öfters tief ein- und ausatmen, um sie anzunehmen. Jedoch ist die Selbstliebe der Schlüssel zur Heilung allen Übels.

Den Akt der Selbstliebe vollziehst du beispielsweise vor dem Spiegel. Jedes Mal, wenn du in den Spiegel schaust, sagst du: „ICH sehe mich mit den Augen der Liebe." Dabei schaust du dir in die Augen. Stell dir vor, wie das göttliche ICH BIN zu dir sagt: „Schau mir in die Augen, Kleines, und sag, dass du mich liebst!"
Du antwortest natürlich: „Ja, ICH liebe DICH bedingungslos." Falls du ein leichtes Zwinkern in den Augen verspürst oder sich eine Augenbraue leicht hochzieht, weisst du, dass die Illusionen «Selbstverleugnung» und «Selbstablehnung» nahen, vor allem wenn ein Pickel oder eine grosse Nase im Spiegel zu sehen sind. Das ist dann ein Fall für Wonderwomen Lady Nada! Sie ist grosse Klasse darin dich deiner Selbstliebe näher zu bringen. Nada rufe ich etwa so:
„Nada, hilf mir das komische Gefühl in mir zu überwinden. Hilf mir, mich von den Irrtümern zu lösen."
Wie immer ist sie da, bevor ich zu Ende gesprochen habe. Nada hat die Angewohnheit, direkt auf mein Herz zuzusteuern und es stark zu erweitern. Du weisst ja, wie willensstark der weibliche Aspekt ist. So eine rasante Schwingungserhöhung lässt mir nicht selten die Tränen hochschiessen. Ihre Gegenwart flashed mich jedes Mal.
Mit Nadas Liebespower gelingt es mir, mich wieder ein Stück mehr von meinem Selbstzerfleischungstrip zu lösen. Ich fühle, wie bedingungslos ich von Gott geliebt werde, und dass ich die Liebe in mir wirken lassen darf, ohne gleich auf Widerstände zu stossen. Dafür weiss ich, dass in dem Mass, in dem ich mich selbst liebe, ich Gott liebe, denn das Prinzip

der Entsprechung zeigt sich in allem und überall.

Es tut gut die Liebe anzunehmen, auch wenn dabei die Tränen kullern. Es sind Tränen der Erleichterung. Lass die Gefühle zu, es tut nicht weh. Ergebe dich! Du wirst den Kampf nie gewinnen. Vergiss es auf der Stelle! Fühl den liebevollen K.O. Schlag und hör auf, gegen etwas zu kämpfen, das über alle Massen mächtiger ist als du, obwohl du dieser Macht gleich bist. Diese Macht ist und bleibt Herrscher über Zeit und Raum. Anerkenne immer wieder: „ICH erkenne, dass DU die grösste Macht BIST. ICH anerkenne diese Tatsache, denn ICH weiss, dass ICH DIR gleich BIN. WIR sind EINS."
Das löst eine Welle der Erleichterung aus. Du fühlst, dass du den Machtkampf nicht mehr in allen Facetten in dein Leben anziehen wirst. Stattdessen erfährst du LOVE and PEACE.
Selbst wenn du noch etwas haderst und nicht so ganz an das ICH BIN in dir glaubst. Immerhin hast du bis hierhin gelesen. Irgendetwas hat sich in deinem Bewusstsein verändert. Liebe ist ansteckend. Niemand ist gegen den Liebes-Virus immun, das ist unmöglich. Es dauert manchmal ein paar Wochen, bis die L-Symptome ausbrechen. Sei geduldig mit dir. Das ist auch ein Aspekt der Selbstliebe. Entscheide dich bewusst, dich selbst anzunehmen. Siehst du oder besser gesagt, fühlst du, dass es schon bei der Selbsterlaubnis etwas Mut braucht? Aus diesem Grund lässt du die Flamme in dir ausbrechen und denkst:

„ICH BIN die Flamme, die sämtliche Irrtümer in Bezug auf Gott und auf meine Macht auslöscht. ICH BIN die bewusste Anwendung des Stoffes und mache neue Erfahrungen, ohne mich von falschen Glaubensvorstellungen und Behauptungen beirren zu lassen."

„ICH höre auf mich selbst zu kritisieren und zu zerfleischen. ICH BIN die Macht, die augenblicklich Kritik und Verurteilung in Selbst- und Nächstenliebe umwandelt."

„ICH BIN Selbstbeherrschung. Die Zustände in meinem Gemüt und auf dieser Erde treiben mich an, mich meiner ICH BIN-Gegenwart zu ermächtigen. ICH BIN bereit, komme was wolle!"

„ICH erkenne meinen Selbstwert und radiere das falsche Bild von mir selbst aus."

„ICH trage, alle Eigenschaften in mir und BIN fähig, sie anzuwenden und zu sein. ICH BIN die vollkommene Meisterung sämtlicher Aufgaben und Herausforderungen."

Das Schwert der Liebe, Wahrheit und der Trennung

Vielleicht brauchst du noch etwas mehr Vertrauen in Gott. Es wurde auch viel dafür getan, damit das Vertrauen in unseren Schöpfer und in die Brothers and Sisters, die es wirklich gut mit uns meinen, zerrüttet bleibt. Jedoch braucht es ein Opfer, damit ein Mensch Täter sein kann. Menschen, die fest in ihrem ICH BIN stehen, werden immun und resistent. Sie sind nicht mehr zu manipulieren, zu verführen und sie lassen sich keine Angst einjagen. Was denkst du, könnte mit den Tätern geschehen, wenn so viele Menschen wie möglich beginnen, das ICH BIN weise zu benutzen und sich somit aus ihren Opferrollen erheben? Genau, ist doch logisch. Die Täter haben mit der Zeit keine Opfer mehr. Ist das nicht eine fantastische Vorstellung? Irgendwann kehrt alles in Liebe zu der Quelle zurück, aus der alles entsprungen ist, selbst die irregeleitetsten Bewusstseinsformen.

Niemand kann dir das Vertrauen geben. Diese Tugend darfst du dir selber zurückerobern. Die Zurückeroberung bringt dir das Vertrauen zurück und keiner wird dir das wieder nehmen können. Wenn ich das Vertrauen zurückerobere, zücke ich meine kosmische Waffe. Das ist der violette Flammenstrahl, das Schwert der Liebe. Diesen Strahl kannst du gezielt als Schwert benutzen und alles durchtrennen, was dich am stärksten festhält und zurückhält. Sämtliche destruktiven Verbindungen zu Menschen und Dingen sind mit dem violetten Liebesschwert zu durchtrennen.
Sobald ich auf eine Schicht stosse, die mir weismachen will, dass MAMA und PAPA mich für unwürdig befinden und mich schon gar nicht bedingungslos lieben, weil ich gesündigt habe. Aber auch wenn ich glaube, irgendeine Form von

Liebe und Vergebung nicht annehmen zu dürfen, weil ich sündige Dinge angestellt habe. Und wenn ich glaube, mir die Liebe und Vergebung erst einmal hart erarbeiten zu müssen, um überhaupt Vergebung zu verdienen. Oder wenn ich so etwas von krass drauf bin, dass ich PAPS und MAM und all den anderen da oben meine Schuld und Unwürdigkeit beweisen will, um ihnen zu zeigen, dass ich es absolut nicht wert bin, wieder in ihre Herzelein einzukehren. Wenn also solche absurden Gedankengänge in mir abgehen, atme ich erst einmal tief ein und wieder aus und denke: „Alles ist gut, meine Liebe. Das ist völliger Quatsch, auch wenn einige Teilchen in mir anderer Meinung sind."

In solchen Momenten mache ich mir nochmals klar, dass die Ursachen und Wirkungen irgendwann mal in meinen vielen Leben, bis in mein jetziges Leben hinein, entstanden sind. Ich habe sie gewählt und mich für sie entschieden. Es ist eine Kettenreaktion von Ursache und Wirkung, in die ich mich verstrickte, weil ich vergessen habe, wer ich bin. Ich durfte Hass erfahren, um zu erkennen, was Liebe ist und dass ich die Liebe bin. Hinzu kommt die Zeit, die ich ignorierte und dass ich immer eine gute Ausrede hatte, um die Zeit nicht beim Schopf zu packen. Ich werde mir auch wieder bewusst, dass ich alle Leben überlebt habe, weil ich das ewige Leben bin, und auch dieses Mal überleben werde, selbst, wenn der Scheiterhaufen neben mir aufgebaut wird. Was ich mir genauso verdeutliche, ist, dass ich nichts zu fürchten brauche. Und wenn, so ist es nur eine Wirkung, da ich mich diesen Gedanken öffne und in mir dulde. Ich habe in meinen Leben auch vieles hinter mir und erkannt. Es sei denn, ich will eine unnötige Wiederholungswelle erfahren und nochmals eins auf den Deckel bekommen. Aber aus dieser masochistischen Welle habe ich mich herausgeschwungen und weiss, wie ich mich aus dem selbstvernichtenden Kreislauf wieder heraushole. „Also, warum mache ich mir eigentlich so einen Stress? ICH BIN bestens ausgerüstet worden. Wozu diese Panik?", frage ich mich allen Ernstes.

Ermutigt und entschlossen halte ich das Flammenschwert wie eine Ninja-Kriegerin in meinen Händen. Als Ninja-Liebesrebellin bin ich natürlich gut an Mutter Erde angedockt.

In Gedanken bitte ich Mutter Erde, mich mit all den Leben zu verbinden, die mich im Hier und Jetzt daran hindern zu vertrauen und durchzustarten. Mutter Erde kennt alle meine Schritte, die ich auf ihr gegangen bin, alle Taten, die ich begangen habe und jedes meiner Leben. Sie findet meine Absicht wunderbar und steht mir, wie bei jedem Akt, den ich vollziehe, zur Seite. Selbstverständlich rufe ich meinen grossen Bruder Vywamus, um wie Phönix aus der Asche hinaufzusteigen. Vywamus hilft mir natürlich. Denn ich rufe mutig alle Beteiligten herbei, ob sie zurzeit irgendwo wieder in einem Körper sind oder nicht, spielt keine Rolle, und alle selbst erschaffenen illusorischen Gedanken- und Gefühlsgebilde. In Gedanken sage ich: „ICH erkenne überall die Liebe und das Licht. ICH BIN in Frieden mit allem, was geschehen ist. Mit dem Schwert der Liebe, Wahrheit und Trennung durchtrenne ICH jetzt alle Stränge in meinen Energiezentren, auf sämtlichen Ebenen."

In meiner Fantasie sehe ich mich, wie ich elegant aber bestimmt mein mächtiges Flammenschwert durch die Ebenen meiner Energiezentren sausen lasse und alle Verstrickungen durchtrenne. Sämtliche Ängste, Zweifel und Widerstände schmelzen in der lodernden Flamme dahin.

Im «Mensch zu Mensch-Spielkreis» ist das für jeden fühlbar, wenn das unfehlbare Schwert die Stränge durchtrennt. Wir vollziehen den Trennungsakt gerne mit vollem Körpereinsatz, ganz einfach, weil es Spass macht! Es fühlt sich genauso befreiend an, wie wenn man seine Schöpferenergie zurück-

holt. Wir erleben immer wieder, dass wir auf einmal jemanden oder etwas mit ganz anderen Augen wahrnehmen, wo
zuvor Angst, Missgunst, Abneigung, Ohnmacht, Misstrauen
und Hass empfunden wurde. Die Liebe ist tatsächlich in jedem Menschen und überall anzutreffen, auch wenn die
Menschen hin und wieder einen dunklen Eindruck machen.
Den Durchtrennungsakt wiederhole ich so lange, bis alle
Stränge endgültig durchtrennt sind. Es braucht seine Zeit,
bis alle sieben Ebenen in den unteren sieben Hauptenergiezentren frei sind. Das Einzige, was niemals durchtrennt wird,
ist die Herzverbindung, die uns alle miteinander und Gott
verbindet. Diese Verbindung ist unmöglich zu durchtrennen.
Selbst wenn das Schwert der Liebe und Wahrheit durch die
Ebenen deines Herzzentrums saust.

Was für dich wichtig zu wissen ist: Wenn du mit dem Flammenschwert arbeitest, setzt du automatisch das Gesetz der
Gerechtigkeit in Gang. Es kann geschehen, dass einige Menschen (vielleicht sogar du) um dich herum Rückschläge oder
die seltsamsten Dinge erleiden. Es ist das Schwert der Wahrheit und die Wahrheit fordert Gerechtigkeit, um etwas zu
berichtigen, was nicht in Harmonie ist. Hör trotz allem nicht
auf, bis der letzte Strang durchtrennt ist! Denke daran: Lass
dem notwendigen Geschehen seinen Lauf. Egal was auf dich
zu kommen mag, nimm es gleichmütig an und freu dich, dass
sie nun berichtigt werden können. Lieber jetzt als irgendwann. Früher oder später wirst du eh mit deinen Fehlschöpfungen konfrontiert. Du kannst den kosmischen Spielregeln
Ursache und Wirkung sowie Rhythmus nicht entkommen. Je
eher Dinge ausgeglichen werden, umso schneller bist du
frei. Es ist auch unmöglich, deine Mitmenschen vor ihren eigenen Taten zu beschützen und ihre fehlgeleiteten Energien
zu transformieren, wie so irrtümlich geglaubt wird. Wenn es

so wäre, würden wir nicht immer noch in so einem Schlamassel stecken. Es wird höchste Zeit, dass wir wahrhaftige Spiritualität leben. Lade nicht aus Scheinheiligkeit die Dinge wieder in dein Leben und in das Leben deren ein, die du retten (helfen) willst. Die einzige Möglichkeit, diesen Dingen ein Ende zu setzen, ist, den Sinn der ICH BIN-Gegenwart zu verstehen und anzuerkennen.

In einem weiteren Fantasiespiel bitte ich PAPS und MAM mir «gegenüberzustehen». Bei so einer unsichtbaren Gegenüberstellung haut es nicht nur mich fast um, wenn mir ihre bedingungslose Liebe entgegenkommt. Hin und wieder muss ich lachen, wenn die Bockigkeit hochkommt und ich die Liebe nicht annehmen will. Ich weiss genau, was das bedeutet, nämlich Selbstverantwortung zu übernehmen. Und wieder habe ich die freie Wahl. Will ich an meinen falschen Schlussfolgerungen festhalten oder weiterhin Mitschöpferin meiner Realität sein und mich ein Stückchen mehr zurückerobern? Natürlich entscheide ich mich für die Wahrheit.
PAPS und MAM flippen vor Freude jedes Mal aus, wenn ich ihre bedingungslose Liebe anerkenne, denn sie erfahren sich selbst durch mich.

Du wirst über alle Massen bedingungslos geliebt. Alles andere ist eine dicke Illusion, die als «Lüge» ihr Unheil verbreitet. Sie lässt die Menschen zu Spielfiguren und zu gefügigen Schäfchen werden. Hilf deinem lieben Verstand, deinem unentbehrlichen und wichtigsten Mitarbeiter, sich von diesen Miss-Schwingungen zu entledigen. Mit jeder zurückeroberten Schöpferenergie beginnen deine Hirnzellen höher zu schwingen. Die Schwingungserhöhung deines Gehirns wirst du tatsächlich in deinem Kopf fühlen und in deinen Ohren hören, wenn die erlahmten und ergrauten Hirnzellen wieder

aktiv werden. Das ist dann kein Tinnitus.
Rette deinen Verstand, bevor keine Gehirnzellen mehr übrig
sind, um geistigen Gehirnschmalz zu produzieren. Du hast
dein Gehirn nicht zufällig bekommen. Es ist wichtig, dein
fantastisches und perfekt ausgedachtes Gehirn zu benutzen.
Zu viele unnötige Dinge übernehmen die Gehirnaktivitäten.
Sie rauben dir deine wahre Freiheit, obwohl sie dir Zeit und
Freiheit versprechen und dir in den schönsten Farben die
wunderbarsten Dinge vorgaukeln. Lass dich nicht mehr länger wie ein Esel an der Nase herumführen. Du hast selber
gesehen, erlebt und gefühlt, dass dich die Dinge nur bequemer, denkfauler und abhängiger machen. Sie halten dich in
deinem Schlamassel und machen dich nur für eine kurze Zeit
glücklich, aber nicht wirklich zufrieden. Sonst würdest du
nicht verzweifelt nach irgendwas suchen. Deine Suche hat
hier ein Ende. Du hast dich längst gefunden. Vielleicht jubelt
dein Herz vor Freude. Hör auf dein Herz, es spricht die Wahrheit. WILLKOMMEN DAHEIM.

Die illusorische Zeit

Es ist Zeit, es war schon immer Zeit, weise ICH BIN zu denken und nicht in einer illusorischen Zukunft, die wieder eine illusorische Vergangenheit werden wird. In der Gegenwart lässt ein Mensch sich wieder Zeit. Irgendwann ist die irdische Zeit abgelaufen. Nach einer gewissen Zeit muss er wieder in die Welt absteigen, weil er Zeit verplempert hat. In seiner Menschpein jammert er wieder, er hat völlig vergessen, dass er sich im letzten Leben immerzu entschieden hat, wesentliche Dinge hinauszuschieben. Nun hat er all das, was er im letzten Leben die längste Zeit hätte tun können, in sein heutiges Leben verschoben. Er hätte in diesem Leben erfreulichere Auswirkungen erleben können. Die Ursache: Seine Entscheidung, die er bewusst, unwissentlich oder durch Beeinflussung, freiwillig traf. Von den eigenen Entscheidungen wird er wieder erschlagen und verzweifelt an seinen eigenen Schöpfungen, die ihn vielleicht schwerhörig machten. Wer nicht hören will, muss fühlen. Viele Menschen sind meistens erst dann bereit zu lauschen, wenn es im Körper 13 geschlagen hat, obwohl die Zeitwellen sie regelmässig wieder daran erinnerten, mal Pause zu machen und sich selbst zu reflektieren. Es dauert also nur wieder einmal etwas länger. Du darfst auch weiterhin deine Zeit verplempern. Es läuft ja alles bestens und es gibt keinen wirklichen Grund, sich zu beklagen. Oder? Man gibt sich zufrieden mit dem, was man hat und ist, es könnte ja schlimmer sein. Du darfst dir weiterhin so viel Zeit nehmen wie du willst. Ist das nicht fantastisch? Aber dir fehlt jetzt schon die Zeit. Wo willst du dir die Zeit herholen, die dir ständig vorgegaukelt wird und doch immer knapper wird, da alles schneller, bequemer und perfekter laufen soll? Es gibt also keinen Grund sich zu beklagen, keine Zeit zu haben und dass die Zeit nicht da ist oder dir weggenommen wird.

Albert Einstein bezeichnete die Zeit als eine «Funktion des Raumes». Ich denke damit meinte Einstein, dass die Zeit nur in der materiellen Welt nützlich ist, weil die Zeit mit dem Rhythmus und der Erdentwicklung verbunden ist. Folglich brauchen wir die Zeit im Raum, um uns weiterzuentwickeln. Ausserhalb der Materie braucht es die Zeit nicht. Die „Funktion" ausserhalb des Raumes ist etwas ganz anderes. Nach meinem Gefühl ist es die höchste Intelligenz, die vollkommen ganz ist, rund wie ein Kreis.

Letztendlich dreht sich alles im Kreis, der Anfang und das Ende. Ein vollkommener, intelligenter Kreis, aus dem alles entsprungen ist und der erst noch über uns wacht. Sämtliche zermürbende Kreisläufe sind mit der Zeit mit dieser Intelligenz zu überwinden.

Die Zeit musst du dir unbedingt zurückerobern! Lass es nicht mehr zu, dich länger von der Illusion „ICH habe keine Zeit" an der Nase herumführen zu lassen. Verwandle jede Selbstlüge in Selbsterkenntnis um. Erlaube deinem Verstand nicht mehr länger herumzuspinnen. Beschäftige ihn, wenn er nicht gerade mit anderen Dingen beschäftigt ist, mit ICH BIN-Denkspielen. Mach dir ein Spiel daraus. Mir wird es beim Spielen nie langweilig. Das Einzige, was zu tun ist, ist zu denken oder genauso laut wie deine negativen Gedanken zu sagen: „ICH BIN, ICH BIN, ICH BIN, Herrgott noch mal, die Liebe! Auch wenn mein Verstand das nicht so ganz kapieren will, BIN ICH, BIN ICH, BIN ICH trotzdem das ICH BIN. Gott hilf mir mich in DIR zu erkennen und DIR zu vertrauen."

Du hast die Fähigkeit lauter ICH BIN Gedanken zu produzieren. Mach dir jedes Mal klar, dass dabei der unfehlbare ICH BIN-Stoff am Wirken ist. Erlaube deinem Verstand keine Minute mehr daran zu zweifeln. Ich renne den ganzen Tag mit ICH BIN-Gedanken im Kopf herum, wenn es sein muss. Sobald Angst und Zweifel in mir die Oberhand gewinnen wollen, sage ich: „ICH brauche sofort Hilfe! Vertreibt sie augenblicklich!"

Es erfordert wenige Sekunden, ICH BIN zu denken, selbst wenn die vier Gangster-Rüben mit einem Schlachtplan auftauchen. Ich nehme mir die Zeit, sofort zu handeln, das bedeutet, tief einatmen und wieder ausatmen, selbst wenn ich wie ein Seelöwe vor mich hinschnaufe, Hauptsache ICH BIN am Tun. Durch das bewusste Denken bleibt das Gefühl von Zuversicht und Mut stabil. Und schwubs, befinde ich mich in einem Kreislauf, der meinem ICH BIN entspricht.

So ein Kreislauf wird schnell zu einer Gewohnheit, die nicht mehr loszuwerden ist. Diese Gewohnheit lässt dich grosses Glück, Liebe und Dankbarkeit erleben. Übung macht den Meister. Mein Alltag bietet mir ständig Übungsfelder an. Ich mache meinem Verstand begreiflich: „Jedes „ICH BIN nicht" und jeder schlechter Gedanke über andere schwächt die Kraft in uns sofort ab. Richte deine Genialität schnellstens auf das Verlangte Ziel und halte daran fest. Das schaffst du, bleib cool."

Den Beat der Zeit zu verstehen, ist eine Kunst. Sie folgt einem bestimmten Rhythmus. So wie die Schöpfung 13 Phasen durchgeht, ist auch die Zeit durch diese magische Zahl messbar. Die Zahl 13 ist keine religiöse oder esoterische Erfindung. Die 13 ist Biologie und Physik! Sie ist in der Naturwissenschaft zu erkennen, selbst in der menschlichen Genetik ist die 13 die göttliche DJane. Sie zeigt sich in einer 13ner Anordnung von Bausteinen in den Zellen und der DNS. Einige Wissenschaftler der Genetik nutzen dieses Wissen nicht unbedingt zum Wohle der Menschen. Beispielsweis werden alle Genmanipulationen durch die Anordnung der 13 gemacht.

Die Teilung der ungeraden Zahl 13 zeigt sich in der Mitte. Von links die Zahlen 1 bis 6, in der Mitte die 7 und die rechte Seite von 8 bis 13. Die 13 ist der Schöpfungscode, das Mass der Bewegung (Rhythmus) und der Beat der Zeit.

Die alten Mayas waren grosse Klasse darin, das Mass der Zeit zu verstehen. Sie entwickelten einen komplexen Kalender, der irrtümlicherweise von einigen Menschen falsch verstanden wurde. Er liess sie vermuten, dass das Ende des Kalenders, den Weltuntergang bedeuten könnte. Die Welt ging Ende 2012 nicht unter. Für die alten Mayas war klar, dass ein neuer Zyklus beginnt, nur kannten nicht alle Menschen das Prinzip vom Rhythmus.

Den Mayas ist aufgefallen, dass die Menschen mit einer rhythmischen Zeitwelle konfrontiert werden, die ihnen wieder denselben Beat um die Ohren spülen, den sie in der letzten Zeitwelle ignorierten. Die Wellen werden so lange wiederholt, bis sie begriffen wurden. Wann das ist, bestimmst alleine du selbst.

Die Mayas erkannten durch Beobachtungen der Natur, Intuition und etwas Nachdenken, und durch die Hilfe von oben, dass jeder Tag eine einzigartige Mischung von Schwingungs-Qualitäten und Impulskräften besitzt. Eine Gärtnerin bzw. ein Bauer fühlt durch die Qualität der Zeit, wann gesät, geerntet und das Geerntete verarbeitet werden muss. Es gibt also Tage, wo etwas besonders gut gelingt und sich etwas besonders lohnt zu tun oder nicht zu tun. Jede Tages-Schwingungsqualität und Zeitwelle bietet zusätzliche Impulse für die menschliche Weiterentwicklung.

Ein Maya nutzte für sich das Mass der Zeit als «Entwicklungshilfe». Nehmen wir an, ihm ist aufgefallen, dass er um eine bestimmte Zeit herum einen Hexenschuss erlitt. Wenn die Hexe wieder zuschlägt, achtet er darauf, was in seinem Umfeld sowie in seinem Denken und Fühlen passiert und reflektiert die Zeitqualität. Durch die Erkenntnisse von Ursache und Wirkung erkennt er, was er zu ändern hat und wo seine Herausforderungen liegen. Wenn er in der nächsten Zeitwelle keinen Hexenschuss mehr anzieht, hat er die rhythmische Welle in der Zwischenzeit gemeistert. Diese Tage und Zeitwellen sind für ihn keine Herausforderungen mehr. Die Qualitäten und Impulse dieser Welle bieten ihm vielmehr zusätzliche Energieschübe, die ihn weiter aufsteigen lassen.

Die Schwingungsqualität gewisser Tage fühlen sich für manche Menschen äusserst unangenehm an. Vor allem dann, wenn Egomuster herumschwingen. Das Ego versucht die gewählten Seelenaufgaben mit allen möglichen Tricks zu sabotieren. Die Untreue gegenüber sich selbst ist an gewissen Tagen fast nicht zum Aushalten. Falls dich hin und wieder die Menschenpein quält, liegt das daran, dass du nicht das tust, was du wirklich tun willst. An diesen Tagen wirst du verstärkt an deine Seelenaufgabe erinnert und aufgefordert, dein Potenzial in Erscheinung zu bringen, das im Sexual-Chakra brachliegt. Es kann vorkommen, dass du besonders von Mangelgedanken, Minderwertigkeitsgefühlen und von Sinnfragen gequält wirst. So ist das mit Sicherheit ein Tag oder eine 13-Tage-Zeitwelle, wo du erinnert wirst mal Pause zu machen. An solchen Tagen öffnest du weit dein Herz. Sie bieten dir die Möglichkeit, zu erkennen, was du wirklich willst und was du dir als Seele vorgenommen hast. Statt dich von diesen Tagen und Zeitwellen hinunterschwingen zu lassen, lässt du dich von den Kräften und Impulsen der Tagesschwingungen hinaufheben.

Um zu erfahren, welche der 13 Tagesqualitäten heute am Wirken sind, geh im Internet unter dem Begriff «Kössner-Verlag» suchen, auf der Website klickst du auf «Kalender» und – Carpe diem, nutze den Tag.

Der Kreislauf der Zeit ist durch das ICH BIN zu überwinden. Es ist Zeit ernst zu nehmen, was die Menschen auslösen, wenn sie ihre Aufmerksamkeit länger auf die Dinge richten und lenken lassen, die zur Unterhaltung und Kleinhaltung des Bewusstseins dienen. Sie ziehen die Dinge wieder an, auch wenn sie die wahnsinnige Illusion haben, von den Auswirkungen verschont zu bleiben.

Kannst du dir vorstellen, dass es gar nicht so viel braucht, bis das gewisse Mass erreicht ist, um den Himmel auf Erden wahr werden zu lassen, wenn so viele Menschen wie möglich beginnen, bewusst „ICH BIN, ICH BIN, ICH BIN" zu denken, zu sagen und zu tun? Prima! Dann packen wir's an.

«Damit das Mögliche entsteht, muss immer wieder
das Unmögliche versucht werden.»
Hermann Hesse

Die 13 Schöpfungsphasen

Die 13 gibt den Ton in den Schöpfungsphasen an. Wir durchgehen jedes Mal diesen Schöpfungskreislauf. Da alles Schwingung ist und nichts ruht, schwingen die 13 Phasen ineinander über, weshalb es auch keine klare Teilung zwischen den Phasen gibt. Manche Phasen scheinen für einige easy zu meistern sein, die wiederum für andere eine Herausforderung sein können. Einige Menschen bleiben gerne in der 10. Phase stehen oder erreichen sie erst gar nicht, da sie in der 7. Phase hängengeblieben sind. Andere geraten in der 11. Phase in den Schleudergang, weil auch diese Phase so ihre Überraschungen bereithält.

Im Folgenden erfährst du das wesentlichste über die 13 Schöpfungsphasen.

Die 1. Phase – ICH BIN

Wie alles, beginnt die erste Phase mit einem Gedanken, das ist die geistige Kraft. In Gedanken spielst du mit einer Idee oder einem Ziel. Falls du kein Ziel hast, frag dich: „Was will ich wirklich? Was will ich wirklich erleben und tun?" Schwing dich am besten aufs Sofa und fang an wie ein Kind zu fantasieren.

Beim Fantasieren tauchen hin und wieder illusorische Gedanken auf, wie: „Kann ich das?", „Ich schaff das ja doch nicht.", oder: „Dazu bin ich nicht gut genug."

«Minderwertigkeit», «Unwürdigkeit», «Hilflosigkeit» und «Ausweglosigkeit» lassen einen Menschen bereits in der ersten Phasen scheitern. Aber auch Illusionen wie «Vorwurf» und «Schuld-in-die-Schuhe-Schieben» bringen ihn nicht weiter, solange er beispielsweise seine Eltern, Lehrkräfte, die Gesellschaft oder eine andere Macht für sein Hängenbleiben verantwortlich macht.

Die 2. Phase – Die Idee prüfen

Wenn du eine Idee oder ein Ziel hast, tun sich Fragen auf, wie: „Was muss ich tun?", „Welche Wege sind zu gehen?" „Was muss ich mir aneignen, um meine Idee zu realisieren?" Ausgehend von der geistigen Kraft, der Idee, sind wir bei deiner mentalen Kraft angelangt. Dein Verstand ist jetzt gefragt. Zusammen mit deinem Hauptzentrum, versteht sich. Zusammen seid ihr realistisch und intelligent genug, wenn ihr die Idee prüft. In der zweiten Phase braucht es eine gewisse Kompromissfähigkeit. Das bedeutet beispielsweis, schlechte Strassen in Kauf nehmen.

Wichtig ist für dich zu wissen und zu erkennen: Lass dich nicht abhalten, egal, was du bist, was andere sind, was sie denken, tun oder nicht tun. Durchschaue die Illusionen und gehe weiter. Schau dir alle Spiegelbilder genau an, auch wenn sie nicht in deinen Heiligenschein passen. Denn genau diese Seiten wollen angenommen werden, sonst wirst du in der 7. Phasen nochmals mit ihnen konfrontiert. Das könnte dich ins Wanken bringen.

Die 3. Phase – Das Feuer in dir

In der 3. Phase geht deine emotionale Kraft voll mit dir durch. Du bist Feuer und Flamme für deine Idee. Du brennst darauf, den Weg zu gehen und bis zum Ende durchzuhalten – komme was wolle! Jetzt willst du es endlich wissen und tun. Diese Energie in dir ist wie Dynamit und lässt dich unglaublich lebendig, ideenreich und kreativ sein. Dock dich gut an Mutter Erde an, um auf dem Boden zu bleiben. Die

Gefahr, wie eine Rakete abzuheben, ist in der 3. Phase gegeben. Lass dich trotz allem von nichts und niemanden bremsen, abhalten, festhalten oder retten. Sei dir auch bewusst; dein Leuchten und deine Begeisterung sind nicht immer willkommen. Das ist aber kein Grund dafür, nicht mehr zu leuchten. Schon gar nicht, wenn sich andere durch dein Kleinmachen besser fühlen. Brenne schweigend weiter und übe dich in Selbstbeherrschung.

«Man muss an seine Berufung glauben und alles
daransetzen, sein Ziel zu erreichen.»
Marie Curie

Die 4. Phase – Das Planen

Wenn du nicht achtsam und auf dem Boden bleibst, und aus lauter Begeisterung den falschen Leuten von deiner Idee erzählt hast, könnte das Konsequenzen haben. Damit Langfristigkeit gewährt ist, braucht es einen guten Boden. Es könnte sonst sein, dass du in der 8. Phase hängen bleibst und dich mit Gedanken und intuitiven Hinweisen beschäftigen musst, die du vor lauter Ungeduld oder aus irgendeinem Zeitdruck in der 2. und 3. Phase nicht bedacht und ignoriert hast.
In der 4. Phase geht es darum zu überlegen, was es so alles für die Umsetzung deiner Idee braucht. Vielleicht musst du einen Zeitplan erstellen und dir sonst irgendwelche Gedanken machen, dich informieren, Dinge, die du brauchst organisieren, etwas vorbereiten, vorsorgen, dich eventuell vernetzen, Prioritäten setzen usw. Wichtig ist vor allem, Prioritäten zu setzen. Den inneren Schweinehund beiseite zu stellen und andere illusorische Widerstände zu durchschauen, um ins Tun zu kommen. Jedoch bleiben so einige in dieser

Phase hängen, sie fühlen, dass sie vor dem dritten Schritt stehen, was nach dem Schöpfungsvorgang der Dreiheit Körpereinsatz erfordert.

Die 5. Phase – Das Tun

In der 5. Phase ist dein sichtbarer Körper aktiv. Du bist am Tun, am Handeln, am Loslegen. Diese Phase fordert dich auf, deine Idee jetzt umzusetzen. Aber du hast den dritten Schritt gewagt. Du bist frohen Mutes und voller frischer Zuversicht über den Zaun gesprungen. Getragen und beflügelt von deiner Idee. Lass dich von nichts und niemandem in deinem Tun abhalten, egal, welche Herausforderungen oder niederschmetternde Bemerkungen von anderen DU-Selbsts kommen werden. Denke daran: PAPS und MAM meinen es gut mit dir, auch wenn sie dein Ego zerlegen, was dich hin und wieder zweifeln und wanken lässt. Geh mutig deinen Weg weiter und bleib einfach dran, selbst dann, wenn auf einmal alles dunkel wird. Erinnere dich stets daran, um was es im Selbsterkennungsspiel wirklich geht und wer du tatsächlich bist. Erkenne, dass du sämtliche Qualitäten mitbringst, um alles zu meistern. So wird's was. Ein kleiner Tipp: Verbinde dich mit dem 6. Strahl (der Mut zu sich selbst zu stehen). Sage in Gedanken zu dir: „ICH BIN der 6. Strahl", und atme ihn in dich hinein. Die Strahlenqualität hilft dir, mutig zu dir, zu deinen Wünschen, Bedürfnissen und deinem Ziel zu stehen, falls auf einmal die Rüben «Bammel», «Zweifel» und «Unsicherheit» auftauchen.

Die 6. Phase – Die Balance

In dieser Phase ist es vorteilhaft im Gleichgewicht zu bleiben. Das bedeutet, dich hin und wieder aufs Sofa zu schwingen und zu entspannen, oder einer anderen Beschäftigung nachzugehen, um auf deinem Weg zu bleiben. Sonst brennst du vor lauter Tun noch aus. Menschen, die in den Illusionen verstrickt sind, wie „Ich muss weitermachen", „Der Druck der mir von aussen gemacht wird, lässt eine Ruhephase nicht zu.", und „Ich darf mich nicht erholen und entspannen. Ich habe ein schlechtes Gewissen, wenn ich mir eine Auszeit gönne", oder: „Reiss dich zusammen, du darfst nicht schlapp machen, du musst bis dahin dein Ziel erreicht haben. Sonst erscheine ich für manche unglaubwürdig.", bleiben gerne in dieser Phase stecken. Einige werden spätestens in der 8. Phase in die 6. zurückgeworfen, weil sie die entsprechenden illusorischen Gedanken und Gefühle in dieser Phase nicht erkannt und durchschaut haben. Sobald du wieder erholt und klar bist, schwingst du dich frisch aufgetankt vom Sofa und wendest dich wieder deiner Idee zu. Schäle mit ICH BIN-Denkspielen die üblen Karotten und Rüben immerzu weg, um nicht in einer Wiederholungswelle zwischen der 6. und 8. Phase hin und her gespült zu werden.

Das verführerische an dieser Phase ist, dass man sich mit den anderen Beschäftigungen zu lange aufhalten lässt. Bequemlichkeit, Trägheit, Lethargie und Illusionen wie «Wird-doch-nichts-Draus», «Aufschieben» oder «gute Ausrede», und andere verlockende Irrtümer kommen manchmal wirklich sehr verführerisch daher. Und schon ist man wieder hängengeblieben.

Die 7. Phase – Die Verbindung nach oben und unten

Im Gleichgewicht zu sein hält deine Verbindung zu deiner Seele aufrecht. Die brauchst du, um ein Gefühl zu entwickeln, was noch zu tun ist und was der Liebesstoff noch umzuwandeln hat. Vor lauter Stress, Druck und anderen illusorischen Dingen, ist die Verbindung deaktiviert. Deiner ICH BIN-Seele ist es schlimmstenfalls fast nicht mehr möglich, zu dir durchzudringen. Wenn ein Mensch eine starke Resonanz zu dieser Phase hat, kann er vom Weg sowie von der ursprünglichen Idee und von den Inputs, die er von seiner Seele intuitiv erhalten hat, abkommen.

In dieser Phase wirst du aufgefordert Seele zu sein und dich von ihr weiterhin führen zu lassen, denn sie ist dein wahres Selbst, in ihr wohnt das ICH BIN, welches Gott ist. Zusammen haben sie nicht nur eine klare Übersicht, sondern auch Weitsicht. Vielleicht wird dir bewusst, dass es einer Kursänderung bedarf. Etwas, was du ändern, nochmal hinterfragen, oder zu dem du gar Farbe bekennen darfst, um deine Idee zu verwirklichen. Es gehört oft mehr Mut, seine Meinung zu ändern, als ihr treu zu bleiben. Manchmal muss man sich von fixen Vorstellungen, von begrenzten menschlichen Denkweisen und Erwartungen lösen, gewisse Dinge einsehen und zulassen und sich in Geduld üben.

In der 7. Phase kann ein Mensch den Illusionen «Hochmut», «Uneinsichtigkeit» und «Unzulänglichkeit» begegnen, sowie «Selbstkritik» und «Selbstzweifel» und allen Karöttchen dazwischen, bis zur totalen Selbstzerfleischung.

Es kommt vor, dass ein Mensch, bevor er Phase 8 erreicht, wieder an den Start zurückgeschleudert wird und von vorne anfangen darf. Wenn er doch die 8. Phase erreichte, spült es ihn spätestens dann wieder zurück zum Start, falls er immer noch in den Illusionen verfangen ist. Die 7. Phase fühlt sich für einen Menschen sehr komisch an, wenn er weiterhin den Illusionen hinterherrennt und seinem Verstand erlaubt, absurde Dinge zu denken. Wir wissen jedoch jetzt, dass Gott zweiseitig ist, also männlich und weiblich, beziehungsweise Intellekt und Intelligenz. Jede Einseitigkeit führt früher oder später zum Ungleichgewicht. Der Mangel an Intelligenzentwicklung, damit ist mangelndes Verständnis über das intelligente weibliche Prinzip gemeint, führt zu Energieverlust und unnötigen Wiederholungsschleifen. Wenn du aber in der 7. Phase Seele bist, schwingst du zentriert in deiner goldenen Mitte. So hast du den Mut, dich mit den Ängsten und anderen Dingen zu konfrontieren, um sie zu besiegen. Mit einem tapferen Herz schwingst du dich in den nächsten Grad der Manifestation.

Die Zahl 7 setzt sich aus der 2 und der 5 zusammen und bildet somit die Mitte der 13 Schöpfungsphasen. Die Impulse der 2. und 5. Phase, wirken unterstützend, um die 7. Phase meistern zu können. Die schwingende, resonante 7 wird mit der höchsten Ebene in Verbindung gebracht. Die Verbindung ist die Telefonleitung bzw. der ICH BIN-Kanal und gibt den Zugang zu der göttlichen schöpferischen Kraft frei, denn die 7 ist das geistige Schöpferwesen im Menschen. Wenn du in der 7. Phase mit deiner Seele verbunden bist, wirst du mit ICH BIN-Licht vollgetankt. Dein Licht brauchst du, um die weiteren Phasen zu durchgehen.

Die 8. Phase – Die Langfristigkeit

In dieser Phase geht es darum, alles zu machen und wegzuschälen, was nötig ist, um deine Idee langfristig zu sehen, zu fühlen und zu erleben. Aus diesen Gründen sind Fragen wie „Was brauche ich? Was fehlt mir noch auf allen Ebenen, um meine Idee zu erleben?", sehr vorteilhaft.

Vielleicht bist du so vorangepirscht, dass du gar nicht mehr mitbekommen hast, was links und rechts auf deinem Weg liegen geblieben ist, was eigentlich wichtig gewesen wäre. Hier ist also eine kleine Notbremse nötig, indem du dich mal kurz aufs Sofa schwingst, um nachzudenken und nachzufühlen. Wenn du dich in dieser Phase irgendwo aufhängst, wirst du automatisch wieder auf die Muster zurückgeworfen, die aufgetaucht sind und die du verdrängt, nicht beachtet oder ignoriert hast. Selbst wenn du bereits die 10. Phase erreicht hast, geschieht so etwas. Das könnte sich dann so anhören: „Oh, Mann! Warum bin ich nicht auf den Hinweis eingegangen?", „Warum bin ich in allen Dingen so ungeduldig und mach mir so einen Druck?", und „Hätte ich mich doch damals damit auseinandergesetzt!"

Es lohnt sich also sehr von Anfang an in Verbindung mit seiner Seele zu bleiben und mit dem Stoff der höchsten Intelligenz sämtliche Fehlschöpfungen auszumerzen, damit dir keine frustrierende Zeitwelle den Boden unter den Füssen wegspült und der Weg zum Ziel nicht zu holperig wird. Bleib in der 8. Phase langsam, achtsam und sorgsam und lass unbedingt dein Licht an, dann wird alles gut, wenn du die nächste herausfordernde Stufe erklimmst.

Die 9. Phase – Der Endspurt oder die dunkle Phase

In der 9. Phase ist es äusserst wichtig, dass dein Licht an ist und möglichst die Oberhand behält. In der dunklen Phase brauchst du dein Licht, um durchzuhalten, denn du befindest dich in der Endspurtphase. Diese Phase scheint fast nicht zum Aushalten und scheint kein Ende zu nehmen. Auf einmal scheint alles so dunkel. Du siehst deine Idee und dein Ziel nicht mehr. Unvorhersehbare Dinge geschehen, die dich aus der Bahn werfen. Deine Pläne führten nicht dorthin, wo du hin wolltest. Vielleicht hast du das Gefühl, dass dir Steine auf deinen Weg zum Ziel gelegt werden. Alles scheint für nichts gewesen und sinnlos zu sein. Gefühle der Hoffnungslosigkeit und Sinnlosigkeit überfluten dich. Es kann auch geschehen, dass du auf einmal ganz alleine dastehst. Deine alten Überzeugungen und Schlussfolgerungen bestätigen dich wieder in deinem Glauben, dass du ein völliger Versager bist und es nicht wert bist, all das zu sein und zu erleben. Sämtliche deiner gefürchteten Gedankengebilde machen so ein

Gebrüll, bis du nichts mehr siehst und nichts mehr hörst. Man dringt fast nicht mehr zu dir durch. Das geht so weit bis du voll auf den Höllentrip kommst oder am liebsten tot umfallen willst. Wenn du dich in der 9. Phase befindest, ist es hilfreich Hilfe anzunehmen. Vor allem, wenn dich gleichzeitig die 6. und 7. Phase durchwirbeln und du völlig ausgebrannt bist. Dein Körper könnte vielleicht krank werden, wenn du nicht hinhörst und hinsiehst. Die meisten Menschen scheitern in dieser finsteren Phase. Sie lassen sich von den Misserfolgen unterkriegen. Dabei sollten diese vielmehr als Desillusionierungen angesehen werden, sie führen den Menschen aus seinem unharmonischen, illusorischen Denken und Fühlen heraus.

In der dunklen 9. Phase wird dir das Licht der Wahrheit vor die Augen gehalten, um deine verdrängten und vergessenen Schattenseiten sehen zu können. Sie fordert dich auf, die Wirklichkeit anzunehmen und in den tiefsten Brei einzutauchen. Schnipple die gefürchteten Vier und alle anderen Rüben jedes Mal mit deinen ICH BIN- Denkspielen weg. Durschaue die Illusionen! So überstehst du diese stockdunkle Phase. Du hast die Macht umzudenken. Du bist in deinem Leben die Chefin und der Chef. Wäre doch schade, so kurz vor dem Ziel aufzugeben. Herz auf und mit Verstand durch. Egal, was geschieht, richte trotz allem immer wieder deine Aufmerksamkeit auf das ICH BIN in dir und auf dein Ziel. Das zaubert dir jedes Mal ein Lächeln ins Gesicht und gibt dir die Willensstärke, durchzuhalten. Du schaffst das, dein Herz erleuchtet dir den Weg durch die dunkle Phase. Du wirst sehen, nach der Dunkelheit kommt wieder die Sonne, das ist ein Naturgesetz.

Die 10. Phase – Die Erfüllung

Simsalabim! Deine Idee wurde sichtbar. Herzlichen Glückwunsch, du hast es geschafft. Jetzt gibt es noch drei wichtige Phasen zu durchschreiten, bevor sich der Kreis wieder bildet. In dieser Phase ist es wichtig, nicht stehen zu bleiben. Die meisten Menschen glauben, dass sie angekommen sind und sich nicht mehr weiter zu bemühen brauchen. Natürlich darfst du dich auf deinen Lorbeeren ausruhen. Das Ziel ist aber nicht das Ende deiner Träume. Es warten einige aufregende Überraschungen auf dich, die deine Seele und andere Seelen für dich bereithalten. Wäre doch schade, wenn du sie nicht erleben würdest und dich durch sie nicht weiterentwickeln könntest. Geh und mach weiter so.
Das Leben bleibt nicht stehen. Nichts steht still. Alles schwingt, hebt und senkt sich, verbindet und gleicht aus. Wenn du in der 10. Phase stehen bleibst, wirst du von den 7 kosmischen Spielregeln des Lebens zwangsbeglückt. Es kann vorkommen, dass ein Mensch das Entstandene wieder verliert, wenn sein Denken und Fühlen nicht in Harmonie bleiben und er zu kippen anfängt. Der Erfolg lässt einen Menschen, wenn er den Sinn der Worte ICH BIN nicht so ganz begriffen hat, wieder zurückfallen.

Die 11. Phase – Die Überraschungen

Alles dient deiner Seele. Das ist wieder die emotionale Kraft. Dein Ziel ist erreicht. So nebenbei bist du um einige Erfahrungen reicher und um einige Fehlschwingungen leichter geworden und zu einem edlen Weizen herangereift. In der 11. Phase willst du weiterhin mit deiner Schöpfung deine Erfahrungen sammeln und erleben. Doch auf einmal tauchen mit deiner Schöpfung Dinge auf, die nicht vorgesehen waren, mit denen du nicht gerechnet hast. Das Leben ist nun mal voller Überraschungen. Mit diesen Überraschungen darfst du dich auseinandersetzen. Schliesslich hast du sie als Seele bejaht. Bleib immer nur beim Wesentlichsten, dann wird alles gut. Es geht gar nicht anders.

Vielleicht fragst du dich gerade, was das wohl für Überraschungen sein könnten. Um ein Beispiel zu bringen, möchte ich dich nochmals auf die positiven Nebenwirkungen aufmerksam machen. Wenn du die 11. Phase, die als eine sehr hohe Reifungsstufe anzusehen ist, erreicht hast, darfst du davon ausgehen, dass im Verlauf dieser bewegenden Zeit eine Menge Schichten in deinem Atomgefüge zerlegt wurden. Nach der Manifestation kommt die Auflösung. Das bedeutet, dass du mit deinen verborgensten Egoteilchen und mit den verrücktesten Fehlschöpfungen konfrontiert wirst, um sie zu berichtigen.

Die 11. Phase verlangt nach Klärung. Wenn ein Mensch in seinem ICH BIN verwurzelt bleibt, nutzt er diese Phase als Entsorgungswelle. Menschen, die in der 11. Phase in ihrem persönlichen Reifungsprozess hängen bleiben, erfahren eine entsprechend heftige Phase. Sie kann dich im Schleudergang wieder zurück an den Start setzen, wenn du den beseelenden Stoff nicht beanspruchst und diese Fehlschwingungen entsorgst. So sind nun mal die Spielregeln. Ich kann da nichts dafür.

«Es geschieht zu jeder Zeit etwas Unerwartetes. Unter anderem ist auch deshalb das Leben so interessant.»
Marie von Ebner-Eschenbach

Die 12. Phase – Der Kreis schliesst sich

Die Zahl der Vervollkommnung. In der 12. Phase willst du deine Schöpfung vervollkommnen. Andere Mitspieler sollen an deiner Schöpfung teilhaben. Hier ist eine Bereitschaft für eine klärende Kommunikation mit anderen nötig, damit eine Zusammenarbeit und eine Ausdehnung stattfinden können. Die 12. Phase verschafft dir den Durchblick. Alle vorherigen Phasen lassen dich die Zusammenhänge des ganzen Schöpfungsprozesses so viel besser verstehen, dass du vor Staunen, Demut und Dankbarkeit feuchte Augen bekommst und in die Knie gehst. Du hast verstanden, worum es geht, denn es geht nun in Richtung Vollendung. Du lebst deine Seele, daher bist du in der Balance, weil die 12. mit der 6. Phase schwingt. Deine Kraft, die höchste Macht zu lenken, ist stark geworden. Du strebst danach, die Kraft in dir zu vervollkommnen. Es drängt dich, dich mit anderen Mitspielern zu vernetzen und zu expandieren, um das nächsthöhere schöne Gefühl mit anderen zusammen zu erfahren. Du strebst nun das höchste Gefühl, das es zu erfahren gibt, an.

Die 13. Stufe – Das geistige Ziel

Das ist das Hauptziel, das du erreichen willst. Den absoluten Seinszustand der vollkommenen Liebe. Der Kreis hat sich mit der 13 geschlossen und beginnt von neuem.
Die 13 ist der Beat der Zeit. And the Beat must go on! Das bedeutet, am Ende eines Schöpfungskreislaufs ist E zu mc² geworden und wie alles hat jedes Endresultat eine Wirkung. In der 13. Phase ist die transformierende, auflösende oder umwandelnde Energie am Wirken. Das bringt der Beat der Zeit so mit sich; Altes wieder gehen lassen, wenn es vorbei ist mit den Erfahrungen, um wieder Neues zu erschaffen, zu erfahren und wieder gehen zu lassen. Wenn du den Beat der

Zeit in dieser Phase ignorierst, drehst du dich im Kreis, nur ergibt sich im Mühlrad nichts Neues.

In dieser Phase hast du aber so eine Art Ahnung. Dir schwant, dass es eine Veränderung gibt. Du wirst von der 13 erneut aufgefordert, etwas zu verlassen, loszulassen oder dich völlig umzustellen, damit das erahnte Neue eintreten kann. Als Seele willst du dich in weiteren Facetten deines Menschseins erfahren. Das wird dir auch gelingen, wenn du dich dem Rhythmus hingibst und in Verbindung mit deiner cleveren Seele bleibst. Die 13. Phase ist in Resonanz mit der 7. Phase. Wenn du dich, als bewusste ICH BIN-Seele, wach, tätig und frohen Mutes immer wieder durch Phase 2 (Prüfen, Spiegelbilder anschauen) und Phase 5 (Tun) schwingst, da aus 2 und 5 die 7 entspringt, wirst du die wilde 13 jedes Mal meistern, bis du dich irgendwann wegbeamst. Aber bis wir uns beamen können, müssen wir vorher noch andere Ziele erreichen.

Wir erreichen auch bald unser Ziel und nähern uns dem Endspurt! Mit dem Wissen der 13 Phasen bist du nun für die kommende Phase deines spannenden Lebens perfekt ausgerüstet. Wende jetzt deine göttliche Intelligenz an und schwinge mit allen Spielregeln, um jetzt durchzustarten. Na, mach schon, würfle eine 6!

Come together right now, in harmony

Der Frieden stellt sich nicht von alleine ein, auch nicht nach den prophezeiten Katastrophen, wie so einige irrtümlich glauben. Für die Weltgeschehnisse braucht es eine Ursache, damit sie eintreten. Gemäss den 7 kosmischen Prinzipien werden die Geschehnisse eintreten, in dem Mass, wie sehr sich das menschliche Bewusstsein mit diesen Dingen beschäftigt. Wer seine Aufmerksamkeit auf die (prophezeiten) katastrophalen Dinge richtet und haltet, indem er über sie nachdenkt und spricht und Gefühle der Angst oder der Wichtigtuerei reinsteckt, ist ein Mittäter, der dafür sorgt, dass sie geschehen. Sämtliche katastrophalen Auswirkungen, wie ökologische, wirtschaftliche, soziale- und politische, wären abzuschwächen gewesen oder gar nicht erst entstanden, wenn sie nicht vom kollektiven Bewusstsein durch irgendeine Art angenommen und befürwortet geworden wären. Viele Menschen glauben, befürworten und nehmen auch das an, was ihnen ihr Horoskop oder ein anderer Blick in die Zukunft prophezeit, und überlassen ihre Verantwortung für ihr Denken, Fühlen und Handeln anderen Menschen.

Wie immer ist es das menschliche ICH BIN-Bewusstsein, das bestimmt und entscheidet, was letztendlich wahr wird, egal, was von wem prophezeit wurde. Das kollektive Bewusstsein entscheidet, was auf der Welt geschieht. Wir sind es, die bestimmen, was tatsächlich geschieht.

Gemäss der kosmischen Spieregel Entsprechung sind das weitere Gründe, warum wir nicht das erleben, was sich (fast) alle auf der Welt wünschen, nämlich Peace and Harmony.

Für die bewussten Denker und Denkerinnen ist es nicht immer einfach, in einer Welt zu leben, in der eine grosse Masse von Menschen ihre Aufmerksamkeit genau auf die Dinge richten und halten, die den Frieden verhindern und geistigen Gehirnschmalz rauben. Dieser Schmalz ist aber nötig, um zu erkennen, was zu tun ist, damit sich der ersehnte Friede behaupten kann. Doch verfügen die ICH BIN-Rebellen über viel Humor. Es ist für sie tröstlich zu wissen, dass sie durch den Stoff der Liebe die Macht besitzen, sich selbst aus den zermürbenden Zuständen zu erheben, falls die Beschaffenheit auf den irdischen Ebenen andauern sollte.

Für die ersehnte Harmonie braucht es selbst-denkende- und handelnde Menschen, damit sich das Licht entsprechend etabliert und stabilisiert. Kannst du dir vorstellen, was für eine kraftvolle Energie freigesetzt wird, allein in der Zeit, wenn eine Masse von Menschen während dem Zähneputzen bewusst ICH BIN-Denkspiele denkt und fühlt? Da kommt eine geballte Menge Energie in Schwung, die durch die rhythmische Regelmässigkeit an Kraft gewinnt. Die meisten Menschen putzen ihre Zähne in den Morgen- und Abendstunden. Ein Ritual, das jeden Morgen und jeden Abend von Millionen von Menschen freiwillig vollzogen wird. Ich denke, du hast mittlerweile verstanden, was für eine Macht die unbewussten und achtlos ausgesendeten Gedanken und Gefühle haben und was sie auslösen. Es wirkt immer dieselbe göttliche Kraft. Die Kraft der Gedanken, und vor allem der Gefühle, braucht nur bewusst benutzt und weise gelenkt zu werden. Die Menschen ziehen sich dadurch wissentlich den reinen Stoff der höchsten Liebe in ihr Gehirn rein, der für eine schleichende Gewöhnung sorgt, bis für sie das ICH BIN zur selbstverständlichen und eigenständigen Tätigkeit geworden ist.

Nach den Erkenntnissen von unseren Brothers and Sisters ist der wirksamste Dienst an die Menschen, selbst im ICH BIN-

Bewusstsein zu sein. Das ist der schnellste Weg, um seine eigene Schwingung zu erhöhen. Allein schon durch das tägliche aufrechterhalten deines Schutzes kurbelst du deine Schwingungen so hoch rauf, dass du dabei die Schwingungen einer unglaublich grossen Masse von Menschen erhebst. Als wandelnder ICH BIN-Kanal verbreitest du nonstop den reinen Stoff der Liebe in alle Richtungen, und weckst so nebenbei das ICH BIN in jedem Menschen. Es ist unnötig, ununterbrochen zu denken: „ICH BIN die beschützende Gegenwart, die alles vollkommen macht, was unvollkommen ist." oder sonst etwas in der Richtung. Wenn du über die Bedeutung der Worte nachgedacht hast, ist dir klar, dass du durch dein ICH BIN die Richtung bist, denn „ICH BIN hier, ICH BIN dort, ICH BIN überall."

Je mehr Menschen sich dessen bewusst werden, umso mehr Menschen werden vom Liebes-Virus angesteckt, machen mit und stecken andere an. Meine Erfahrung ist; wenn du bewusst Kanal bist, wirst du von Liebeswellen durchströmt, die deine Schwingung dermassen erhöhen, dass dir vor Dankbarkeit und Liebe die Worte fehlen, und das immer wieder.

Wer wirklich etwas Wirksames zur eigener und zur kollektiven Schwingungserhöhung beitragen will, kann das jederzeit, indem Frauen und Männer immer zuerst auf ihr eigenes ICH BIN achten und gleichmütig danach streben, immerzu ihr Ego zu zerlegen, um ihr Denken und Fühlen in Einklang zu bringen.

Cantor erklärte mir: „Wenn du willst, dass dein Geschäft und deine Dienste an die Menschen langfristig währen soll, denke immer zuerst an dein eigenes ICH BIN, und denke über dieses Prinzip nach. Du könntest sonst mehr schaden als helfen."

Wenn du bewusst in deiner ICH BIN-Gegenwart bist, kannst du dich mental und mit deinem Herzen mit all den ICH BIN tätigen Menschen verbinden. Zusammen senden wir Liebeswellen aus, die eine Eevolution der Liebe auslösen.

Stell dir vor, du bist ein Radio der Marke «ICH BIN». Jeden Tag bist du auf Megahertz Liebe eingestellt und sendest bewusst good Vibrations aus. Dein Herz ist weit geöffnet, durch die Herz-zu-Herz-Verbindung bist du mit jedem Menschen verbunden. Durch dieses gigantische Netzwerk dehnt sich die beglückende Schwingung aus. Die good Vibes dringen durch die klare Einstellung ungehindert in jedes menschliche Gehirn und Herz und erfüllen es in dem Mass, in dem ein einzelner bereit ist zu empfangen. Auf einmal haben einige von ihnen einen Ohrwurm, der ihnen nicht mehr aus dem Kopf geht, auch wenn sie den Sinn der Worte nicht so recht verstehen oder ihn zunächst bescheuert finden. Plötzlich ertappen sie sich dabei, dass sie selbst vom «I AM-Virus» infiziert wurden, denn die schönen Gefühle sind nicht mehr zu ignorieren und wecken in ihnen den Abenteuergeist, den Sinn selbst herauszufinden. Und weil du immer wieder über das ICH BIN nachgedacht und deine eigenen Erfahrungen gemacht hast, zweifelst du auch nicht an die erfolgreiche Wirkung deines Kanalseins (Seelesein). Nicht einmal dann, wenn du die Wirkung nie zu sehen bekommst. Denn dein Wirken sehen wollen, entspringt aus dem Wunschdenken und Eigensinn. Es sind die Rüben «Misstrauen», «Begehren», oder «Das Wunder ist mir zu verdanken», die nun zu Babykaröttchen geschrumpft sind, weil du sie jedes Mal durchschaut und aus ihnen deine Kraft genommen hast. Vor allem das letzte Rübchen schärfte dein Unterscheidungsvermögen. Du hast es dir dick hinter die Ohren geschrieben, dass nicht du erschaffst, heilst und vollbringst, sondern Big MAMA and Big PAPA, denen du zu sagen hast, was sie zu vollbringen haben.

Es ist ein Abenteuer, das ICH BIN zu sein. Zeige dein Licht! Die Welt braucht jedes einzelne Licht, dass nicht aufhört sich zu entscheiden, das ICH BIN zu sein. Es dauert noch eine Weile, bis die nächsten 60er Jahre kommen. Jedoch wird diese spannende Zeitwelle, sowie die Zeitwellen vor der spannenden Zeitwelle, beglückendere Auswirkungen liefern, wenn wir jetzt bewusst die Ursache dafür sind. Wir sorgen dafür, dass wir in Zukunft beseelende Folgen erleben. Also ich sehe da keine Schwierigkeiten. Falls du auch keine Schwierigkeit darin siehst, müssen wir uns zusammentun. Der ICH BIN-Stoff muss mehr unter die Leute kommen und mit regelmässigem Üben verinnerlicht werden. Viele Menschen benötigen dazu wahrhafte menschliche Hilfe. Kannst du dir vorstellen, so etwas zu tun? Ich mach dich taff, um mit jeder menschlichen Schwingungsart umgehen zu können. Wenn du dafür bereit bist, schwing dich rüber zu mir. Ich kann es kaum erwarten, mit dir zusammen eine Revolution zu starten, die in kleinen Kreisen Grosses bewirkt. Wir können einen Teil dazu beitragen. Viele Menschen sorgen bereits für den notwendigen Boden und den nötigen Beat, damit die Lichtgeschwindigkeit an Worb gewinnt. Sie brauchen Helfer, also helfen wir ihnen. Sie sind unsere Brüder und Schwestern und streben das gleiche Ziel an, den Himmel auf Erden zu bringen, oder sich zumindest aus dem eigenen Schlamassel zu erheben.
Wir können beides erreichen. Je mehr Schlamassel umpolarisiert wird, umso stärker erhöht sich das ICH BIN-Bewusstsein, umso eher erleben wir den Himmel auf Erden. Fantastische Aussichten, nicht wahr? Zusammen schaffen wir das. Bestimmt lässt sich jemand von dir anstecken und ist der Einzige von hundert, der tatsächlich weitergeht. Das ist su-

per, es lohnt sich für jeden Einzelnen. Mein grosser Bruder Vywamus hat mir das weisgemacht. Aus diesem Grund arbeite ich in kleinen Gruppen, um Grosses zu bewirken. Vywamus sagte einmal zu mir, was mich wiederum an den gut gemeinten Tipp von Cantor erinnerte: „Warum willst du den Früchte bringenden Kurs absagen? Willst du dienen, in der Hoffnung auf Erfolg und Fülle oder willst du dienen, um der Liebe willen? Messe den Erfolg nicht an Hand der Teilnehmerzahl. Du lässt dich verunsichern und verwirren, liebe Freundin. Sich mit einer Masse von Menschen zu befassen, die nicht wirklich hören wollen, ist Zeit- und Kraftverschwendung. Ihr würdet sonst nicht immer noch in so einem Schlamassel stecken. Arbeite mit den drei Menschen, die kommen wollen, denn sie sind bereit, weiterzugehen. Wie pflegst du stets zu sagen? Aller guten Dinge sind 3."

Unsere Brothers and Sisters haben in allen Dingen recht, auch wenn ich es nicht gleich verstehe oder nicht wahrhaben will, anders haben will und es auch so machen will. Aber letztendlich verstehe ich und sehe es mit verbeulten Kotflügeln ein.

Also, worauf wartest du? Auf ein Wunder? Der Erlöser ist bereits da gewesen. Jesus sagte: „Das ICH BIN in der Seele eines jeden Menschen ist die Erlösung." Er wird nicht kommen, denn er ist immer noch da und hilft uns. Als Meister ist er in der Lage, sich sichtbar und unsichtbar zu machen und nach Belieben zu kommen und zu gehen. Alle aufgestiegenen Menschen leben sowohl unsichtbar auf den geistigen, spirituellen Ebenen als auch sichtbar auf den physischen. Jesus erlöste die Menschen von dem illusorischen Glauben, dass sie von Gott getrennt sind und wiederholte immer wieder, dass das ICH BIN der Weg und die Erlösung ist. Jesus brachte den Menschen das erlösende Licht auf Erden, das

Christuslicht, und das Christusbewusstsein. Dieses Bewusstsein lebte er uns durch Mut, Selbst- und Nächstenliebe vor. Wenn dich also jemand ohrfeigt, so schlägst du nicht mehr zurück, dafür hältst du das andere Ohr steif, das ist mit «andere Backe hinhalten» gemeint. Das bedeutet, sei achtsam, um keine neue Kettenreaktion zu verursachen. Er sagte immer wieder, dass das ICH BIN in jedem Herzen anzutreffen ist. Nicht umsonst hat unser Brother unermüdlich gesagt, dass wir grössere Wunder vollbringen können, sofern wir den direktesten Weg gehen. Gemeinsam haben wir viel mehr Power als Jesus und Gandhi zusammen. WIR können genauso friedlich, liebevoll und mutigen Herzens rebellieren, und mit dieser geballten Ladung an ICH BIN-Liebe grosse Wunder vollbringen. Das Wunder sind wir und wir können viele Wunder vollbringen. Keine blauen oder grünen Wunder mehr. Ich wundere mich auch nicht, dass du das Buch fast bis zum Ende gelesen und nicht völlig beiseitegelegt hast. Liebe ist ansteckend. Du bist bereits hoffnungslos infiziert. Gegen diesen resistenten ICH BIN-Virus kommt keine Pharma- keine Lebensmittelindustrie, kein Papst, kein Präsident oder sonst eine Macht an, selbst wenn einige davon überzeugt sind. Der Liebes-Virus fegt alles weg, das sich gegen das Leben, das Licht, die Liebe und das ICH BIN im Menschen stellt. Die Liebe wandelt die willigen Menschen in bewusste Denker und Denkerinnen um. Wir werden die Oberhand gewinnen. Am Ende gewinnt immer die Liebe. Das ist und bleibt ein unwiderrufliches Naturgesetz.

Das Wunder bist du! Du bist das Leben – der L-Stoff – eine Göttin und ein Gott mit Herz und Verstand. Du bist das unauslöschliche Feuer, der Wind und jeder Regentropfen, der auf dich herunterfällt. Du bist jedes Blümchen und jedes Sandkörnchen. Das alles bist du. Oder brauchst du einen

Schleudergang, der dir diese Wahrheit weismachen will? Nein? Grossartig, nun bist du weichgespült.

Du wirst noch einiges erleben, wenn du das deinem Verstand erlaubst. Sei aber nicht enttäuscht, wenn dich einige Schleuder-Schöpfungen aus deiner Vergangenheit umhauen. Fehlschöpfungen haben es so an sich, das sie unerwartet einschlagen, und dich treffen. Die missratenen Schöpfungen werden weniger in Erscheinung treten. In deiner nächsten Zukunft werden dich Auswirkungen deines ICH BIN-Denkens beglücken. Gib nicht auf, wenn Patzer vorkommen, erinnere dich: Übung macht den Meister! Übe dich weiterhin in der Kunst des Denkens. Richte dein Leben nach den Erkenntnissen der 7 kosmischen Spielregeln, so mauserst du dich im Spiel des Lebens zu einem wahren Spieler und zu einer wahren Spielerin.

Gemäss dem Prinzip ICH BIN ist das Selbsterkennungsspiel nun leichter zu verstehen. Findest du nicht? Nein? Das macht nichts. Du bist und bleibst trotzdem mein geliebtes DU-Selbst, auch wenn wir verschieden und doch gleich sind. Vielleicht liegt es an der Leichtigkeit des Denkens, dass sich viele Menschen schwer mit dem Spiel der Selbsterkenntnis tun. An dem ICH BIN Stoff ist bestimmt ein Haken zu finden. Mir kommt dazu ein Sprichwort in den Sinn:

«Es gibt Leute, die nur aus dem Grund in jeder Suppe ein Haar finden, weil sie, wenn sie davor sitzen, so lange den Kopf schütteln, bis eins hineinfällt.»
Friedrich Hebbel

Das Haar in der Suppe ist vermutlich die Illusion «Selbstverleugnung».

Wenn du wissen willst, was in deinen anderen Körpern so alles abgeht und neue Seiten von dir entdecken willst, dann schau bei mir rein. Ich bin online und auf Empfang. Du findest mich hier. Der Raum dazwischen ist messbar. Alles andere entscheidest du. Lass dich nicht von deinen Illusionen aufhalten, komm her und schwing dich rüber. Du brauchst es bloss zu tun.

Also dann, bis bald. Tschüss. Hat mir echt grossen Spass gemacht, mit dir das Spiel der Selbsterkenntnis zu spielen und dir das ICH BIN näher zu bringen.

Herzlichen Dank

Herzlichen Dank an die Brothers and Sisters Jesus, Saint Germain, Nada, Cantor und Vywamus. An meine geduldige Katze Lilu und an meinem guten Freund Alesaro Fröhlich. Ich danke auch herzlich allen, die mich inspirierten und bei der Entstehung dieses Buches mitgewirkt haben.
Vor allem danke ich Gott, denn ich habe es wieder einmal getan. Mein Vertrauen in ihn ist um 90 Milliarden Grad wärmer geworden. Gleich explodiere ich.

Alles Gute
Susan Tschopp

Bücherverzeichnis

Bücher:

Kybalion, eine Studie über die hermetische Philosophie des alten Ägyptens und Griechenlands. Verlag: EDIS GmbH, 1997

David R. James, Ora S. James: Tatwaffe Handy. Das (un-heimliche) Legat. Verlag Body Conversation, 2004.
ISBN: 3-00-014016-6

John Virapen: Nebenwirkung Tod - die Korruption in der Pharma-Industrie. Jim Humble Verlag: Herausgeber: Leo Koehof. Info im Internet

David Anrias: Thruogh the Eyes oft the Masters
Routledge & Kegan Paul LTD, 1932

Lillian de Waters: Der Eine
Verlag: Gottfried Spörri, 1957

Bücher von Susan Tschopp:

Sind wir noch zu retten?

ISBN: 9783748183761,
Herstellung & Verlag: BoD – Books on Demand, 2019

Die praktische Anwendung der 7 hermetischen Prinzipien im Alltag

ISBN: 9783749482511
Herstellung & Verlag: BoD – Books on Demand, 2019

Links:

Natur und Recht, Elektrohypersensibilität: kompetenzinitiative.net

Einstein-Links: www.wikipedia.org/wiki/alberteinstein/ www.menscheinstein.de

Infos über die Mayas und die Zeit: José und Lloydine Argüelles, Johann Kössner Verlag.

Zeitschriften:

Natur und Recht Heft 7 Juli 2016, Infos im Internet über die Schädlichkeit von Handystrahlen und Antennen

Studie über Mikrowellen: Franz Weber 19. Ausgabe 1992, Zeitschrift raum & zeit Spezial Nr.6, 1992

Filme:

Die Revolution der Selbstlosen. Sylvie Gilman und Thierry de Lestrade, 2015

The Matrix. Wachowski-Geschwister, 1999

Thank you for calling. Dieser Film berichtet über die Verschleierungstaktiken der Mobilfunkindustrie. Von Klaus Scheidsteger, 2015

Wie Tiere fühlen. Ein sehr interessanter Doku-Film. Es beweist, dass Tiere kooperativer sind als die meisten Menschen. Von Gabi Schlag, 2015